UNIVERSITY OF NORTH CAROLINA
STUDIES IN THE ROMANCE LANGUAGES AND LITERATURES
Number 127

EL CRONISTA PEDRO DE ESCAVIAS
UNA VIDA DEL SIGLO XV

EL CRONISTA
PEDRO DE ESCAVIAS

UNA VIDA DEL SIGLO XV

POR
JUAN BAUTISTA AVALLE-ARCE

CHAPEL HILL
THE UNIVERSITY OF NORTH CAROLINA PRESS

DEPÓSITO LEGAL: V. 4.482 - 1972

ARTES GRÁFICAS SOLER, S. A. - JÁVEA, 28 - VALENCIA (8) - 1972

ÍNDICE

Págs.

DEDICATORIA			9
INTRODUCCIÓN			11
CAPÍTULO	I.	La obra	15
—	II.	La vida	29
—	III.	*Los Hechos del Condestable Don Miguel Lucas de Iranzo*	107
—	IV.	Semblanza de Pedro de Escavias	137
APÉNDICE	I.	Árboles genealógicos de los Escavias	149
—	II.	Documentos acerca de Pedro de Escavias	153
—	III.	*Reportorio de príncipes,* capítulos CXLVI y CXLVII.	189
ÍNDICE GENERAL			233

Maitetxurenzat,
Maitasunarekin,
Beti.

INTRODUCCIÓN

Hace tiempo que el azar puso en mis manos una serie de documentos inéditos y desconocidos sobre Pedro de Escavias, cuarenta y uno, para ser exactos. Con tal aliciente, me propuse escribir un artículo que incorporase los nuevos datos. Pero otras lecturas acumularon tantos materiales que el trabajo pronto desbordó las márgenes del artículo y desembocó en libro.

Mi intención ha sido sacar de un injusto olvido una vida ejemplar. Porque algún lector se puede preguntar, y no sin cierta razón, ¿quién fue este Pedro de Escavias, que merece los honores de un libro? En el título le llamo *cronista*, y lo fue, aunque en la mayoría de los manuales de historia literaria ni se le mencione. Por lo tanto, si al sacarle del olvido añado un nombre a la historia de la literatura española, tanto mejor.

Pero debo confesar que en esta oportunidad no me ha desasosegado mayormente el afán de hacer historia literaria, aunque claro está que la hay. Lo que sí me propuse hacer fue historia humana. Entiendo por historia humana el análisis de una vida, o vidas, que por circunstancias propias es significativa para el mejor conocimiento de su época. Y, precisamente, esas vidas no son las de "los héroes de estatua y pedestal", como los llamó Gregorio Marañón en su obra póstuma *Los tres Vélez. Una historia de todos los tiempos,* libro por el que siento especial afinidad al escribir estas páginas. Lo heroico es lo extraordinario, y por esta misma característica sobrepasa el nivel de las gentes medias, que son las que dan la tonalidad de la Historia. Desde las montañas se divisa mal el llano, y es por el llano por donde corre el río de la Historia.

La Historia la hace lo que Galdós (que entendía mucho de estos achaques) llamaba *el fulano colectivo*. Por eso las vidas medias son más representativas de su época que las de los prohombres. Y de ahí el valor que puede tener el reconstruir la vida de Pedro de Escavias, alcaide de Andújar en el reinado de Enrique IV. Desde su medianía, Escavias fue corresponsal del rey y amigo del Condestable de Castilla Don Miguel Lucas de Iranzo. La reconstrucción documental de su vida nos coloca, por lo tanto, en los aledaños de la alta política y las grandes decisiones, y esto, a su vez, nos permite nueva perspectiva sobre sus protagonistas y acontecimientos.

Por todo ello emprendí con entusiasmo la reconstrucción de la vida de Pedro de Escavias. Mucho me han ayudado los documentos, pero no tanto como para poder desentenderme de las teorías. En ocasiones he tenido que apelar a ellas, pero he tratado de hacerlo de manera que encajen en el quicio histórico que he creado para los documentos.

Mi preocupación por la vida de Escavias se nota en la estructura de este libro, ya que el capítulo dedicado a ella es el más largo de todos. Y creo que este énfasis también se evidencia por el hecho de que he usado la obra de Escavias para ilustrar su vida, y no al revés, como suelen hacer los críticos más ortodoxos. Debido a este sistema de preferencias mentales del que he partido, no hay que buscar en este libro grandes exégesis de la historia castellana en el siglo xv, o cosas por el estilo. Sencillamente no las hay. Lo que hay es el uso de la historia intelectual y política más apropiado a la ilustración de la vida del alcaide de Andújar.

Puestos en el fiel de mi balanza, los valores humanos pesan más, en esta ocasión, que los valores literarios. Creo que el lector descubrirá que éste es el más cabal justiprecio de Pedro de Escavias, hombre y escritor. Él fue leal como pocos, en un siglo en que esa moneda corría muy adulterada. Esto sólo bastaría para distinguirle de la cáfila de conspiradores y tránsfugas que formaba la nobleza en los reinados de Juan II y Enrique IV.

La inmensa mayoría de los documentos que publico son cartas del rey Enrique IV a Pedro de Escavias, todas desconocidas. La valoración de ese epistolario me llevó, como consecuencia natural, a plantearme el problema de la personalidad del autor de dichas cartas. Creo que el lector hallará aquí muchos datos nuevos para enjuiciar la figura de tan vilipendiado monarca. Y espero que mis dictámenes contribuyan a la revaloración de la personalidad de Enrique IV. Será una labor de justicia.

Ya he dicho que para redondear el sentido de la vida de Pedro de Escavias he apelado a su obra literaria. Esto me llevó a plantearme el problema de la autoría de los *Hechos del Condestable Don Miguel Lucas de Iranzo,* una de las crónicas más amenas del siglo XV. Creo haber resuelto el problema de manera concluyente: los *Hechos* son obra indiscutible de Pedro de Escavias. Pero, para no incurrir en pecado satánico, repetiré las palabras de Goya: *ello dirá.*

I

LA OBRA

La tarea de estudiar la obra de Pedro de Escavias tiene sus escollos. La dificultad radica en el hecho de que su obra está dispersa, en primer lugar, inédita en gran parte, y en litigio, para terminar. Para proceder con orden, mencionaré primero lo que constituye su obra en prosa, y luego hablaré de su labor poética. Nada de esto quita que más adelante no tenga que volver sobre diversos aspectos de su obra escrita.

El libro de mayor aliento que dejó Escavias es, sin duda, el *Reportorio* [sic] *de príncipes*, que se conserva estrictamente inédito, salvo el último capítulo, dedicado todo él al reinado de Enrique IV, y que publicó J. B. Sitges.[1] El volumen se custodia en la biblioteca del Escorial, donde tiene la signatura x-ij-l. El manuscrito no es el original, sino una copia, bastante clara, del siglo xvi.[2] Sobre la paternidad de Escavias, sin embargo, no cabe duda alguna, ya que en la primera hoja se lee: "Aquí comiença un tractado llamado Reportorio de príncipes d'España, el qual fiço et acopiló Pero d'Escavias, criado del muy alto et ecelente príncipe, el muy poderoso rey e señor nuestro el rrey don Enrique el quarto de Castilla y de León, e su alcayde e alcalde mayor en la muy noble e muy leal cibdad de Andújar, del su Consejo e su guarda mayor".

---

[1] *Enrique IV y la Excelente Señora, llamada vulgarmente Doña Juana la Beltraneja. 1425-1530* (Madrid, 1912), apéndice I, págs. 381-408.
[2] Para su descripción, vid. Fr. Julián Zarco Cuevas, *Catálogo de los manuscritos castellanos de la Real Biblioteca de El Escorial*, II (Madrid, 1926), 461.

El primero, probablemente, que conoció y utilizó el *Reportorio de príncipes* fue el gran linajista sevillano Gonzalo Argote de Molina, quien al indicar las fuentes bibliográficas consultadas para su inestimable *Nobleza del Andalucía* (Sevilla, 1588), anota: "Historia del Condestable Don Miguel Lucas. Historia de Pedro de Escavias, alcaide de Andújar".[3] No he encontrado en el texto de la obra de Argote ninguna referencia concreta al *Reportorio*, pero sí es evidente que el eruditísimo linajista conoció bastantes datos acerca de Pedro de Escavias, que sacaré a relucir más adelante, en su ocasión.

De la nómina de fuentes de la *Nobleza del Andalucía* tomó el dato Nicolás Antonio, pero, a pesar de su formidable erudición bibliográfica, él no acertó ni a ver la obra ni a identificar a Pedro de Escavias. Por ello se vio obligado, en su *Bibliotheca Hispana Vetus*, a colocar a nuestro autor en la sección "Scriptorum incerti temporis", y a decir "quandam Historiam scripsisse videtur".[4]

Más afortunado fue el adicionador de Nicolás Antonio en el siglo XVIII, el erudito valenciano y bibliotecario real Francisco Pérez Bayer. Él no sólo vio y describió, con toda puntualidad y por primera vez, el *Reportorio*, sino que en la misma nota alcanzó a identificar a Escavias, gracias a una cita de Mosén Diego de Valera, que yo también traeré a colación en el próximo capítulo. Copiaré en parte la nota de Pérez Bayer, pues me ahorro de esta manera la descripción del contenido del *Reportorio*: "Agit autem primum in eo brevissime: *De Luciferi casu, De Nembroto, De priscis Hispaniae incolis usque ad bella Carthaginensium cum Romanis*; hinc ad Pompeii et Caesaris, atque ad occupatam a posteriore Remp. Romanosque Imperatores at Titum; dein ad Barbarum in Hispaniam gentium irruptionem, regnumque Suevorum et Gothorum, horumque sub Roderico excidium; ac demum ad posteriores Legionis et Castellae Reges a Pelagio usque ad Henricum IV, quorum historias non perfunctorie scribit, et praecipue miserrima Henrici gesta quorum magnam partem vidisse potuit" (*Bibliotheca Hispana Vetus*, II, 375).

El próximo estudioso en tratar del *Reportorio de príncipes* fue el benemérito don José Amador de los Ríos, fuente innombrada

---

[3] *Nobleza del Andalucía* (Jaén, 1957), pág. 12.
[4] *Bibliotheca Hispana Vetus*, II (Madrid, 1788), 374.

de tanta erudición medieval desplegada por críticos posteriores. Es curioso que Amador no cite a Pérez Bayer, y se asombra, en consecuencia, de la ignorancia que existía acerca de Pedro de Escavias, pero ya he observado en otras ocasiones que el progreso lineal a menudo está reñido con nuestras disciplinas. De todas maneras, Amador de los Ríos volvió a describir con puntualidad el libro, copió el prólogo y el largo retrato que hace Escavias de Enrique IV, y agregó ciertos juicios críticos, de los cuales recordaré éste: "Principalmente [es valioso el *Reportorio*] en todo lo relativo a don Juan II y a Enrique IV, en cuyas cortes vive Escavias. Al llegar a estos reinados, cobran también su estilo y lenguaje verdadera estimación literaria, mostrándose animado de cierta viveza, que fuera vano buscar en todo lo precedente".[5]

Se podría suponer que la obra del historiógrafo francés Georges Cirot, dedicada a estudiar las historias generales de España compuestas entre el reinado de Alfonso X el Sabio y Felipe II, hubiese representado un avance en el conocimiento del *Reportorio de príncipes*, pero, desdichadamente, tal no es el caso. Cirot no vio nunca el manuscrito, y su conocimiento es estrictamente de segunda mano, a través de los extractos y noticias de Pérez Bayer y Amador de los Ríos. Copia la descripción de aquél, que también he copiado yo más arriba, y añade: "Si l'on juge par cet aperçu, le *Reportorio* présenterait donc une certaine analogie avec le *tractatus* VIII du *De praeconiis* de Gil de Zamora, intitulé *De appollogiis principum et magnorum et de eorum tirampnide*".[6] No hay tal: en vez de *analogía* se trata, más bien, de las coincidencias inevitables al escribir los dos autores una historia que empieza por la Creación. La orientación ético-pedagógica de Fray Juan Gil de Zamora no halla eco en el criterio eminentemente informativo de Escavias.[7]

---

[5] *Historia crítica de la literatura española*, VII (Madrid, 1865), 166-69.
[6] *Les histoires générales d'Espagne entre Alphonse X et Philippe II (1284-1556)* (París, 1904), págs. 4-5.
[7] En la edición crítica del P. Manuel de Castro y Castro, *Fray Juan Gil de Zamora, O.F.M. De preconiis Hispanie* (Madrid, 1955), es el *tractatus nonus*. Acerca del *De preconiis Hispanie* escribe el P. Castro: "Podemos afirmar que toda la obra gira en torno a dos ideas: dar unas normas éticas al Infante [el futuro Sancho IV], en lo cual entraba también instruirle en la historia de sus reinos, y ofrecernos la glorificación de su ciudad natal [Zamora]", pág. CLXXVI. Ni lo uno ni lo otro es aplicable al *Reportorio de príncipes*.

El que sí manejó a conciencia el *Reportorio de príncipes* fue el historiador J. B. Sitges, en su obra ya citada, *Enrique IV y la Excelente Señora*. No me incumbe ahora enjuiciar la orientación apologética de su obra; sólo me concierne destacar los avances en el conocimiento de Escavias. Y en este sentido el libro de Sitges es de inapreciable valor, pues transcribe todo el último capítulo del *Reportorio,* que es lo único que circula de esta obra en letra de molde. Por desgracia, la transcripción de Sitges debió de ser apresurada, pues está plagada de errores que a menudo desfiguran el sentido. Por esta razón, y porque la obra de Sitges es bien poco conocida incluyo en el apéndice documental una nueva transcripción de ese capítulo, y también del anterior, que historia el reinado de Juan II, en cuya corte se educó Escavias, según se verá. Con esto espero salvar de un olvido ciertamente inmerecido todo lo más jugoso de esta obra de Escavias, y que contiene la historia de los dos reinados que le tocó vivir. Que sea ésta mi modesta contribución de hoy al *corpus historiarum* del siglo XV.

Pero para volver a Sitges y su obra, transcribo a continuación el juicio personal que le mereció Escavias, juzgado a través de su *Reportorio*: "Escavias fue un soldado y asistió a las guerras de Granada en los primeros años del reinado de Enrique IV.[8] No parece que tomara parte en las aventuras cortesanas y termina su libro con la muerte de aquel Rey, cuenta con sencillez lo que vio, es respetuoso con el Rey, y no se ocupa de las intrigas de aquel tiempo".[9] No andaba del todo descaminado Sitges en su valoración de Escavias, según se verá en el último capítulo, aunque sí se quedó bastante corto.

En el año 1940, Juan de Mata Carriazo publicó los *Hechos del Condestable Miguel Lucas de Iranzo,* en el tomo III de su excelente *Colección de crónicas españolas*. Al tratar del problema de la autoría de esta obra, que nos ha llegado anónima, Carriazo no vacila en

---

[8] Error de Sitges: Escavias participó en las guerras de Granada, como alcaide de Andújar, durante todo el reinado de Enrique IV, a quien sobrevivió, y durante los primeros años del reinado de los Reyes Católicos, según se verá en el próximo capítulo.

[9] *Op. cit.*, págs. 19-20. A través de Sitges enjuicia Orestes Ferrara la personalidad de Pedro de Escavias, a quien llama "cronista, hombre de guerra, que en la tormenta no se inclinó a ningún lado", *Un pleito sucesorio, Enrique IV, Isabel de Castilla y la Beltraneja* (Madrid, 1945), pág. 22. Vuelve a hablar de la imparcialidad de Escavias en la pág. 143.

atribuírsela a Pedro de Escavias, y para reforzar su convicción acude al *Reportorio de príncipes*. Pero bien pronto se hace evidente que Carriazo sólo conoce el *Reportorio* de segunda mano, a través de las noticias de Amador de los Ríos, en particular, y de la descripción del P. Julián Zarco Cuevas. Lo que sí conoció directamente fue el último capítulo, dedicado a Enrique IV y publicado por Sitges.[10] Sin embargo, Carriazo no hizo más que generalizar sobre el parecido de ambas obras, sin llevar a cabo una confrontación estricta de las dos. Esta es la tarea a la que dedico el capítulo III.

Benito Sánchez Alonso, al trazar la historia de la historiografía española, glosa las noticias de Amador de los Ríos acerca del *Reportorio de príncipes*.[11] Como indica en otra obra, es casi seguro que no llegó a verlo.[12] También se menciona el *Reportorio* en un artículo de la hispanista italiana Inoria Pepe, quien ha estudiado de cerca los *Hechos del Condestable Miguel Lucas de Iranzo*, según se verá. Pero ella sólo conoce el *Reportorio* a través de Carriazo, quien, a su vez, lo conocía a través de Amador de los Ríos, con la excepción del capítulo publicado por Sitges.[13] No es extraño que el verdadero contorno del *Reportorio*, tal cual lo había delineado hace casi doscientos años Pérez Bayer, se desdibuje a lo largo de esta cadena de inseguridades y refritos de aproximaciones. Se puede afirmar que desde el siglo XVI las únicas personas que han dado muestras de haber consultado directamente el *Reportorio de príncipes* han sido: Argote de Molina, con toda probabilidad, en el siglo XVI; don Francisco Pérez Bayer, en el siglo XVIII; don José Amador de los Ríos, en el siglo XIX, y J. B. Sitges, en el siglo XX. El lector que recorra los dos capítulos que transcribo al final,

---

[10] *Hechos del Condestable Don Miguel Lucas de Iranzo* (Madrid, 1940), págs. xxv-xxvi.

[11] *Historia de la historiografía española*, I (Madrid, 1941), 323-24.

[12] *Fuentes de la historia española e hispanoamericana*, segunda edición (Madrid, 1927), artículo número 77. En la tercera edición de esta obra (Madrid, 1952), mismo artículo, Sánchez Alonso comete el error de dar a entender que Sitges había publicado todo el *Reportorio*.

[13] I. Pepe, "Sulla datazione e la paternità degli *Hechos del Condestable Miguel Lucas de Iranzo*", *Miscellanea di Studi Ispanici*, I (Pisa, 1962), 195-215.

reconocerá que esta obra merece mucha mejor fortuna que haber tenido cuatro lectores en cuatro siglos. [14]

Muy distinta es la situación que presenta la crónica llamada *Hechos del Condestable Don Miguel Lucas de Iranzo*. Por lo pronto, la obra corre impresa, y no una, sino dos veces. La primera vez, por Pascual de Gayangos, con una breve introducción y algunos apéndices de orden histórico. [15] Gayangos, que era un gran erudito, un buen arabista y un codicioso bibliófilo, como editor era aún más descuidado de lo normal en su siglo, y allí están los volúmenes que editó para la *Biblioteca de Autores Españoles* para probarlo. Así se entiende y justifica que el segundo editor de los *Hechos*, Juan de Mata Carriazo, llame a la edición de su predecesor "detestable". [16] Carriazo, por su parte, avaluó su pulcra edición con un largo prólogo en que se plantean con la extensión debida casi todos los problemas relacionados con los *Hechos*. En lo único en que cojea, como ya queda dicho, es al tratar del *Reportorio de príncipes*, que no llegó a manejar personalmente. [17]

Pero los *Hechos del Condestable Don Miguel Lucas de Iranzo* presentan un problema propio, y es el de su autoría. Gayangos y Carriazo los editaron como anónimos, pero tanto el uno como el otro echaron su cuarto a espadas respecto a su posible autor. Gayangos opinaba, en su breve introducción, que se trataba de Juan de Olid, secretario del Condestable, pero en el apéndice se inclinó

---

[14] Es extraño que el *Reportorio* esté ausente en la obra de R. Ballester y Castell, *Las fuentes narrativas de la historia de España durante la Edad Media. 417-1474* (Palma de Mallorca, 1908), aunque un crítico caritativo podría argüir que por su fecha de redacción el *Reportorio* cae fuera de los límites cronológicos de esa obra, ya que se terminó después de la muerte de Enrique IV, en diciembre de 1474. Tampoco se menciona el nombre de Escavias en el artículo de Julio Puyol y Alonso, "Los cronistas de Enrique IV", *BRAH*, LXXVIII (1921), 399-414, 488-95; LXXIX (1921), 11-28, 118-43.

[15] *Memorial Histórico Español*, VIII (Madrid, 1855).

[16] *Hechos*, ed. cit., pág. ix.

[17] Ch. V. Aubrun, "La chronique de Miguel Lucas de Iranzo", *Bulletin Hispanique*, XLIV (1942), 40-60 y 81-95, criticó la edición de Carriazo porque éste siempre transcribe *cosaute* en vez de *cosante*, como quiere Aubrun (pág. 40). La razón, sin embargo, la lleva Carriazo, porque la voz es *cosaute* (del francés *coursault*), como ha demostrado cumplidamente Eugenio Asensio, *Poética y realidad en el cancionero peninsular de la Edad Media* (Madrid, 1957), págs. 186-91.

por Diego de Gámez, cirujano real y criado del Condestable.[18] Las dos atribuciones hicieron cierta fortuna, como se puede ver en la reseña que hace Carriazo del problema (págs. xxi-xxv). Éste, por su parte, opinó que el autor era Pedro de Escavias, y sustentó su opinión con buenas razones (págs. xxv-xxxi), aunque la mejor y más concluyente de todas apenas si la esbozó cuando dijo: "Del *Reportorio* de Escavias corre impreso el capítulo 147, publicado por Sitges en su libro sobre la Beltraneja. Este capítulo contiene la historia de Enrique IV y ofrece reiterados paralelismos con la crónica de Miguel Lucas, mucho más extensa en los lugares análogos. La relación entre ambos textos es tan estrecha, que persuade de una paternidad común" (pág. xxvi).

¡Lástima que Carriazo no hubiese llevado a cabo ese indispensable careo *coram populo*, para acabar de una vez por todas con este enfadoso problema! Yo lo haré más adelante (cap. III), ampliándolo con un tercer punto de referencia, que también es obra indubitable de Pedro de Escavias. Me refiero a las "Coplas dirigidas al Condestable Don Miguel Lucas, criado del Señor Rey". Adelantaré que de esa triple confrontación surge con claridad meridiana el hecho de que Pedro de Escavias escribió los *Hechos*. Pero como Carriazo no llevó a cabo tal careo, su demostración de que Escavias compuso los *Hechos* termina con estas vacilantes palabras: "La hipótesis de que el autor de la crónica sea Pedro de Escavias [es una] hipótesis que para mí supone como tres cuartas partes de certeza" (pág. xxxi).

Desde la época en que Carriazo estampó esas palabras hasta ahora, el estado de la cuestión es más o menos el siguiente: Charles V. Aubrun, en su artículo ya citado, no acepta la paternidad de Escavias, y propone, en vez, la de Luis del Castillo, secretario de Miguel Lucas (págs. 42 y 94). Ninguno de los dos extremos está demostrado, ni Aubrun se preocupó por hacerlo. S. G. Morley

---

[18] Ejemplo insigne del confusionismo que tan a menudo reina en la historia literaria nos lo brinda Antonio Palau y Dulcet, en su, por lo demás, benemérito *Manual del librero hispanoamericano*, segunda edición, VI (Barcelona, 1953), 530, s. n. *Hechos*, donde dice: "Se atribuye esta obra a Pedro de Escavias. Gayangos señaló como su autor a Arquellada". Lo que hizo Gayangos fue citar la crónica inédita de Jaén por Juan de Arquellada (¡quien escribía en 1590!), para fundamentar la atribución de los *Hechos* a Diego de Gámez.

parece aceptar la hipótesis de Carriazo, pero no emite ninguna opinión sobre el asunto. [19] No ocurre lo mismo, sin embargo, con Agustín Millares Carlo, quien escribe: "Sin razones suficientes ha sido atribuida [nuestra crónica] a Pedro de Escavias, gobernador de Andújar, o a un Luis del Castillo, secretario del personaje biografiado". [20] Franco Meregalli rechaza, asimismo, la atribución a Escavias, porque éste, en Andújar, no podría saber lo que ocurría en Jaén, razonamiento por demás débil, puesto que pronto se verá que nuestro protagonista poseía conocimiento menudo *del rey abajo*. Propone, en cambio, la paternidad de Gonzalo Mexía, camarero de Miguel Lucas, atribución que Meregalli considera como algo "moralmente sicuro", pero este tipo de certeza no es operante en los tribunales de las letras. [21] Pero Inoria Pepe ha vuelto por los fueros de Pedro de Escavias en el artículo ya citado, donde llevó a cabo un careo de los *Hechos* con las "Coplas dirigidas al Condestable Don Miguel Lucas". Y en un artículo posterior ya dio por sentada la paternidad de Escavias. [22] Por último, el utilísimo *Diccionario de literatura española*, que dirigen Germán Bleiberg y Julián Marías, dice en su tercera edición (Madrid, 1964), en el artículo sobre Pedro de Escavias, que es el autor de los *Hechos*; este artículo va firmado por Germán Bleiberg. Pero al tratar de los *Hechos*, en apartado especial, se dice que "la obra [es] de algún allegado del mismo condestable". Este artículo lo firma José Manuel Blecua. En muchos sentidos, esta actitud bifronte es característica de toda la crítica acerca de Pedro de Escavias y de los *Hechos del Condestable Don Miguel Lucas de Iranzo*. [23]

---

[19] "Chronological List of Early Spanish Ballads", *Hispanic Review*, XIII (1945), 275.
[20] *Literatura española hasta fines del siglo XV* (México, 1950), pág. 273
[21] *Cronisti e viaggiatori castigliani del Quattrocento (1400-1474)* (Milán, 1957), págs. 99-106, cap. IX, "Gli *Hechos del Condestable Iranzo*".
[22] "Su due lacune della cronaca di Miguel Lucas de Iranzo", *Studi di letteratura spagnuola*, I (Roma, 1964), 197-207. El punto de partida de este artículo es correcto (Escavias autor de los *Hechos*), pero el cuerpo del trabajo está afeado por un razonar bastante silogístico, que se puede resumir en los siguientes términos: los romances son realistas; los *Hechos* reflejan la realidad; *ergo*, los *Hechos* reflejan los romances. Por lo demás, tratar de encontrar parecidos entre los *Hechos* y los romances moriscos, un siglo posteriores, es desquiciar toda la cronología de la historia literaria.
[23] Hay dos estudios sobre los *Hechos* de muy diverso valor y enfoque, por lo pronto, y en los que sus respectivos autores dejaron sin tocar el

Y ahora, a las poesías de Pedro de Escavias. Ya Amador de los Ríos había indicado que nuestro historiador había sido también poeta. En primer lugar, en las "Ilustraciones" al tomo VI de su *Historia de la literatura española,* al describir el cancionero que ahora llamamos de Gallardo-San Román, y que se custodia en la biblioteca de la Real Academia de la Historia, Amador dio la lista de cinco composiciones poéticas de Escavias.[24] Y en una ilustración posterior del mismo volumen ("Sobre los poetas de la época de Don Juan II"), Amador de los Ríos le incluyó, con la siguiente apostilla: "Alcanzó buena parte de los reinados posteriores. Le estudiaremos, como historiador, en el siguiente volumen" (*Historia,* VI, 584).

Otro cancionero existía, que no llegó a conocer Amador de los Ríos, y donde se conservaba un cuerpo mucho mayor de poesías de Escavias. Me refiero al *Cancionero de Oñate-Castañeda,* que fue descrito a principios de este siglo por don Francisco R. de Uhagón, Marqués de Laurencín, quien publicó las dieciocho composiciones de Escavias allí contenidas.[25] Con posterioridad, el *Cancionero de Oñate-Castañeda* desapareció, pero en años muy recientes

---

problema de la paternidad de la obra. Me refiero, en primer lugar, al artículo de Victoriano López González, "La salvación del mundo en las coplas de Jorge Manrique y en la crónica del Condestable Miguel Lucas de Iranzo. Una generación poética de hombres barrocos", *Ciudad de Dios,* CLV (1943), 433-53: es un trabajo de bien poco fuste, cargado de generalizaciones ineptas, que se evidencian ya en el título. Muy distinto es el juicio que nos deben merecer las penetrantes páginas que dedicó a los *Hechos* María Rosa Lida de Malkiel, *La idea de la fama en la Edad Media castellana* (México, 1952), págs. 253-57.

[24] *Historia,* VI, 547. Son: 1. "O triste partida mía"; 2. "De vos que puedo llamar"; 3. "De vos por mal que pasase"; 4. "Vuestra crueldad sobrar"; 5. "Veniendo cansado yo".

[25] "Un cancionero del siglo xv con varias poesías inéditas", *Revista de Archivos, Bibliotecas y Museos,* IV (1900), 516-35. El encabezamiento de estas poesías dice así: "Coplas y canciones de Pedro Descavias syendo paje de el Rey [Don Juan II] y harto mochacho". Son: 1. "Por mi triste apartamiento"; 2. "Coplas que fiso a Pero de Guzmán sobre la muerte del Conde de Mayorga", empiezan "Vos, señor, que tan profundo"; 3. "Cuando viste que partí"; 4. "Dios, que tanta hermosura"; 5. "¿A quién daba, triste yo?"; 6. "Cuanto más pena sufrir"; 7. "Más hermosa que no Dido"; 8. "De poder vos yo jamás"; 9. "Llegando cansado yo"; 10. "¡Oh triste partida mía!"; 11. "Vuestra crueldad matar"; 12. "Gentil dama valerosa"; 13. "De vos que puedo llamar"; 14. "Después que partí"; 15. "No puedo mi bien pensar"; 16. "Coplas fechas sobre las deuisiones del reyno por la priuança del Condestable Don Alvaro de Luna con el señor Rey Don Juan el Segundo quando la batalla d'Olmedo", emp. "Viniendo camino con mucho cuidado";

ha reaparecido, y en diciembre de 1964 fue subastado por la casa Sotheby de Londres.[26]

Para completar el *corpus poeticum* de Pedro de Escavias, en la medida en que hoy me es posible, debo hacer constar que a las dieciocho composiciones del *Cancionero de Oñate-Castañeda* hay que agregar una del *Cancionero de Gallardo-San Román*. Se trata de la tercera contenida en esta colección: "De vos por mal que pasase", que consta de dos estrofas, aunque permanece inédita.[27]

Como en todo asunto tocante a la lírica de aquellos siglos, el acercamiento a las poesías de Escavias de inmediato nos plantea dos problemas previos: primero, el de las atribuciones, y después, el de la transmisión textual. Respecto al primer problema, cabe señalar que las composiciones 8 y 15 del *Cancionero de Oñate-Castañeda* están atribuidas en el *Cancionero de Gallardo-San Román* a Manuel de Guzmán.[28] No sé quién pueda ser este Manuel de Guzmán, de quien, por lo demás, sólo conozco otras dos composiciones que le atribuye el *Cancionero de Gallardo-San Román*.[29] Ha habido, además, otras formas en que la crítica moderna ha contribuido a enmarañar el problema siempre arduo de las atribuciones, y así, Charles V. Aubrun atribuye las coplas a la muerte del Conde de Mayorga (composición 2 del *Cancionero de Oñate-Castañeda*) a Pedro de Guzmán, cuando lo cierto es que Escavias se las dirigió a este Pedro de Guzmán.[30]

---

17. "Romance que fiso al señor Infante Don Enrique, Maestre de Santiago", emp. "Yo me so el Infante Enrique"; 18. "Coplas dirigidas al Condestable don Miguel Lucas, criado del Señor Rey", emp. "Virtuoso Condestable". Según observa Uhagón: "Esta última composición no concluye, sin que en el códice se aprecien señales de haber sido mutilado o despojado de alguna hoja". La importancia de esta observación se hará evidente al final de este capítulo.

26 Noticias que da James O. Crosby en *HR*, XXXVI (1968), 64.

27 *Vid.* J. M. Azáceta, "El cancionero de Gallardo de la Real Academia de la Historia", *Revista de Literatura*, VII (1955), 158-59.

28 Ver J. M. Azáceta, art. cit., pág. 162. Por cierto que Azáceta se equivoca y dice que la composición 8 está atribuida a Pedro de Guzmán en el *Cancionero de Oñate-Castañeda*, cuando la verdad es que lo está a Escavias. Y además, se olvida Azáceta de anotar que la composición 15 no es anónima en *Oñate-Castañeda*, sino que está atribuida a nuestro poeta-historiador.

29 Azáceta, *ibidem*; José Simón Díaz, *Bibliografía de la literatura hispánica*, III, 1, segunda edición (Madrid, 1963), 370b.

30 *Le chansonnier espagnol d'Herberay des Essarts* (Burdeos, 1951), pág. xciv.

En cuanto al problema de la transmisión textual basta cotejar los textos publicados por Uhagón del *Cancionero de Oñate-Castañeda* con las descripciones que da José M. Azáceta del *Cancionero de Gallardo-San Román* para acumular un número respetable de variantes. Ambos cancioneros tienen cuatro composiciones de Escavias en común: los números 9, 10, 11 y 13, de *Oñate-Castañeda*. La composición 9, por ejemplo, es una serranilla que consta de dos estrofas en *Gallardo-San Román* y de ocho en *Oñate-Castañeda*, al mismo tiempo que los dos primeros versos leen "Llegando cansado yo / al puerto de la Peralosa" en este cancionero,[31] mientras que en aquél dice: "Veniendo cansado yo / cerca del puerto de Losa". Desgraciadamente, el topónimo no nos ayuda a desenredar el ovillo para llegar a la versión original, ya que hay un puerto de Losa en la provincia de Segovia y uno de Peralosa en la de Ávila. Como no se trata de hacer una edición crítica de las poesías de Escavias, estas observaciones deben bastar.

Para resumir este aspecto de la labor poética de Pedro de Escavias, debe tenerse en cuenta que su producción lírica se halla en dos cancioneros distintos (*Oñate-Castañeda*, *Gallardo-San Román*), y que el total que dan ambos, salvadas las repeticiones, son diecinueve poesías. Esto solo, así, desde un punto de vista numérico y todo, basta para promoverle a la segunda fila de versificadores del siglo XV. Claro está que en su caso también se dan los eternos problemas de atribución y variantes que hacen tan penosa la investigación desde ese cuadrante. Pero no debe preterirse el dato numérico, y desdeñar así, como versos sueltos, una producción poética de no despreciable talla. La apreciación poética jamás deberá ser numérica, pero una producción poética numerosa es claro índice de una bien perfilada actitud ante la vida y el arte.

Queda un aspecto más a mencionar de la obra poética de Pedro de Escavias. Se trata de la composición del romance "Lealtad, ¡oh lealtad!", que va incluido con su música en los *Hechos del Condestable*, según su códice más antiguo (Biblioteca Nacional de Madrid, ms. 2092), y de algunos otros romances allí mencionados. Mientras estaba en tela de juicio la paternidad de la crónica, la atribución de esos romances a Escavias sólo se podía hacer a título de

---

[31] Claro está que para que conste el verso hay que leer "al puerto de Peralosa".

hipótesis.[32] Pero en el tercer capítulo de este libro creo demostrar, con el grado de certeza compatible con estas disciplinas, que los *Hechos* son obra de Escavias, y que el romance "Lealtad, ¡oh lealtad!", en consecuencia, también es suyo.

Este manuscrito 2092, donde se conserva el romance y su música, es el que publica Carriazo. Como éste indica (pág. xiv), romance y música van en dos hojas no incluidas en la foliación antigua, y con filigrana distinta a la del resto del códice. Van esas dos hojas incluidas al final de los sucesos de 1466 (*Hechos*, págs. 328-29), pero ya Carriazo supuso que estaban "probablemente fuera de lugar" (facsímile entre págs. 288-89). Y esto será lo cierto. La angustiada pregunta que se pone en boca del rey Enrique IV, y la respuesta que recibe, se corresponden muy bien con los vergonzosos acontecimientos de la Farsa de Ávila (5 de junio de 1465).[33] Tal ha sido la opinión de don Ramón Menéndez Pidal[34] y, más modernamente, de Inoria Pepe.[35] Pero aun con esta fecha de 1465, ya no es posible, en la actualidad, compartir la opinión de Francisco Asenjo Barbieri de que la música a cuatro voces de este romance aconsonantado es la más antigua en su tipo que se conserva en Castilla.[36] Pero sí es de muy respetable antigüedad.

Este romance y otras referencias a "coplas e cantares" que hay en los *Hechos*, y que recoge Inoria Pepe (*vide supra*, nota 35), dan buena prueba del permanente interés de Escavias por la música y la poesía, que no se enfriaba ni en medio de la poco propicia actividad historiográfica y la menos propicia circunstancia histórica de endémica guerra civil. Hay en los *Hechos* un ejemplo curioso de todo esto, y con él cerraré este primer capítulo.

El Condestable Don Miguel Lucas de Iranzo hizo en 1462 una famosa entrada en tierra de moros, que Escavias registra en detalle, para terminar con estas palabras: "Por tan grande fue avido este fecho, quel rey nuestro Señor, porque mayor memoria quedase, le

---

[32] Es la prudente actitud que adoptó S. G. Morley, art. cit., pág. 275.

[33] "—Lealtad, ¡o lealtat! / Lealtad, dime ¿do stás? /—Vete, rey, al condestable / y en él la fallarás".

[34] *Romancero hispánico*, II (Madrid, 1953), 24-25.

[35] "Su due lacune...", *Studi di letteratura spagnuola*, I (Roma, 1964), 200.

[36] *Cancionero musical de los siglos XV y XVI* (Madrid, 1890), pág. 11. Ver las observaciones de Gonzalo Menéndez Pidal acerca de la música de "Lealtad, ¡oh lealtad!" en las "Ilustraciones musicales" a R. Menéndez Pidal, *Romancero hispánico*, I, 368.

mandó facer un romance, el cual a los cantores de su capilla mandó asonar, que dice desta manera" (*Hechos*, pág. 90). Pero, por desdicha, el resto del folio y los cuatro siguientes están en blanco. De todas maneras, y como dice el maestro Menéndez Pidal: "Este romance es el primer caso en que claramente vemos el propósito oficial de noticiar al pueblo los sucesos de la frontera, para inclinarle a que contribuyese de mejor gana con hombres y dineros a las necesidades de la guerra". [37] Yo diría aún más: nos hallamos aquí ante un claro anticipo de lo que será la literatura dirigida en tiempos de los Reyes Católicos, en cuyas manos será eficacísima arma política, como en el pleito sucesorio con la Beltraneja. Es un caso más a sumar a los muchos otros en que el reinado de Enrique IV es claro precursor del de los Reyes Católicos. Cuando se sumen en haz todos estos anticipos creo que la figura tan denigrada de Enrique IV brillará con otra luz distinta a la tradicional, que emana, precisamente, de la literatura dirigida del reinado de sus sucesores.

Pero hora es de volver a las "coplas e cantares" de la crónica y de cerrar este capítulo. Inoria Pepe ha supuesto que ese perdido romance de 1462, escrito por orden real, y puesto en música por su capilla, serían las "Coplas dirigidas al Condestable Don Miguel Lucas", del *Cancionero de Oñate-Castañeda* (composición número 18). [38] Si bien esto es posible, no dejo de abrigar serias dudas. En primer lugar, queda dicho que el propio editor de las *Coplas*, el Marqués de Laurencín, ya había notado que éstas quedaban inconclusas, a pesar de que el códice no mostraba señal alguna de mutilación. Esta falta de conclusión no casa, de manera alguna, con un poema, no sólo de comisión regia, sino también asonado por la capilla real. En segundo lugar, la crónica habla de un *romance*, término que en la segunda mitad del siglo XV (cuando escribe Escavias) sólo por excepción designaba algo distinto a los octosílabos asonantados con que hoy lo asociamos. [39] Y las *Coplas* de Escavias están escritas en octosílabos aconsonantados en la siguiente manera (salvo una excepción al principio): ABBA CDDCCEEA. Se trata del tipo de composición poética que a principios del siglo XV

---

[37] *Romancero hispánico*, II, 24.
[38] "Su due lacune...", págs. 203-06.
[39] *Vid*. Menéndez Pidal, *Romancero hispánico*, I, 5-7.

todavía se denominaba *cantiga*[40] y que a fines del mismo siglo ya se llamará *canción*.[41] Pero en la canción trovadoresca de fines del siglo XV predomina el interés musical sobre el literario, y en consecuencia se abrevia el texto (que queda reducido al estribillo y una mudanza) y se hace más ceñido el esquema de rimas.[42] La gran extensión de las *Coplas* de Pedro de Escavias (una redondilla inicial y ocho estrofas de ocho octosílabos cada una) hace evidente que fueron escritas con un interés primordialmente literario, lo que se termina de comprobar por el hecho de que Escavias dedicó una larga glosa en prosa a cada una de las estancias. Resulta inverosímil pensar que estas *Coplas* fueron escritas por expreso mandato real para ser asonadas por los músicos de su capilla. Lo que no quiere decir que no se haya cantado algún fragmento, ya que, al fin y al cabo, tienen forma de cantiga o canción. Pero insisto en que estas *Coplas* no pueden haber sido aquel romance que mandó componer Enrique IV a gloria de su Condestable. Con lo cual no pienso haberle quitado ningún mérito a la obra poética de Pedro de Escavias.

---

[40] Ver, por ejemplo, *Cancionero de Baena*, ed. P. J. Pidal (Madrid, 1851), págs. 348-49, dos cantigas de loores a la Virgen de Don Pero Vélez de Guevara, con exactamente el mismo esquema de rimas que el usado por Escavias.

[41] *Vid.* Tomás Navarro, *Métrica española. Reseña histórica y descriptiva* (Nueva York, 1956), págs. 117-20. Ver también a D. C. Clarke, *A Chronological Sketch of Castilian Versification Together with a List of its Metric Terms*, University of California Publications in Modern Philology, XXXIX (1952), 325, quien recuerda como caso extraordinario una canción de cinco estrofas, dato interesante para lo que sigue acerca de la longitud de las *Coplas* de Escavias.

[42] Ver, por ejemplo, el *Cancionero General* de Hernando del Castillo, ed. facsímile de A. Rodríguez-Moñino (Madrid, 1958), folios CXXII-XXXI, sección de *canciones*, donde no hay ni una sola que tenga el esquema rímico de las coplas de Escavias. Tampoco las hay en el *Cancionero Musical de Palacio*; ver las observaciones de José Romeu Figueras en su reciente edición (Barcelona, 1965), pág. 151, nota 14. Con esta evidencia se podría suponer que la evolución poética de Escavias, residente en Andújar, alejado de la corte, quedó estancada en módulos más propios de la primera mitad del siglo XV, sus años de cortesano, que de la segunda mitad, sus años de alcaide de frontera.

II

LA VIDA

El esquema de la obra ha empezado a precisar algo del hombre Pedro de Escavias. Hora es ya de dar carne y aliento a su figura, y para tales fines me ha sido de inapreciable ayuda la serie de documentos inéditos que inserto en los apéndices finales. Se hallan todos en ese archivo de extraordinaria riqueza que forman los papeles recogidos por don Luis de Salazar y Castro, y que se custodian en la biblioteca de la Real Academia de la Historia.[1] Aquí los glosaré y adobaré con datos de otras proveniencias para hacer el retrato de Escavias.

Don Luis de Salazar y Castro, formidable linajista como fue, nos dejó, para empezar, dos árboles genealógicos de los Escavias. El primero, contenido en el volumen D-26 de su colección, empieza en el bisabuelo de nuestro cronista y acaba en su quinto nieto. El segundo árbol genealógico (volumen D-27) empieza en el nieto de Pedro de Escavias, para acabar en el tercer nieto de aquél, que vivió ya bien entrado el siglo XVII. Interesa, de momento, para dilucidar el linaje de nuestro protagonista, el primer árbol genealógico.[2]

---

[1] Las puntuales indicaciones bibliográficas irán al final, en el momento de publicar los documentos.

[2] En forma lamentablemente abreviada, al punto que ni siquiera llega a mi protagonista, se reproduce parte de este árbol en A. y A. García Carraffa, *Diccionario heráldico y genealógico de apellidos españoles y americanos,* XXIX (Madrid, 1956), 192, aunque en la bibliografía no mencionan a Salazar y Castro.

Éste empieza con Juan González de Priego de Escavias,[3] de quien se nos dice que era "señor del Aldeiuela, criado del rey D. Alonso [XI]". Gonzalo Argote de Molina, en su *Nobleza del Andalucía*, nos ayuda a perfilar un poco más la silueta de este primer ascendiente conocido del cronista. Porque en el libro II, capítulo CXII, publica íntegro un "previlegio que el rey D. Enrique [II] dio a Juan González de Priego de Escavias".[4] El documento está firmado en Burgos, a 20 de febrero del año de la era de 1405,[5] y corresponde a los festejos y donaciones que hizo Enrique de Trastámara al reunir sus Cortes en Burgos y hacer jurar a su hijo Don Juan como heredero del reino.[6] La voz grave del Canciller Ayala no deja de observar en esta ocasión: "E como quier que el Rey Don Enrique quando entrara en el regno oviera muchos de los tesoros del Rey Don Pedro, empero era todo despendido, ca ovo de partir con muchos de los que le avían servido e venido con él." Evidentemente, uno de los innumerables allegados favorecidos por Enrique el de las Mercedes fue el bisabuelo de nuestro biografiado, y en ese día de febrero de 1366, en Burgos, se echaron los cimientos de la fortuna andaluza de los Escavias. Porque en el privilegio se hace constar que Juan González de Priego de Escavias, escribano de la cámara real de Alfonso XI y notario público de latín y romance, vecino de Andújar, tenía una heredad en Aldeyuela, y ahora se le facultaba para poblarla con diez vecinos quitos y francos de todo pecho o tributo, con tal que no fuesen de Andújar ni su término, precaución común para mantener el delicado balance demográfico en los siglos de la Reconquista. Ese lugar de Aldeyuela es el moderno La Aldehuela, anejo a seis kilómetros de Andújar, y que en 1957 tenía 213 habitantes.[7] O sea que el bisabuelo de nuestro cronista fue el fundador del pueblo de La Aldehuela. Mas Juan González de Priego de Escavias no debió de haber gozado de su privilegio de inmediato, ya que el 3 de abril

---

[3] Salazar y Castro escribe siempre *Escabias*, como también hace Argote de Molina, a quien citaré más adelante.

[4] Edición citada, págs. 471-73.

[5] Tiene que haber error en la transcripción del año de la era, que en vez de 1405 (= 1367 de J. C.) tiene que ser 1404 (= 1366), como hace bien claro el Canciller López de Ayala en el lugar que cito de inmediato.

[6] Pero López de Ayala, *Crónica de Don Pedro I*, año 1366, cap. XIX, *Bib. Aut. Esp.*, LXVI, 547.

[7] *Diccionario Geográfico de España*, II (Madrid, 1957), s. n. "Andújar".

de 1367 las fuerzas de Don Enrique de Trastámara eran derrotadas en Nájera por las del rey Don Pedro. Se estableció entonces un agitado compás de espera que duró hasta 1369, fecha del asesinato de Don Pedro en los campos de Montiel, con que se inaugura la dinastía de los Trastámara. Esta es la fecha en que se puede suponer que Juan González de Priego de Escavias habrá puesto a la práctica las facultades del privilegio enriqueño.

El largo y complicado nombre del bisabuelo de nuestro protagonista también lo explica Argote de Molina, con muy interesantes noticias genealógicas y heráldicas, que ampliaré más adelante. El pasaje dice así: "Venía por capitán de la gente de pie y de caballo de Andújar [esto ocurre en 1442], Juan González de Priego de Escavias, hijo de Alonso González de Priego de Escavias y de Blanca Núñez, su muger; y éste era hijo de otro Juan González de Priego de Escavias, Señor del Aldeyuela, y criado del Rey Don Alonso. Eran estos caballeros descendientes de los Carrillos, Señores de la villa de Priego junto a Cuenca, que hoy da título a aquel Condado. [8] Llamáronse de Priego por el lugar donde eran Señores ... Llamáronse de Escavias por el río Escavias [moderno *Escabas*], que pasa por la misma villa de Priego, a diferencia de la de este nombre en el Andalucía. Y así traen por armas las de Carrillo, que son castillo de oro en campo azul, aunque con orla de ocho lunas azules en campo de oro. Después acrecentaron otra orla de cuatro leones rojos en campo de plata por merced del Rey D. Enrique [IV], como se hace memoria en el libro tercero". [9] Desgraciadamente, ese libro tercero de la *Nobleza del Andalucía* nunca se llegó a publicar y se ha perdido. Pero sí he encontrado la merced de acrecentamiento de Enrique IV, y de ella hablaré en su lugar, ya que está otorgada a nombre de nuestro biografiado.

El primer árbol genealógico de don Luis de Salazar y Castro, en esta parte no hace más que resumir los datos de Gonzalo Argote de Molina. Por lo tanto, al abuelo de nuestro protagonista no hace más que nombrarlo (Alonso González de Priego de Escavias) y

---

[8] Se refiere al Condado de Priego, uno de los innumerables títulos que ostentaba el clan de los Mendoza.

[9] *Nobleza del Andalucía*, pág. 719. En la página 720 se reproduce el escudo acrecentado de los Escavias. Según la descripción de Argote de Molina, están errados los colores que dan los García Carraffa, y también Julio de Atienza, *Nobiliario español* (Madrid, 1959), s. n. "Escavias".

decir que estaba casado con Blanca Núñez. Pero al llegar al padre de nuestro cronista (Juan González de Priego de Escavias el Mozo), se explaya un poco más, y recuerda que fue "capitán de la gente de Andújar, año 1442", y remite a Argote de Molina, libro II, capítulo CCXLIV, referencia que corresponde al pasaje citado, en parte, más arriba. Pero Argote de Molina trae algunos datos más acerca de los Escavias que conviene recordar antes de entrar de lleno en la biografía del cronista.

Juan González de Priego de Escavias el Mozo, padre del cronista, figura como delegado de Andújar a unas vistas que se efectuaron en Mengíbar el 22 de julio de 1414. Allí asistieron también los enviados de Jaén, Baeza, Úbeda y Arjona, y se acordó informar al rey Don Juan II, todavía en su minoría, acerca del estado de la tierra (*Nobleza del Andalucía*, pág. 620). Queda bien claro que el padre del cronista era de los personajes de mayor figuración en Andújar. Y ese lustre lo aplica Argote de Molina a todo el linaje: "De los del apellido de Escabias se hace gran memoria en el libro tercero de esta primera parte, donde se hallará su escudo. Cuyo linaje ha sido muy principal en esta ciudad de Andújar" (pág. 239). Ya he lamentado la pérdida de ese libro tercero, que me hubiese ahorrado bastantes sudores.

Buena razón había para el encumbramiento del linaje. Los Escavias estaban asentados en Andújar, con lustre y distinción, por lo menos desde la primera mitad del siglo XIII. Argote de Molina copia la escritura de fundación de la cofradía de Santa María de los hijosdalgo de Andújar, con fecha de 1245, y recuerda que es la más antigua de Andalucía. Uno de los firmantes es Pero González de Priego de Escavas (*sic*).[10] Dos siglos más tarde la familia sigue actuando con distinción en esta cofradía, que ya se llamaba de manera oficial Santa María de los Hijosdalgo, y así, cuando en 1429 se trasladaron las ordenanzas antiguas, firman en la revalidación Gonzalo Rodríguez de Escavias y Alonso Rodríguez de Escavias. Ignoro el grado de parentesco que ambos puedan haber tenido con el cronista. Por las fechas se puede suponer que habrán sido tíos suyos.

---

[10] *Nobleza del Andalucía*, págs. 237-38. Por cierto que otro de los firmantes es Garci Pérez de Vargas, que pronto se iba a cubrir de gloria en la conquista de Sevilla, antepasado del Inca Garcilaso de la Vega, historiador que también me ha provocado desvelos.

Juan González de Priego de Escavias el Mozo tuvo tres hijos, datos que recuerda Argote de Molina y que resume Salazar y Castro en su primera genealogía. El primero, según Argote de Molina, fue nuestro cronista: "Pedro de Escavias, Alcayde y Capitán de la Ciudad de Andújar, que fue uno de los valientes y famosos caballeros de su tiempo" (pág. 719). Después menciona a Guiomar Rodríguez de Escavias, que casó en Alcalá la Real con Juan Sánchez de Aranda, y a otra hermana, Leonor Rodríguez de Escavias, sobre la que no hay más datos. Podría pensarse que fue monja.

Este es el bosquejo de la familia, antecedentes y antepasados del cronista Pedro de Escavias. Venía de noble familia, arraigada en Andújar desde la primera mitad del siglo XIII, y de ininterrumpida y destacada actuación en esa ciudad hasta la propia época del cronista, por lo menos. El Señorío de La Aldehuela que ostentaba la familia desde el reinado de Alfonso XI, y quizá desde antes, simbolizaba su importancia en Andújar. Pero el solar de los Escavias no había estado allí, sino en Cuenca, en el pueblo de Priego, de donde les venía su parentesco con los Carrillo, cuyas armas traían.

Los contactos de los Escavias con la corte se pueden documentar en la época del bisabuelo de nuestro biografiado, Juan González de Priego de Escavias el Viejo, quien sirvió lealmente como escribano al rey Alfonso XI y a su bastardo Enrique de Trastámara. La ascendiente fortuna del primer Trastámara se reflejó en los Escavias, y por merced real éstos obtuvieron la facultad de poblar su heredamiento de La Aldehuela con diez vecinos francos y quitos. Evidentemente, con Juan González de Priego de Escavias se cimenta la fortuna de la familia en tierras de Andújar y se establece una doble tradición familiar que influirá directamente sobre el bisnieto cronista: la tradición de servicio en la casa real y la tradición de letras. La inevitable profesión de las armas en una familia noble, que por remate vivía en la frontera, la ilustró, en los años más cercanos a la vida de mi protagonista, su propio padre, que fue capitán de la gente de Andújar. Y se completa así la tríada que definirá el sino de Pedro de Escavias: servicio real-letras-armas.

Estamos ahora frente a frente con Pedro de Escavias. Dado el largo arraigo de la familia, se puede dar por sentado que nació en Andújar. La fecha la trataré de establecer de inmediato. El hilo de Ariadna lo proporcionan sus poesías, que en el *Cancionero de Oñate-Castañeda* van encabezadas con un epígrafe que conviene recordar ahora: "Coplas y canciones de Pedro Descavias, syendo paje de el Rey y harto mochacho". Varias de estas composiciones se pueden fechar, porque cantan acontecimientos históricos conocidos. La primera en el tiempo de todas ellas son las "Coplas que fiso a Pero de Guzmán sobre la muerte del Conde de Mayorga". Se trata de un sonado y triste accidente que en la *Crónica de Don Juan II* se describe así: "E llegado el Rey a la villa de Ayllón que era del Condestable, le vinieron nuevas cómo Don Juan Pimentel, Conde de Mayorga, hijo de Don Rodrigo Alonso Pimentel, Conde de Benavente, era muerto en Benavente estando allí adereszándose para venir a los desposorios del Príncipe, e para dende se partir para fuera del Reyno con una empresa que entendía llevar, para lo qual el Rey le había ya dado licencia; de lo qual el Rey hubo muy gran sentimiento, e no menos todos los caballeros e gentiles-hombres que en la Corte estaban, de los quales los más tomaron luto por él".[11] El Obispo Lope Barrientos, que fue ayo del Príncipe mencionado (el futuro Enrique IV), confirma y amplía lo dicho: "De lo qual [la muerte del Conde de Mayorga], el Rey ovo mucho pesar, porque este conde don Juan era muy buen cauallero e gentil onbre. El Condestable, que era casado con su hermana, e todos los gentiles onbres de la corte ovieron de su muerte muy grant sentimiento. E todos tomaron duelo por él".[12] Ahora bien, si Escavias poetiza un acontecimiento ocurrido en 1437, siendo él "paje de el Rey y harto mochacho", el límite de edad que parece razonable adjudicarle para esa fecha son unos veinte años. En consecuencia, Pedro de Escavias debe de haber nacido en Andújar y hacia 1417.

Pero volvamos, por un momento, a la muerte del Conde de Mayorga, para fijar en mayor detalle lo que bien podemos considerar como el estreno literario de Pedro de Escavias, y palpar algo

---

[11] Año XXI, 1437, cap. I, *Bib. Aut. Esp.*, LXVIII, 532-33.
[12] *Refundición de la crónica del Halconero*, ed. J. de M. Carriazo (Madrid, 1946), pág. 214. El Condestable mencionado en el texto es D. Álvaro de Luna.

del ambiente en que éste se crió. El luctuoso suceso ocurrió el 14 de febrero de 1437, y si la muerte del joven magnate fue tan llorada se debió no sólo a su exaltada posición social, sino también a su descollante prestancia como justador y poeta.[13] Como justador, su fama estaba tan acreditada que el reputado Suero de Quiñones le nombró como uno de sus posibles reemplazos en el celebradísimo Paso Honroso de la Puente de Órbigo (1434).[14] Y al año siguiente atrajo sobre sí las miradas de la corte entera, en la menos sonada justa de Segovia contra el caballero alemán Roberto de Balse.[15] Como poeta, algo de su producción se recogió en los siguientes cancioneros: de *Oñate-Castañeda*, de *Herberay des Essarts*, de *Módena*, de *Gallardo-San Román* y de *Palacio*, a veces bajo su nombre, Don Juan Pimentel, a veces bajo su título, Conde de Mayorga. Y el propio Conde se encargó de cimentar y de difundir su fama de amador, en una de sus composiciones más logradas, y que termina con la siguiente alusión al que se llegó a considerar en las letras castellanas como el fiel amante por antonomasia:

> Faz quenta que en mis días
> a morir torna Macías.[16]

Esta hermosa estampa de varón tenía Don Juan Alonso Pimentel, primogénito de los segundos Condes de Benavente. Había casado con Doña Elvira de Zúñiga, hija de los Condes de Plasencia, de la cual tuvo a Doña Leonor Pimentel, que a su vez casó con su tío Don Álvaro de Zúñiga, primero y último Duque de Arévalo y primero de Béjar.[17] En 1434 había sido creado Conde de Mayorga,

---

[13] Ch. V. Aubrun, *Chansonnier espagnol d'Herberay des Essarts*, XCIII-IV, traza una breve pero adecuada semblanza del Conde de Mayorga, aunque con el error, ya notado, de atribuir las coplas de Escavias a su corresponsal Pedro de Guzmán. Otra buena semblanza del Conde en F. Vendrell de Millás, *El Cancionero de Palacio* (Barcelona, 1945), págs. 36-38.

[14] Fray Juan de Pineda, *Libro del Passo Honroso defendido por el excelente cauallero Suero de Quiñones* (Salamanca, 1588), fols. 19-20.

[15] *Crónica de Don Juan II*, año XXIX, 1435, cap. VIII, Bib. Aut. Esp., LXVIII, 525.

[16] *Cancionero de Palacio*, ed. Vendrell, pág. 136; cf. *Chansonnier espagnol d'Herberay des Essarts*, ed. Aubrun, pág. 153.

[17] *Vid.* Lorenzo Galíndez de Carvajal, "Adiciones genealógicas a los *Claros varones* de Fernán Pérez de Guzmán, Señor de Batres", *Colección de Documentos Inéditos para la Historia de España* [= Codoin], XVIII (Madrid, 1851), 508. En la pág. 510, sin embargo, Galíndez de Carvajal

y sus bodas habían sido al año siguiente en Sevilla. [18] Armas, letras, amores y rango distinguían y realzaban la figura del Conde de Mayorga, por lo que su muerte, a los veintisiete años de edad, causó profunda sensación en la corte de Juan II. No sólo Pedro de Escavias lloró en metros su muerte (y seguramente vistió luto, como los demás cortesanos, según recuerdan las crónicas de la época), sino también Juan Agraz, poeta de marcada vena elegíaca, le dedicó una "Carta que fizo Iohan Agraz en la sepultura del Conde de Mayorga", y otra composición aún más larga, sin título, y puesta en boca del propio Conde. [19] Y el propio Juan de Mena, príncipe de los poetas castellanos de su tiempo, le dedicó las estrofas 188-89 de su *Laberinto*, pertenecientes a la "Quinta Orden de Mars", que comienzan:

> Las claras virtudes, los fechos extremos,
> la viva victoria que Mares otorga,
> al Conde bendito Don Juan de Mayorga
> razón no lo sufre que nos lo callemos.

Si ahora seguimos la ancha senda de los comentaristas de Mena, pronto llegamos a Fernán Núñez de Guzmán, el eruditísimo Comendador Griego, quien nos dará cumplida información acerca del

---

comete un error cronológico al dar la muerte del Conde de Mayorga como ocurrida en 1443. El motivo de este error es que, al citar la *Crónica de Don Juan II*, indica el año 37 como fecha de la muerte, lo cual es cierto, pues ocurrió en 1437, pero en un momento de confusión Galíndez evidentemente creyó que era año del reinado de Juan II, y así lo sumó a la fecha de su acceso al trono (1406), para terminar con la fecha de 1443.

[18] *Crónica del Halconero de Juan II, Pedro Carrillo de Huete*, ed. J. de M. Carriazo (Madrid, 1946), págs. 179 y 189. Hay que corregir la fecha de 1435 como creación del condado de Mayorga en cabeza de Don Juan Pimentel, que da Julio de Atienza, *Nobiliario español*, s. n. "Mayorga".

[19] *Vid. Cancionero de Palacio*, ed. F. Vendrell de Millás, págs. 227-34; comparar con el texto que trae R. Foulché-Delbosc, *Cancionero castellano del siglo XV, Nueva Biblioteca de Autores Españoles*, XXII, 206-09, que tiene curiosos errores de lectura. La *Carta* nos da los datos biográficos más concretos: que el Conde murió a los veintisiete años de edad, que llevaba dos años preparando su excursión caballeresca por el extranjero, y que la muerte ocurrió el 14 de febrero de 1437. En el perdido *Cancionero de Fernán Martínez de Burgos* se conservaba otra composición a la muerte del Conde, en veintiuna estrofas de ocho versos, *vid*. Ch. V. Aubrun, *Chansonnier espagnol d'Herberay des Essarts*, pág. XCIV. Me parece probable que se trate de la misma elegía sin título de Juan Agraz, que consta de veintidós coplas de ocho versos.

triste suceso que movió la pluma de nuestro Pedro de Escavias, entre otros. Dice así:

> Pone aquí [Juan de Mena] la muerte de Don Juan Pimentel, Conde de Mayorga. El qual fue hijo de Don Rodrigo Alonso Pimentel, Conde de Benauente, cauallero muy famoso y esforçado. El qual, desseando yr fuera del reyno a hazer armas, con cobdicia de adquirir honrra e fama, aprendía con mucho estudio los exercicios de la guerra. E principalmente le mostraua a jugar de hacha e daga vn criado suyo llamado Pedro de la Torre, o como otros dizen Juan, o como otros Lope de la Torre. E jugando vna vez el Conde con él a la hacha, mandóle que jugasse a todo matar, y él lo hizo. E dio al Conde vn golpe con la hacha en el rostro del qual dende a poco murió. E quedó por heredero suyo e de la casa de su padre Don Alonso Pimentel, Conde de Benauente, padre del que oy es. Fue, según dizen, muy gentilhombre, grande de cuerpo e moreno. Pesóle mucho al rey Don Juan de su muerte, porque era muy buen cauallero y esforçado. La muerte deste cauallero pone aquí el poeta. [20]

Es bien propio que Pedro de Escavias, poeta, historiador y soldado, debute en los anales de la historia literaria como cantor de tal caballero, ilustre por su sangre, sus armas y sus letras. El ánimo de Escavias, joven paje de palacio a la sazón, se henchiría de anhelos de emulación al contemplar una vida tan cabal, al mismo tiempo que su corazón se enlutaría ante un fin tan abrupto. Por eso escribió Escavias en sus "Coplas a la muerte del Conde de Mayorga":

> Ya la fama en toda España
> contaua ser generoso
> este conde virtuosso
> de quien he mansilla estraña.
> ... ...
> El amó tan verdadero
> a su dama y la siruió
> qu'en pensallo agora yo
> siento tal dolor que muero.

---

[20] *Copilación de todas las obras del famosíssimo poeta Juan de Mena* (Sevilla, 1528), fol. LXVIII.

El caballero-poeta cantado por un joven poeta y aspirante a caballero. Me gusta pensar que Pedro de Escavias anticipaba ya en su vivir aquel verso tan famoso casi doscientos años más tarde: "Ufano, alegre, altivo, enamorado". Cuando en el último capítulo me plantee en su extensión debida el problema del sentido último de la vida y de la obra de Escavias, ésa será la ocasión de apreciar, en toda su intensidad, la influencia efectiva que vidas como las del Conde de Mayorga, imantadas por una caballería otoñal de inspiración borgoñona, tuvieron sobre el alcaide de Andújar, y cómo lo marcaron con su impronta.

Las "Coplas a la muerte del Conde de Mayorga" ofrecen el primer hito cronológico que nos brindan las poesías de Pedro de Escavias, y el más importante, por cierto, en lo que se refiere a su biografía, por lo que he esmerado el enfoque. Pero hay varias otras que se pueden fechar con facilidad y que establecen otros hitos en esta vida a explorar. Así, por ejemplo, las "Coplas fechas sobre las deuisiones del reyno por la priuança del Condestable Don Aluaro de Luna con el señor rey don Juan el Segundo, quando la batalla de Olmedo" (*Cancionero de Oñate-Castañeda*, composición número 10), tiene que ser poco posterior a esta batalla, librada el 29 de mayo de 1445, por la sencilla razón de que la poesía política es eminentemente poesía de circunstancias. La intención política del poema queda realzada por el uso casi obligado de la alegoría, como en tantas composiciones del *Cancionero de Baena*, contemporáneo aproximado de estos acaecimientos, y que ejemplifican, con mayor nitidez, Alonso Álvarez de Villasandino, Fray Diego de Valencia y Gonzalo Martínez de Medina. Pero el pensamiento político de Escavias no va más allá de expresar el deseo de eliminación de Don Álvaro de Luna del tablero nacional, sin aproximación siquiera a la expresión de congruentes ideales políticos, tal cual éstos surgen de los versos del *Laberinto* de Juan de Mena. La intención política que versifica Escavias queda bien clara en estrofas como éstas:

> Lloremos vn caso ya tan desastrado
> pues vemos los nuestros enbueltos en guerras
> y vnos a otros tomarse las tierras
> que nos les dexamos con tanto cuydado;
> lloremos, lloremos, pues han acordado
> que todo peresca syn otra mansilla,

lloremos, pues vemos la nuestra Castilla
arderse por causa d'un ssolo priuado. [21]

Por cierto que en el *Reportorio de príncipes,* última obra que escribió, según la cronología que establezco en el capítulo III, dentro de un general afán de imparcialidad, alentado seguramente por el transcurso del tiempo, todavía se entrevé algo de la misma hostilidad hacia Don Álvaro de Luna. El curioso lector podrá comprobarlo si lee el capítulo correspondiente al reinado de Juan II del *Reportorio,* que transcribo entre los apéndices.

De la misma época que el poema anterior tiene que ser el "Romance que fiso al señor Infante don Enrique, Maestre de Santiago" (*Cancionero de Oñate-Castañeda,* composición núm. 17), pues el Infante murió de las heridas recibidas en la batalla de Olmedo, que se menciona al final del romance.[22] Aquí se hacen aún más claras las simpatías de Escavias por la nobleza castellana, alzada contra el centralismo de Don Álvaro de Luna. Así, por ejemplo, el Infante Don Enrique dice en el romance de Escavias, y refiriéndose al rey Don Juan II:

> Syenpre yo estaua pensando
> en qué le servir podría,
> mas don Aluaro de Luna,
> Condestable de Castilla,
> q'era mucho su priuado,
> ouo de mí grande enbidia;
> por no perder la priuança,
> la priuança que tenía,
> al Rey mi señor de mí
> sienpre mucho maldesía.

Estas dos composiciones son interesantes porque demuestran el claro sesgo de las ideas políticas de Pedro de Escavias durante el reinado de Don Juan II. Y además hacen evidente la activa participación, poética al menos, de nuestro biografiado en las contiendas

---

[21] Algunas breves pero lúcidas consideraciones acerca de la poesía política de este momento, se pueden ver en M. R. Lida de Malkiel, *Juan de Mena, poeta del Prerrenacimiento español* (México, 1950), págs. 537-49.

[22] Ch. V. Aubrun escribe que este romance "peut-être d'Escavias", *Chansonnier espagnol d'Herberay des Essarts,* pág. XCII, y se refiere a su tesis doctoral inédita "Recherches sur la nature, la forme et la date des vieux romances". Mientras no conozca yo los fundamentos para tales dudas, las calificaré de hipercríticas.

civiles de la época. Todo esto, en mi opinión, realza el valor del capítulo del *Reportorio de príncipes* dedicado a Don Juan II, y que inserto al final de este trabajo.

La última poesía fechable de Pedro de Escavias, ya que las demás tienen la intemporalidad de la lírica amorosa, es la composición final del *Cancionero de Oñate-Castañeda*: "Coplas dirigidas al Condestable Don Miguel Lucas, criado del señor Rey". Iranzo fue creado Condestable de Castilla el sábado 25 de marzo de 1458, según describe largamente su crónica. Además, los últimos acontecimientos poetizados en las *Coplas* pertenecen al año 1463, [23] y como es obvio que la composición fue escrita en vida de Iranzo, cuya muerte ocurrió en 1473, se infiere que esta poesía se escribió entre 1463 y 1473. Aunque el dato cronológico es bastante vago, no deja de tener su interés, pues nos demuestra el sostenido aliento poético de Escavias, que le ayuda a metrificar a lo largo de una treintena de años, desde 1437 (fecha de las "Coplas a la muerte del Conde de Mayorga") hasta 1463, por lo menos (fecha *a quo* de las "Coplas al Condestable Miguel Lucas"). [24] No es de desdeñar este dato, por humilde que parezca, para comprender la personalidad de Pedro de Escavias, quien si bien se crió en la corte, vivió la mayor parte de su vida como alcaide en la frontera, pero siempre dedicado a las letras: a la poesía, su primer amor, y a la historia. Es evidente que la tradición familiar y la educación palaciega dejaron honda huella en el alcaide de Andújar, quien por tradición, educación y destino tuvo que vivir "tomando ora la espada, ora la pluma".

Las poesías de Pedro de Escavias no dan de sí más datos para la investigación histórica. Pero sí ayudan a perfilar la silueta de un dechado de cortesanos: paje en la casa real, poeta, enamorado, atraído indudablemente por el clamor bélico de las contiendas civiles. Banderizo, como todos los hombres de su siglo, Escavias fue enemigo de Don Álvaro de Luna, pero no puedo precisar si tomó parte activa en la lucha por el poder o si se limitó tan sólo a la fronda literaria. Quizá los repetidos triunfos del privado de Juan II, en particular la victoria de Olmedo (1445), contribuyeron a que

---

[23] Comparar con *Hechos del Condestable*, págs. 145-46, por ejemplo. En general, para estos cotejos remito al lector al capítulo siguiente.

[24] O bien, 1465, si se añade a la cuenta el romance "Lealtad, ¡oh lealtad!"

Escavias se alejase de la corte, o bien le llevaron de vuelta a su patria chica intereses familiares, o bien algún nombramiento regio. El hecho es que el primer apoyo documental que me brinda la colección que he formado para reconstruir su vida, halla a Escavias de regreso en Andújar.

Se trata de una carta de Don Juan II (apéndice II, documento I), fechada a 30 de junio de 1446, en que pide a Escavias que dé todo su apoyo al enviado real Diego de Arroyo. Esta carta reconoce implícitamente el ascendiente social de Escavias en Andújar, aunque, como no le da título alguno, es de creer que todavía no fuese su alcaide. Por lo demás, si al año de la victoria de Olmedo el Rey pide el apoyo de Escavias, se puede suponer que éste no habrá salido muy mal librado del triunfo de su enemigo Don Álvaro de Luna.

La alcaidía de Andújar tiene que haberle sido otorgada al cronista aún en vida de Don Juan II, sin embargo, porque el segundo documento, aunque sin fecha, va suscrito por *El Príncipe,* que tiene que ser el futuro Enrique IV. El encabezamiento de ésta va dirigido a "Pedro de Escavias, mi alcaide". Queda señalado, pues, el próximo hito cronológico en la carrera del cronista: en 1454, a más tardar (fecha del acceso al trono de Enrique IV), ya era alcaide de Andújar y ya gozaba de cierto grado de confianza por parte del futuro Enrique IV, puesto que éste le escribe dándole instrucciones. Me inclino a creer que esa confianza ya era bastante íntima, porque mucho más tarde (documento 31, 5 de octubre de 1472) Escavias declarará que la alcaidía de Andújar le había sido conferida por Enrique IV. Es sabido, por lo demás, que Enrique no esperó a la muerte de su padre para empezar a hacer mercedes, lo que es fácil de comprender dado lo tumultuoso que fueron los últimos años del reinado de Juan II. El fruto de esta confianza que el príncipe Enrique puso en Pedro de Escavias fue una vida de lealtad al monarca más traicionado de la historia española.

Los próximos documentos ya nos colocan de lleno en el reinado de Enrique IV. Este período es el más ricamente ilustrado por la pequeña colección documental que hoy publico. Los documentos tienen un doble interés, ya que si por un lado alumbran la vida de Pedro de Escavias, por el otro contribuyen a esa historia documental de Enrique IV que todavía está por escribirse. En forma más concreta: estas cartas y documentos contradicen, apoyan o amplían lo que sabemos de los viajes de Enrique IV, a quien las banderías y guerras civiles convirtieron en una verdadera alma en pena en su propio reino. En la ilustración de este último aspecto ha destacado la labor de Juan Torres Fontes, con cuyas investigaciones he contrastado los datos por mí obtenidos, tal como se verá en los apéndices.[25]

Pero volvamos a Pedro de Escavias. El documento 3 es carta del Rey, de 4 de abril de 1462. Por parte de Enrique IV la situación es muy halagüeña. En el último día de febrero había nacido su hija, la princesa Doña Juana, que pronto sería malsinada con el mote de la Beltraneja. Pero, de momento, todo era paz y concordia en la corte, y se hacían los preparativos para que la Infanta fuese jurada como heredera por las Cortes, como lo fue el 9 de mayo.[26] Pero en Andújar la situación era muy otra.

Sabido es que el siglo XV es el siglo de los bandos. El estado de guerra civil constituye entonces la norma, desde el nivel nacional hasta el nivel familiar. Las luchas de partidos políticos en el tablero nacional se corresponden con las luchas de linajes en el nivel comarcano. El mapa de la Castilla del siglo XV se eriza de prolongadas contiendas de bando a bando, o de linaje a linaje, desde los oñacinos y gamboínos del País Vasco hasta los Guzmanes y Ponces de León de Sevilla.[27] En este triste panorama, Andújar no era ninguna excepción. Alonso de Palencia, cronista tan puntual como parcial, se encarga de informarnos que Andújar estaba escindida por los bandos de Palominos y Escavias.[28] El jefe del bando de los Escavias era, naturalmente, nuestro protagonista, quien como alcaide de la ciudad era su defensor oficial, mientras que los cabecillas de los Palominos eran Juan de Cárdenas y Pedro Palomino.[29]

---

[25] Véase, en particular, su *Itinerario de Enrique IV de Castilla* (Murcia, 1953). Desgraciadamente, esta obra, tan interesante, comienza con la coronación de Enrique IV, sin hacerse cargo de sus múltiples andanzas como príncipe.

[26] Para la *gran historia* de este período, el lector puede consultar con provecho a Luis Suárez Fernández, "Los Trastámaras de Castilla y Aragón en el siglo XV (1407-1474)", *Historia de España,* dirigida por Ramón Menéndez Pidal, XV (Madrid, 1964), 1-318, en particular 219-318.

[27] Ver el estudio fundamental de Julio Caro Baroja, "Linajes y bandos", *Vasconiana (De historia y etnología)* (Madrid, 1957), págs. 14-61.

[28] *Crónica de Enrique IV,* traducción de Antonio Paz y Melia, III (Madrid, 1905), 11.

[29] Ver los documentos 35, 36 y 38.

LA VIDA

Debido a esta circunstancia es que el Rey recomienda ahincadamente a Pedro de Escavias que trabaje "para pacificar esa ciudad y escusar los movimientos della". Es evidente, por el tenor de esta carta, que en el nivel nacional el bando de los Escavias, capitaneado por nuestro biografiado, apoyaba la política de Enrique IV. Por todo ello, y desde esta temprana fecha, el Rey ya elogia la "discreción y lealtad" del alcaide Pedro de Escavias.

Hacia mediados del verano de ese año de 1462 la situación ha mejorado mucho en Andújar, y las medidas que debió de haber tomado nuestro alcaide debieron de ser muy efectivas, porque la comarca está lo suficientemente pacificada como para que el Condestable Miguel Lucas y su fiel Escavias emprendan una correría por tierra de moros. Esto fue en julio de 1462, y los lugares saqueados fueron los de la sierra de El Cenete y los alrededores de Guadix. Iban con el Condestable la gente de guerra del Adelantamiento de Cazorla, de Baeza, Úbeda y Andújar. Esta última claro está que la capitaneaba Pedro de Escavias, quien iba en el puesto de mayor responsabilidad: en la retaguardia, con ciento cincuenta caballos. El éxito de la entrada fue inmenso, y el botín "era tanto, que apenas la gente e fardaje que ally estaua era bastante de lo poder traer" (*Hechos,* págs. 79-81).

Se destacan, pues, no sólo la "discreción y lealtad" de Escavias, sino también su valor. Todo esto lo reconoce desde el encabezamiento la próxima carta de Enrique IV (documento 4, 2 de enero de 1463), que va dirigida al "Alcaide Pedro de Escavias, mi leal vasallo y amigo". Enrique IV estaba en Almazán, cerca de la frontera aragonesa,[30] atento a los movimientos de Cataluña, en rebeldía contra Juan II de Aragón, y cuya corona le acababan de ofrecer los enviados de la Generalitat. Pero a Andújar habían llegado también otras noticias, y alarmantes por extremo para sus vecinos. El rumor que corría era que Enrique iba a enajenar la ciudad de la corona real, para darla, quizás, a alguno de sus favoritos. Dado el carácter del Rey esto era fácilmente creíble, y el hecho de que pocos meses antes había enajenado la villa de Ledesma para erigirla en condado

---

[30] La carta, sin embargo, está fechada en Segovia. Esta anomalía se puede explicar porque probablemente la carta fue despachada por algún secretario real (Garci Méndez de Badajoz, en este caso) desde Segovia, sin necesidad de la presencia regia. Esto ocurría con cierta frecuencia, como recuerda Juan Torres Fontes, *Itinerario de Enrique IV,* pág. 6.

y dársela a su favorito Beltrán de la Cueva, daba al rumor un matiz casi de certeza.[31]

Andújar estaba alterada, y con razón, y Enrique IV pide a Escavias que tranquilice a los vecinos. A tales efectos el monarca usa un enérgico lenguaje, que en esta ocasión sí respaldó con sus acciones, ya que Andújar nunca fue enajenada: "Mi voluntad siempre a sido y será que esa dicha mi ciudad siempre esté y permanezca mía en la mi corona real de mis reynos". ¡Qué distinta hubiese sido la historia de España si siempre hubiese habido esta misma correspondencia entre las palabras y los hechos de Enrique IV!

En este mismo mes de enero de 1463 Pedro de Escavias recibe, además, una comisión secreta del Condestable Miguel Lucas. Los cautivos cristianos que se custodiaban en el lugar de Montefrío, en el reino de Granada, se habían complotado para alzarse con el castillo, pero necesitaban apoyo exterior. Lo mandaron pedir al Condestable por medio de un alfaqueque, y Miguel Lucas delegó a Pedro de Escavias y al comendador Fernando de Quesada para que tratasen toda la cuestión con la gente de Alcalá la Real, fortaleza cristiana frontera de Montefrío. Ya dispuestas las tropas necesarias, el propio Condestable se puso a su cabeza; tal era la importancia que él adjudicaba a este audaz golpe de mano. El viernes 21 de enero el Condestable pensaba poder entrar en Montefrío, pero el complot de los cristianos cautivos fue descubierto, y la expedición planeada con la ayuda de Escavias quedó en nada (*Hechos*, págs. 103-09).

En otra expedición fracasada del Condestable participó Escavias en ese mismo año de 1463. Esto fue en el mes de noviembre, y se trataba nada menos que de escalar el castillo de Moclín. La importancia estratégica que tenía esta fortaleza bien la valora Fernando del Pulgar, cuando dice que "fue sienpre reputada en la estimación de moros e cristianos por guarda de Granada".[32] Con inmenso secreto preparó el Condestable expedición de tal importancia, al punto que sólo supieron de ella el renegado que "le avía

---

[31] La triste realidad de todo esto la expresa así Fernando del Pulgar, *Crónica de los Reyes Católicos*, ed. J. de M. Carriazo, 1 (Madrid, 1943), 44: "Conocida la grand flaqueza del rey, y el poco cuydado que tenía de conseruar lo de la corona rreal, todas las cibdades e villas del rreyno se guardauan mucho de ser enagenadas en poder de los caualleros del rreyno".

[32] *Crónica de los Reyes Católicos*, ed. J. de M. Carriazo, II, 233.

dado el ardid e Pedro de Escauias, alcayde de Andújar, porque era onbre de quien se fiaua, y en algo conuino de ge lo auer de decir" (*Hechos,* pág. 146). Pero cuando en la noche del 7 de noviembre se intentó la escala, un mastín denunció la presencia de los cristianos, que se tuvieron que retirar con las manos vacías. Moclín permanecería como guarda de Granada por unos veinte años más, hasta que los Reyes Católicos la tomaron, tras un duro bombardeo, en el verano de 1486 (Pulgar, II, 233-36).

Siempre en el año de 1463, tengo información de otra actividad de Escavias, esta vez como intermediario entre el Rey y el Condestable. Enrique IV trataba, en vano, de conciliar a Miguel Lucas con Don Juan Pacheco, Marqués de Villena, y con Don Pedro Girón, Maestre de Calatrava, hermanos de tristísima fama. Iranzo mantenía que sólo por una explícita orden real entraría en tales tratos, mientras que Enrique se abstenía, con mucho tacto, de expedir tal orden, que provocaría, claro está, negativa reacción en el ya poderoso favorito Don Beltrán de la Cueva, Conde de Ledesma, enemigo a muerte de los hermanos. La situación era difícil para el Rey, pues él quería que el Condestable hiciese algo para lo que no se atrevía a dar la orden explícita. En esta delicadísima coyuntura, Enrique IV apeló al fiel Escavias, y le escribió repetidas veces, instándole para que convenciese al Condestable de que entrase en tratos con el Marqués y el Maestre. Por desgracia se ha perdido toda esa correspondencia, cuya única fecha conocida es la de 1463, pero lo dicho basta para poner bien en relieve el papel central que jugaba la lealtad de Escavias en las maniobras diplomáticas de Enrique IV. Pero Escavias fracasó en su misión, que seguramente desempeñó con tibieza, dada la pésima fama de los hermanos, ya que el Condestable no se concertó con ellos (*Hechos,* págs. 149-50).

No sólo no hubo concierto, sino que pronto el Condestable Miguel Lucas y el Maestre de Calatrava llegaron a la guerra abierta. Cuando el Maestre puso a sus huestes en pie de guerra, en el verano de 1465, en Andújar se temió que la fuese a cercar. Con este motivo, Pedro de Escavias, "que era muy grand seruidor y criado del dicho señor rey" (*Hechos,* pág. 270), escribió pidiendo auxilios al Condestable, al Conde de Cabra, a Martín Alonso de Montemayor y a otros más. El momento era de gran apuro, porque las fortunas de Enrique IV, cuya causa defendía Escavias, andaban por los suelos, según se verá de inmediato. En esta contingencia, el único que contestó al grito de auxilio de Escavias fue el Condestable Miguel Lucas, quien con fecha de 21 de junio de 1465 escribió dos cartas, una a la ciudad de Andújar, prometiéndole socorro, y otra al propio Pedro de Escavias, y que se transcribe íntegra y fielmente en los *Hechos* (pág. 272). Dada su brevedad, y a guisa de ilustración complementaria del alto y honroso concepto en que se tenía a Escavias, yo haré lo propio:

> My verdadero amigo Pedro de Escauias: Rescebí la carta que me enbiastes, y vi la que esa cibdad me enbió. Y porque yo le respondo bien largo acerca de todo, a vos, segúnd vuestra lealtad e buena discreción, no conuiene más sino que se deue poco temer el robo con que amenazan a los vecinos desa cibdad. Ca segúnd las cosas acá se dicen, de que no fago dubdas que sean verdad, el rey mi señor está tan poderoso que no pasarán muchos días que vosotros avreys lugar de tomar de los que vos amenazan e ponen estos miedos tanto de lo suyo, que terneis asaz que satisfacer, si quisiéredes, por ser cristianos. Y por tanto, no más, sino que, pues esa cibdad está a vuestro consejo e gouernación, fagays aquello que de vos se espera, segúnd vuestro buen deseo e grande lealtad. A vuestra muger y a todos y todas los desa cibdad me saludad y encomendad. Y a vos, con todos ellos, guarde Nuestro Señor, como deseays. De Jahén, a veynte e vno de junio, que vuestra onrra como vos mismo desea.—El Condestable.

En octubre de 1465 Pedro de Escavias participó con distinción en un feliz ardid de guerra del Condestable Miguel Lucas. Se trataba de socorrer al castillo de Montizón, cabeza de la encomienda del mismo nombre en la orden de Santiago, y comendador de Montizón era Nicolás Lucas, hermano del Condestable.[33] El belicosísimo clan de los Manrique se consideraba con derechos a dicha encomienda, y como era casi normal en aquel siglo confiaron su causa a las armas y sitiaron el castillo. Según Alonso de Palencia el que capitaneaba las fuerzas cercadoras era nada menos que Don

---

[33] Es el nombre que da Alonso de Palencia, *Crónica de Enrique IV,* I, 284, II, 362; y III, 120. En los *Hechos del Condestable,* sin embargo (página 412), se identifica a Diego del Cerezo como comendador de Montizón, aunque la referencia es al año 1469.

Jorge Manrique, de tan larga como merecida fama de poeta.[34] El Condestable Miguel Lucas decidió socorrer el castillo, designio nada fácil dada la cantidad de tropas que los Manrique tenían dispuestas por toda la comarca. Pese a lo arduo de la empresa, y quizá por ello mismo, "él fabló el caso secretamente con Pedro de Escauias, que era persona de quien mucho fiaua, e le auía de seruir" (*Hechos*, pág. 297). Como resultado de estas hablas secretas, se preparó en Andújar una recua cargada de bastimentos, que protegida por un fuerte escuadrón de caballería partió el 29 de octubre, y dos días después cayó de sorpresa sobre los sitiadores, los desbarató y reaprovisionó el castillo. Pedro de Escavias vence en el campo de batalla a Don Jorge Manrique, pero éste no cejaría en su empresa, según se verá.

A mediados del año siguiente le tocó a Pedro de Escavias dirigir otro socorro, que también se vio coronado por el éxito. Esta vez se trataba del castillo de Baños, que estaba en manos de la facción antienriqueña. El 30 de mayo de 1466 Remón Corvera, regidor de Baeza y partidario del Condestable, lo recobró, y Miguel Lucas envió un socorro inmediato, a las órdenes de su fiel Escavias. Éste llevó una gran recua de provisiones y un fuerte contingente de tropas, con las que desempeñó su empresa sin dificultad alguna (*Hechos*, págs. 307-08).

Pero al mes siguiente ya no le sonrió el éxito. Bien es cierto que la empresa era muy ardua. Baeza había caído en manos de las huestes de Don Pedro Girón, Maestre de Calatrava, y el Condestable proyectó su liberación. Le favorecían la reciente muerte del Maestre (20 de abril de 1466) y la existencia de un aliado en el alcázar. Dispuesta ya la expedición, el Condestable partió con sus tropas de Jaén el 6 de junio, y el mismo día salió de Andújar, para unírsele, Pedro de Escavias, a la cabeza de doscientos caballos y mil quinientos peones. Con tan fuerte contingente, el Condestable logró entrar en Baeza, y hasta llegó a poner sitio al alcázar,

---

[34] *Crónica de Enrique IV*, II, 362. Los *Hechos del Condestable* sólo mencionan a Don Pedro Manrique, hermano mayor de Don Jorge, en relación con el sitio de Montizón. Pero, con el explícito testimonio de Palencia de por medio, se debe entender que Don Jorge capitaneaba la hueste de su hermano. Acerca de las múltiples actividades de los Manrique alrededor del castillo de Montizón y su encomienda, *vid*. Antonio Serrano de Haro, *Personalidad y destino de Jorge Manrique* (Madrid, 1966), págs. 162-72.

donde Escavias actuó con distinción. Pero el Marqués de Villena venía con refuerzos desde Almagro, y de Córdoba venían con sus tropas Don Alonso de Aguilar y Don Fadrique Manrique, tío del poeta. En tales circunstancias, se decidió abandonar el cerco, y se retiraron todos a Jaén (*Hechos*, pág. 317).

De Jaén partió Pedro de Escavias con quinientos caballos y ochocientos peones, con el fin de regresar a Andújar. Le acompañaba Don Juan de Valenzuela, Prior de San Juan, otro de los favoritos de Enrique IV. Dejo para más adelante el retrato de este peregrino personaje, que ilustró cumplida e involuntariamente el gran tema de los pensadores del siglo XV: la caída de Fortuna.[35]

Al pasar estos dos personajes, con sus tropas, el 11 de junio, por lo que ahora es La Higuera de Arjona,[36] lugar cercano a Andújar, se toparon con las fuerzas muy superiores de Don Alonso de Aguilar y Don Fadrique Manrique. En la batalla subsiguiente, hubo un momento inicial favorable para Escavias y los suyos, en que hasta llegaron a apresar a Don Fadrique; pero cuando entraron en acción las tropas de Don Alonso pronto fue liberado aquél, y Escavias y el Prior se vieron obligados a abandonar el campo. La batalla, en realidad, fue muy empeñada ("murieron asaz de vn cabo y de otro", *Hechos*, pág. 318), y el resultado distó de ser decisivo. En la valorativa del propio Escavias tuvo subido precio, pues él mismo se encargó de incluirla en la selección de combates que por fuerza tuvo que hacer en su *Reportorio de príncipes*, según se verá en el tercer capítulo de este libro. Y más adelante en este mismo capítulo se verá que el nombre de La Higuera vuelve a sonar (*infra*, documento 32), allá en 1473, cuando Enrique IV quiere honrar a Escavias con un condado.[37]

Entre el documento 4 y 5 de mi colección (este último fechado a 14 de febrero de 1466),[38] transcurren más de tres años, y hemos

---

[35] Al ilustrar el documento 7, en los apéndices, será la ocasión propicia para hablar de sus bajos orígenes, su exaltación y caída.

[36] Los *Hechos del Condestable* sólo hablan de "la Figuera, que es cerca de Andújar" (pág. 317), pero esta cercanía, y la mención de Villanueva, indican que se trata de La Higuera de Arjona. También se menciona en los *Hechos* (e. g., págs. 325-26) La Higuera de Martos, que es la moderna Higuera de Calatrava. Ya habrá tiempo para volver sobre todo esto.

[37] Acerca del fracasado asalto a Baeza y de la batalla de La Higuera de Arjona, vid. *Hechos*, págs. 312-18.

[38] La fecha que transcribe Salazar y Castro para el documento 5 es 14 de febrero de *1467*. Me he decidido a cambiar el año a *1466* por tres

visto los triunfos y fracasos de Pedro de Escavias en ese ínterin. Para Enrique IV no hubo triunfos, esos años fueron verdaderamente catastróficos. Al fechar la carta anterior de mi colección (documento 4, 2 de enero de 1463), el Rey estaba en el cenit de su fortuna: la corona de Castilla firme en la cabeza, con su hija jurada por heredera del trono, el moro acoquinado, y con la corona de Cataluña al alcance de la mano. Para 1466 la nobleza rebelde no le consideraba ni siquiera rey de Castilla. El año anterior había tenido lugar la *farsa de Ávila*, en que simbólicamente se le destituyó, para reemplazarle con su hermano, que fue proclamado Alfonso XII de Castilla y León. Las tristes circunstancias traen a la memoria aquel romance que decía:

> Ayer era rey de España, hoy no lo soy de una villa;
> ayer villas y castillos, hoy ninguno poseía;
> ayer tenía criados, hoy ninguno me servía.

Pero las quejas del rey Rodrigo no le terminaban de cuadrar a Enrique IV. Por lo pronto, allí estaba el fiel Pedro de Escavias, a quien el Rey se puede dirigir, como lo hace en este documento, en los siguientes términos: "En mucho seruizio vos tengo la guarda y rrecaudo que en esa ciudad y fortaleça avedes puesto y poneis". El Rey le encarece que no se deje engañar por los rumores que circulan acerca de una reconciliación suya con el Maestre y su hermano, el proto-intrigante Marqués de Villena, porque "no se a tomado en ello conclusión". Por ello le insta a redoblar la guarda de Andújar. Todas estas recomendaciones al Escavias alcaide se las sabía muy bien el Escavias cronista, quien da fe de ello al llegar a final del año 1465 en los *Hechos del Condestable,* y apostillar de esta manera: "Como el dicho Marqués [de Villena] fuese persona que muchas maneras e cabtelas sabía, y el dicho señor rey fuese

---

motivos. Primero: en la carta se menciona como vivo a Don Pedro Girón, Maestre de Calatrava, y éste murió en Villarrubia de los Ojos el 20 de abril de 1466. Segundo: se dice allí que el Maestre andaba cerca de Andújar, y hasta el 5 de agosto de 1466 el Maestre había tenido puesto sitio a Jaén (*Hechos*, pág. 284), y luego, a pesar de las treguas de Daymora (7 de septiembre de 1466; *Hechos*, pág. 296), se había quedado por allí merodeando. Tercero: el mes de febrero de 1466 Enrique IV lo pasó íntegro en Segovia (Torres Fontes, *Itinerario*, pág. 190), desde donde se fecha la carta en cuestión, mientras que en febrero de 1467 no hay indicación de que haya estado en Segovia (Torres Fontes, *op. cit.*, pág. 201).

de tan sana e noble entención que cada vez que quería y se daua a ello engañaua a su alteza por tratos" (pág. 304). [39]

Pero el leal Escavias no se dejaría engañar, y Andújar seguiría firme por el Rey. Por eso, Enrique IV invoca la protección de su alcaide para un servidor real que debe viajar a dicha ciudad, "si placer y seruicio me desseades facer" (documento 6, 15 de julio de 1466). Debe ser bien evidente ahora que las críticas y comentarios del Escavias cronista surgen de las vivencias del Escavias alcaide.

La carta siguiente (documento 7, 14 de agosto de 1466) vuelve al tema dominante de la lealtad ("vos sigún vuestra lealtad"), en momentos en que Escavias había tratado de ayudar en su derrota y detener en su caída al ya mencionado Don Juan de Valenzuela, Prior de San Juan y favorito real.

Después de la rota de La Higuera de Arjona (11 de junio de 1466), el Prior de San Juan había ido a Andújar con Escavias, pero al salir de allí había sido perseguido por Don Fadrique Manrique y Don Alonso de Aguilar. Por el tenor de la carta real, es evidente que la ayuda de Pedro de Escavias al desbaratado Prior de San Juan había sido muy eficaz, al mismo tiempo que había mantenido a la ciudad bien defendida contra los enemigos. A ambos extremos alude Enrique IV, quien considera llegado el momento de reavivar el celo del alcaide de Andújar, y así le escribe: "Y quanto toca a la guarda y defensa de esa ciudad yo vos ruego y mando, si placer y servicio me desseais facer, de aquí adelante lo continueis así como fasta aquí lo abeis fecho, certificando vos que por ello y lo del Prior me dareis caussa de os facer señaladas mercedes". Debo adelantar que otra vez el Rey le cumplió su palabra a Pedro de Escavias.

Con la misma fecha que la anterior el Rey, o su secretaría, envió otra carta al "Alcayde Pedro de Escauias, mi leal vasallo

---

[39] A través de este estudio llamaré a Don Juan Pacheco Marqués de Villena, aunque dejó de serlo en 1469, por renuncia voluntaria en su hijo Don Diego López Pacheco. Fue el título por el que mejor se le conoció, al punto que el gran historiador vasco Esteban de Garibay y Zamalloa llegó a decir: "Don Juan Pacheco, Marqués de Villena, a quien sencillamente llamo las más veces Marqués, sin decir de dónde, por ser en toda España, y aun fuera, muy conocido". *Los XL libros del Compendio Historial de las chrónicas* (Amberes, 1571), libro XVII, capítulo XVI.

y amigo". [40] Lo que se elogia en esta ocasión es la pericia bélica de Escavias en una entrada que hizo el Condestable Miguel Lucas en tierra de moros, "lo qual mucho vos agradezco". Es interesante notar que la información acerca de la elogiada actividad militar de Escavias le había llegado al Rey por conducto de Fernán Lucas, primo del Condestable, y que tres años más tarde, en 1469, este Fernán Lucas casaría con Doña Leonor de Escavias, hija de mi protagonista, por arreglo del propio Condestable. [41]

Son detalles como éste los que ayudan a explicar la intimidad del eje socio-político-militar Andújar-Jaén cimentada en la cordialidad entre los Escavias y los Iranzo, que viven en estado de covigilancia para apoyarse y elogiarse mutuamente. Porque si Fernán Lucas elogia las acciones de Pedro de Escavias ante el Rey, el alcaide de Andújar le devuelve con creces los elogios en su crónica. [42] Y no olvidemos el hecho capital de que en el telar de estas alabanzas mutuas y parentescos se teje la crónica del Condestable Don Miguel Lucas de Iranzo y su familia.

A los tres días de escritas las dos cartas anteriores, Pedro de Escavias partía de Andújar, de noche y con mucho sigilo, para llevar un nuevo socorro al combatido castillo de Montizón (domingo 17 de agosto de 1466). Nuevamente la fortuna le fue propicia. Don Pedro Manrique, y probablemente Don Jorge también, estaban en Belmontejo, y la guarda de los sitiadores estaba descuidada. Sin tropiezos, Escavias pudo entrar en Montizón la recua con bastimentos, y luego siguió hasta Belmontejo, pero los Manrique

---

[40] El documento 7 o el 8 tiene que haber sido expedido por la secretaría real, pues los dos llevan la misma fecha (14 de agosto de 1466), pero el primero está datado en Valladolid, mientras que el segundo lo está en Toledo. De los cinco documentos que reseña Torres Fontes como librados en el mes de agosto, cuatro están fechados en Valladolid, y el quinto, en Medina del Campo (*Itinerario de Enrique IV*, págs. 195-96). Se puede pensar también que hay error de transcripción en las fechas; de ser éste el caso, el error estará en la segunda carta, ya que la fecha de la primera está bien afirmada por las alusiones que contiene. Si la segunda carta no es de 1466, tiene que ser posterior a ese año, pues en ella se menciona a Fernán Lucas, el primo del Condestable, como tesorero de la casa de la moneda en Jaén, y dicha tesorería fue creación real de 1466, vid. *Hechos*, pág. 310.

[41] *Hechos*, págs. 406-07. El nombre de la hija de Escavias no figura en los *Hechos del Condestable*, lo tomo del árbol genealógico de Salazar y Castro.

[42] *Vid.* el índice onomástico que Carriazo puso a su edición de los *Hechos*, s. n. "Fernán Lucas".

se retiraron. Triunfantes, Escavias y su gente "tomaron todo el trigo e vino que en el dicho Belmontejo fallaron, e troxiéronlo todo al dicho castillo" (*Hechos,* pág. 319). Ya de regreso hacia Andújar, las fuerzas de los Manrique trataron de cortarles la retirada, pero con la eficaz ayuda de Miguel Lucas se salvó todo inconveniente (*idem,* pág. 321).

Los éxitos militares de Pedro de Escavias se suceden en el resto de 1466. El 17 de septiembre salió de Andújar con cien caballos y doscientos peones, y se dirigió contra las aceñas de Casanueva, a dos leguas de Porcuna, que eran propiedad de su sobrino Juan de Valenzuela y estaban ocupadas por tropas del Marqués de Villena. Y allí, bajo las mismas barbas del Marqués, que estaba en Porcuna, las asaltó, tomó y destruyó, antes de retirarse, "en buena ordenança", ante fuerzas muy superiores enviadas por Villena (*Hechos,* pág. 323).

El 19 de octubre de 1466 salieron dos columnas de tropas, una de Jaén, al mando del comendador de Montizón, Nicolás Lucas, y otra de Andújar, con Pedro de Escavias a la cabeza. Se trataba de correr las tierras de los partidarios de Don Alfonso, el rey de la *farsa de Ávila,* y de armarles celadas cuando saliesen en persecución. Eso es lo que hicieron los dos adalides, entre el 19 y el 21 de octubre, corriendo tierras de la Higuera de Calatrava, Bujalance, Cañete, Porcuna, Arjona, Arjonilla y Lopera. El botín fue muy cuantioso, mientras que el capitán alfonsino, Don Fadrique Manrique, "bolvióse harto corrido y avergonçado ... para la Torre don Ximeno" (*Hechos,* págs. 325-26).

Y antes de terminarse el año, en diciembre de 1466, Pedro de Escavias tuvo oportunidad de prestar otro muy señalado servicio al Condestable Miguel Lucas. El comendador Fernando de Quesada, alcaide de los alcázares de Jaén, se había enemistado con el Condestable, y había entrado en tratos con el Conde de Cabra y con Martín Alonso de Montemayor para entregárselos. Justamente alarmado, el Condestable escribió, el 22 de diciembre, solicitando la ayuda de Escavias. Si recuerda el lector el socorro que Escavias había pedido del Condestable en junio del año anterior (*vide supra,* págs. 45-46), verá cumplidamente ilustrada esa suerte de *hodie mihi, cras tibi,* propia de la época, a que forzaban a vivir el albur y el chaqueteo, dos de las directrices del reinado de Enrique IV.

LA VIDA 53

Al día siguiente de la carta del Condestable, o sea en la noche del 23 de diciembre, ya entraban en Jaén cien caballos y ochocientos peones que enviaba el fiel Escavias, a las órdenes de su sobrino Juan de Valenzuela.[42 bis] Pero el 25 de enero de 1467 le llegaron refuerzos al comendador Quesada, y la lucha ya se generalizó. Escavias envió nuevas tropas, ante nueva carta del Condestable pidiendo auxilio, esta vez ciento cincuenta caballeros de Andújar, ochocientos peones lanceros y ballesteros y doce espingarderos. El enemigo pronto decidió pactar, y así se hizo. Bajo seguro se retiraron todas las tropas alfonsinas, menos el comendador Fernando de Quesada, que se encerró en el alcázar Viejo. De allí sólo saldría por vía diplomática, y es casi seguro que Escavias tuvo principal participación en esas negociaciones (*vide infra*, documento 9). Pero, mientras tanto, la paz relativa que había descendido sobre Jaén, el Condestable la celebró con opípara comilona ("mandó matar e guisar muchas vacas e carneros e otras carnes, e dar mucho pan e vino e ceuada, tan abundosamente que era marauilla poderse conplir", *Hechos*, pág. 326),[43] en la que las tropas de Escavias fueron huéspedes de honor (*idem*, págs. 329-38).

Los documentos 9 al 15 pertenecen todos al año 1467, lo que no deja de ser un buen índice de lo climatérico que fue este año para las fortunas reales, que culminaron en la segunda batalla de Olmedo (19 de agosto de 1467), y también reflejan la intimidad que gozaba Escavias con Enrique IV. El año se había abierto con buenas perspectivas de poner fin a la endémica guerra civil: "Entre noviembre de 1466 y mayo de 1467 se vive bajo el signo de una próxima reconciliación".[44] El propio Rey bregaba por imponer paz y concordia entre sus propios partidarios. Y para ello reclamó los servicios de Pedro de Escavias (documento 9, 19 de febrero de

---

[42 bis] No hay que confundirle con su homónimo, el Prior de San Juan, vid. *infra*, pág. 157.

[43] Detalles como éstos son los que hacen insustituible esta crónica de Escavias para el conocimiento directo de la vida diaria en una ciudad de la frontera, por lo que me extraña que no haya sido utilizado su testimonio en el libro de Kenneth R. Scholberg, *Spanish Life in the Late Middle Ages*, University of North Carolina Studies in the Romance Languages and Literatures, núm. 57 (Chapel Hill, 1965). Una breve muestra del partido que se puede sacar de los *Hechos del Condestable* como fuente sociológica, es lo que da F. Very, "A Fifteenth-Century Spanish Easter Egg Combat and Some Parallels", *Romance Notes*, IV, 1 (1962), 66-69.

[44] Luis Suárez Fernández, *apud Historia de España*, XIX, 276.

1467). La cuestión era grave, porque parecía como si, en este momento de inminente concordia, Enrique IV fuese a perder el apoyo de uno de sus más fieles servidores, el Condestable Miguel Lucas de Iranzo, con lo cual se vendría abajo el equilibrio necesario para llegar a un acuerdo con el bando contrario en un pie de igualdad. El Condestable se sentía "maltratado", y lo achacaba directamente al Rey. De por medio andaba la persona del alcaide de los alcázares de Jaén, el comendador Fernando de Quesada, con quien Miguel Lucas traía larga pendencia en estas eternas banderías (*Hechos*, págs. 338-51). La carta que se jugaba el Rey era importantísima, porque Jaén y el Condestable Miguel Lucas constituían el ancla y amarra de su partido en Andalucía. Si se cortaba esta amarra, la ya desmantelada nave del Estado no tardaría en zozobrar.

Es capital para nuestro conocimiento de la talla y ascendiente de Escavias que en esta coyuntura el Rey haya acudido a él. Y lo más significativo es lo que ocurrió poco después de ser enviada la carta que ahora comento. En esta ocasión son los *Hechos del Condestable Miguel Lucas de Iranzo* los que complementan el documento, porque allí se lee que "tanta acucia e diligencia el dicho señor Condestable en esto ponía, que entre los otros tratos e partidos que entre ellos se mouieron se trató que Fernando de Quesada, fijo del dicho alcayde Fernando de Quesada, casase con la señora doña Juana, hermana del señor Condestable. E como quiera que a esta señora, por ser muy fermosa e muy virtuosa, le trayan otros casamientos más grandes, al señor Condestable plogo dello. Y avnque algunos no lo ovieron así luego por bien, después de bien mirado vsó de muy grand discreción e sabiduría" (págs. 345-46).

Quiero puntualizar esto, y presentarlo con toda la claridad posible, porque son datos de valor subidísimo para nuestro justiprecio del hombre Pedro de Escavias. Jaén, verdadero feudo del Condestable Iranzo, era el "núcleo fundamental de los enriqueños." [45] Perder esta baza era perder la partida. Y todo dependía del albedrío de Miguel Lucas, quien, cuando todo estaba puesto en el fiel de la balanza, se sintió "maltratado" por el Rey, debido a ciertas acciones del alcaide Fernando de Quesada. Era un momento desesperado, y Enrique IV se lo jugó todo a una carta, la de su siempre leal Pedro de Escavias. A él acudió para que compusiese las cosas

---

[45] Luis Suárez Fernández, *ibidem*, pág. 270.

en forma tal que no se perdiese al Condestable, y tras él a Jaén, y luego a Andalucía, y por fin todo el reino. Para ayudar a Escavias en empresa de tal porte, el Rey envió a su caballerizo, aposentador y confidente Barrasa. Lo que de verdad ocurrió en esta ocasión ha quedado entre los bastidores de la Historia. Sólo sabemos que no mucho tiempo después de ser librada la carta real, el Condestable Miguel Lucas de Iranzo consintió, a pesar de vigorosas protestas, que su hermana se casase con el hijo y homónimo del alcaide Fernando de Quesada. [46] Con esto no sólo se restablecía la paz en Jaén, sino que el Condestable quedaba desagraviado. Iranzo, Jaén, Andalucía: tres círculos que si en este momento hubiesen dejado de ser concéntricos habrían desbaratado, seguramente, la monarquía enriqueña.

Para explicar todo esto hay que establecer un puente de unión entre la carta de instrucciones que Enrique IV envió al alcaide de Andújar y el concierto de bodas que garantiza la paz. Y para ligar estos dos hechos empíricos tengo que acudir a la hipótesis, y la que me parece más plausible es que el alarife del puente fue el propio Escavias. En las cartas ya hemos visto al Rey acudir en más de una ocasión a la ayuda de sus sabias manos, y en sus poesías compuestas alrededor de la primera batalla de Olmedo hemos visto al hombre avezado a pensar en la cosa pública. Concluyo, pues, que en esta ocasión fue Pedro de Escavias quien tranquilizó las agitadísimas aguas del reinado de Enrique IV. Pero para no sacar las cosas de quicio, debo agregar que en su reinado las crisis sobrevenían con la misma regularidad que la marea.

La próxima carta (documento 10, 15 de marzo de 1467) tiene un valor histórico subsidiario a su valor humano. Por lo pronto, nos muestra a un Pedro de Escavias que desde su alcaidía de Andújar se las tenía tiesas con el propio Conde de Cabra, uno de los primeros magnates andaluces, al punto que éste se veía obligado a acudir al Rey para que el testarudo alcaide aceptase a un tío del Conde en su servicio. Y además nos recuerda que la milicia era la forma de vida de Escavias: "las entradas que faceis en tierras de moros". El hacer historia literaria no nos da licencia para

---

[46] Mis cálculos cronológicos son los siguientes: la carta a Escavias es del 19 de febrero de 1467; el concierto de bodas entre la hermana de Iranzo y el hijo de Quesada cae en los *Hechos* entre la fecha del 16 de febrero de 1467 (pág. 343) y del 17 de abril del mismo año (pág. 347).

encastillar a Pedro de Escavias, poeta e historiador, en inexistentes torres de marfil. Alcaide en la frontera y soldado de su rey: eso está en el cogollo del Escavias maduro.[47]

Para la fecha de la carta siguiente (documento 11, 13 de junio de 1467) toda posibilidad de reconciliación entre el Rey y los rebeldes se había esfumado. Tras la toma de Toledo (30 de mayo de 1467), las tropas de los partidarios de Don Alfonso habían cruzado los puertos y habían tratado de aislar a Segovia, donde se había refugiado Enrique IV.[48] La situación de éste era casi desesperada, rodeado por enemigos y casi aislado de sus partidarios. En estas circunstancias escribe a "Pedro de Escauias, mi alcayde y alcalde mayor de la muy noble y mui leal ciudad de Andújar, y del mi consejo". La lealtad de Escavias ha recibido su premio, y lo vemos elevado a alcalde mayor de Andújar y consejero real. Ya habrá ocasión de volver sobre el significado de estos títulos (*vide infra*, págs. 86-87). No pueden caber dudas que el fiel alcaide tenía bien merecidos estos honores. Y si alguna duda se pudiese abrigar, quedaría resuelta de inmediato por el texto de la carta. Porque en su desesperada situación Enrique IV le hace un pedido aún más desesperado a Pedro de Escavias: que le envíe veinte lanzas de moradores de Andújar, "para que vivan conmigo y tengan de mi persona acostamiento".

Enrique IV temía por su vida, y semiaislado en Segovia como estaba, ni siquiera confiaba en la tradicional fidelidad de los Monteros de Espinosa, a quienes, desde la remota época del Conde Sancho García de Castilla, según la leyenda, se había confiado la

---

[47] Esta carta, las tres siguientes, todas del año 1467, y la número 19, del año siguiente, van todas firmadas por Fernando del Pulgar, quien pronto iba a adquirir justa fama como cronista de los Reyes Católicos. Estos datos son de interés para la biografía de Pulgar, pues con anterioridad la crítica sólo conocía tres firmas suyas como secretario, una de 1458, otra de 1468, y la última de 1480, ya en el reinado de los Reyes Católicos, *vid*. J. de M. Carriazo, "Estudio preliminar", *Crónica de los Reyes Católicos por su secretario Fernando del Pulgar*, I (Madrid, 1943), xxxii-iii. Por las muestras, los años 1467-1468 fueron bien activos para Pulgar en la secretaría real. Por último, y para embrollar un poco las cosas: en todos los documentos recogidos por mí la firma del cronista va transcrita "Fernando *del* Pulgar", al contrario de los documentos que cita Carriazo, donde siempre se lee "Fernando *de* Pulgar".

[48] El monarca pasó todo el mes de junio en Segovia. Torres Fontes, *Itinerario*, pág. 202; también Suárez Fernández, *Historia de España*, XIX, 278. De Segovia, pues, debe de ser este documento 11.

guarda del rey.[49] Razón tenía para sus temores, pues en su corte la traición se había elevado al rango de un arte, y su hermano y rival, el príncipe Don Alfonso, moriría envenenado,[50] y envenenado moriría el propio Enrique IV, según Gregorio Marañón.[51] En esta angustiosa coyuntura, el monarca acudiría a un auxilio que nunca le había sido negado: el de su fiel alcaide de la lejana Andújar. Entre Segovia y Andújar los temores de Enrique IV sólo veían, al parecer, traidores y desleales. Y con cierta inocencia infantil, el Rey pide al alcaide que le envíe veinte lanzas de Andújar para que le guarden, como si Escavias tuviese un poder taumatúrgico para infundir a esos vecinos su propia lealtad, y como si el nombre de Pedro de Escavias fuese un amuleto contra la traición. Al repensar el contenido de esta carta, me asalta la impresión de que Enrique IV el Impotente conjuraba su timidez, su sentimiento de inferioridad y sus temores (por cierto, bien justificados en esta ocasión) con el nombre del alcaide Pedro de Escavias.[52]

Todas estas reflexiones adquieren arraigo y fuerza de convicción al considerar el próximo documento, librado en la misma fecha que el anterior (documento 12, 13 de junio de 1467).[53] Se trata de la merced que hace Enrique IV a Escavias de acrecentar sus armas. Ya en sí un acrecentamiento de armas es honor que bien pocas familias ostentan, pero en el caso de nuestro biografiado es aún más insigne y señero, porque, según reza el documento: "Bos doy licencia para que podades poner y pongades una orla blanca enrededor de buestro escudo de armas, en la qual pongades quatro leones de las mis armas sentados en todas quatro partes de la

---

[49] *Vid.* Pedro Salazar de Mendoza, *Monarquía de España*, I (Madrid, 1770), 117-18, y Gonzalo Argote de Molina, *Discurso sobre la montería*, ed. José Gutiérrez de la Vega (Madrid, 1882), caps. VI-VII.
[50] Es la versión que da Mosén Diego de Valera, *Memorial de diversas hazañas*, ed. J. de M. Carriazo (Madrid, 1941), pág. 138, y también Alonso de Palencia, *Crónica de Enrique IV*, II, 153. Sabido es que Pulgar y Enríquez del Castillo niegan el envenenamiento y atribuyen su muerte a la peste.
[51] *Ensayo biológico sobre Enrique IV de Castilla y su tiempo*, segunda edición (Madrid, 1934), págs. 86-89.
[52] Sobre la timidez y sentimiento de inferioridad del rey Enrique IV, vid. Marañón, *op. cit.*, cap. X.
[53] También está sin lugar de origen; por los mismos motivos que en el documento anterior, hay que suponerlo firmado en Segovia (*vide supra*, nota 48).

dicha orla y cercadura del escudo de las otras armas que bos teneis". En forma simbólica, el Rey de Castilla y León hace merced a su vasallo de lo más intrínsecamente suyo e inenajenable: los leones de sus armas reales. A mi juicio, ninguno de los innumerables nombramientos, creaciones o donaciones de Enrique IV lleva la carga de entrañable afecto que este acto puramente simbólico. Al razonar los motivos de tan extraordinaria merced, es de estricta justicia que el Rey ponga por delante de todo "la gran lealtad que vos Pedro de Escauias ... siempre aveis tenido y mantenido". Se recompensa, pues, en primer lugar, la cualidad moral más escasa en la Castilla de entonces. Es significativo que sólo en segundo lugar se mencionen "los grandes y señalados seruicios que con grande animosidad abeis fecho y faceis de cada día a mí".

Al menos en esta ocasión, el vituperado y calumniado Enrique IV se demostró buen juez de hombres. Así supo recompensar la lealtad de un vasallo con lo único no venal en su reino: un cuartel de sus armas reales.

La confianza del Rey en Pedro de Escavias se torna ya ilimitada una semana después de lo anterior (documento 13, 20 de junio de 1467). Enrique IV vuelve a tocar el tema de la guarda personal que había solicitado de Escavias en la carta del 13 de junio (documento 11), para añadir ahora que aceptará "vuestro parecer cerca de todo, porque en la manera que me lo ymbiaredes a decir, así lo mandaré librar". El título de consejero real, que ya ostentaba Escavias, título honorífico en tantos casos, tenía una aplicación y un sentido concretos e inmediatos, a juzgar por la correspondencia de Enrique IV con el alcaide de Andújar.

Dos meses después de la carta anterior se da la batalla de Olmedo (19 de agosto de 1467), en que las tropas enriqueñas derrotan a la liga de los rebeldes. Y dos meses posterior a esta victoria es la próxima carta del Rey a Escavias (documento 14, 19 de octubre de 1467). En ella se hace evidente el error táctico que malbarató la victoria de Olmedo. En vez de apretar a los vencidos, Enrique IV se dispone a negociar con ellos: "Yo estoy en me conzertar con los cauualleros de mis rreynos que están con el Ynfante mi hermano". Pero todo concierto abría la posibilidad de una nueva capitulación o concesión por parte del Rey, persona de reconocida debilidad. Por ello, las negociaciones ponen en circulación un enjambre de rumores, y entre éstos corre de nuevo el runrún de que

Andújar será enajenada de la corona, como precio del concierto en puertas. El Rey se apresura a escribir a su alcaide para dar un vigoroso mentís a tal rumor: "Nunca la daré ni enaxenaré, en qualquier manera que los fechos se asienten". Al recordar los términos igualmente enérgicos con que el Rey había desmentido semejante rumor cuatro años antes (*vide supra*, documento 4, págs. 43-44), asimismo en misiva a Pedro de Escavias, parece como si a Enrique IV le doliese muy en particular que la voz de una posible claudicación suya llegase a oídos del leal alcaide de Andújar. De allí el tono inusitadamente tajante que distingue a los dos desmentidos.

Hacia fines de este año de 1467, y otra vez en el microcosmos andaluz, los Manrique habían vuelto a apretar el cerco sobre el castillo de Montizón. Las cosas iban tan en serio esta vez que el alcaide de Montizón aplazó la fortaleza: si no recibía refuerzos dentro de un plazo estipulado, la entregaría a los Manrique. De inmediato el Condestable ordenó a Pedro de Escavias que saliese de Andújar "con la más gente de cauallo y de pie que pudiese leuar" (*Hechos*, pág. 357), y se corriese hasta Baños. Pero todas las medidas fueron pocas, y las demoras muchas, y la plaza de Montizón se rindió dentro del plazo estipulado. Las tropas de Escavias se volvieron de Baños a Andújar, sin pena ni gloria, y "el dicho señor rey don Enrrique e su partido quedó muy quebrantado y caydo, y estouo en canto de se perder de todo punto" (*idem*, pág. 363). Y Don Jorge Manrique pudo ostentar con orgullo, como lo hizo, el título de comendador de Montizón, ganado en larga y dura contienda con enemigos entre los que descolló nuestro Pedro de Escavias.

Mientras tanto, el prurito regio de negociar había dado al traste con la superioridad y ventajas impuestas por el triunfo de Olmedo. Y así, el año 1467 se cierra, adusto y agorero: "Los últimos meses de 1467 fueron, sin duda, los más amargos de la monarquía medieval castellana; la autoridad del rey cesaba prácticamente de existir".[54] Esta parálisis de la autoridad real se evidencia en la carta que Enrique IV escribe a Escavias (documento 15, 22 de diciembre de 1467). Quiere que se permita la entrada en Andújar a la gente que la había abandonado en los últimos movimientos. Pero hay una

---

[54] L. Suárez Fernández, *Historia de España*, XIX, 281.

íntima conciencia de falta de autoridad, pues no le basta con escribir al respecto a su leal alcaide, sino que hace que acompañen a la misiva dos de sus aposentadores, como si en el número fuese a encontrar la autoridad de que carecía. Es posible, también, que en el nadir de sus fortunas el desdichado monarca llegase a sospechar hasta de la lealtad de Pedro de Escavias. Por eso la carta va escoltada por sus aposentadores.

De la probada lealtad de Escavias, sin embargo, sólo se podía esperar una respuesta tranquilizadora, y así la debió de recibir el Rey, a juzgar por su carta siguiente (documento 16, 16 de enero de 1468). Enrique IV se había desplazado hasta Extremadura, para ponerse bajo el amparo de los poderosos Estúñigas, ya que su autoridad estaba cesante. De Plasencia escribe, "adonde fui muy bien reciuido de el Conde [de Plasencia, Don Alvaro de Estúñiga] y de la Condesa, a los quales por cierto soy en mucho cargo". En la relativa tranquilidad extremeña se renuevan las esperanzas del Rey, y éste se apresura a compartirlas con su alcaide, a quien quiere tranquilizar y halagar al mismo tiempo: "Tengo vos en seruicio el desseo que siempre aveis tenido y teneis a mi servicio de la rreparación de mis fechos, lo qual por cierto yo tengo bien en memoria para mirar por vos e faceros merzedes quando el caso lo ofrezca".

Seguro en su refugio extremeño, las esperanzas reales van en aumento, y pronto se disipan así las sospechas que pudo haber abrigado acerca de la lealtad de su alcaide unos meses antes (*supra*, documento 15). El rey reconoce la integridad cabal de su alcaide, y así se lo comunica, en los términos más claros y halagüeños: "Faced como quien soys, como siempre lo fezistes, y sigún de vos yo lo confío" (documento 17, 11 de abril de 1468). Tan terminante y abrumadora es esta declaración de confianza, que me confirma en mi sospecha de previas vacilaciones regias acerca de la lealtad de Pedro de Escavias. Las palabras citadas me suenan a remordimiento de conciencia y acto de contrición, todo en uno.

Con progresiva confianza en el alza de su fortuna, Enrique IV vuelve a escribir a Escavias diez días después (documento 18, 21 de abril de 1468), siempre desde la protectora vera de los Condes de Plasencia. El Rey está a punto de enviar "a esa tierra persona mía fiable, el qual favlará a esa ciudad y a vos el estado de mis fechos". El sentimiento de creciente seguridad le induce a enviar mensajeros que expliquen la nueva realidad de las cosas, para reanimar a sus partidarios. Y quizá, quizá, esa "persona mía fiable" llevase el mensaje personal al alcaide de la renovada confianza regia.[55]

En Andalucía, sin embargo, la situación distaba mucho de ser halagüeña; en realidad, no era ni siquiera tranquilizadora. El Condestable Miguel Lucas y el fiel Pedro de Escavias se habían quedado solos, y eran los únicos en enarbolar el deshilachado pendón de Enrique IV. Los *Hechos del Condestable* describen la situación en este año de 1468 con sucinta elocuencia: "Pedro de Escauias, alcayde de la dicha cibdad de Andújar, trabajaua e facía otro tanto [como Miguel Lucas], pero como Vbeda e Baeza e toda la tierra de la Orden de Calatraua, e Córdoua, e toda el Andalocía, eran contrarios e deseruidores del dicho señor rey; e las dichas cibdades de Jahén e Andújar eran solas, e todos los lugares e castillos de sus tierras les avían tomado e furtado, y los fechos del dicho señor rey estouiesen tan caydos e quebrados, estas dichas dos cibdades padecían e sofrían muy grandes trabajos por tener y seguir la boz y seruicio del dicho señor rey" (págs. 383-84).

Pero en sus aspectos generales, la situación sigue mejorando, no por ninguna acción efectiva por parte del monarca, sino por una suerte de descomposición orgánica de los coaligados, inducida por partes iguales de inepcia, envidia, codicia, celos y desconfianza mutua. Enrique IV vuelve tranquilamente a Castilla la Vieja, y desde su querida Segovia, escribe a Escavias, el "alcaide amigo".[56] Desde septiembre del año anterior la ciudad había estado en posesión de los partidarios de Don Alfonso; ahora, en forma bien natural, por cierto, vuelve a la obediencia regia. Enrique es recibido de manera triunfal en Toledo (4 de junio), y esto actúa sobre el Rey Impotente como un tónico de la voluntad, y se siente fortalecido

---

[55] ¡Qué ilustrativa esa frase "persona mía fiable"! El pobre Enrique IV no hallaba servidores de confianza. Sólo en la lejana Andújar tenía al fiel Pedro de Escavias, quien sí sabía hacer como quien era.

[56] "Segovia, la ciudad más amada del huraño monarca", escribe Torres Fontes, *Itinerario*, pág. 12. Es posible que Enrique no estuviese personalmente en Segovia y que la carta fuese despachada por secretaría, pues los acontecimientos de Toledo reclaman su atención por estos días, *vid.* la crónica del Dr. Lorenzo Galíndez de Carvajal, editada por Juan Torres Fontes, *Estudio sobre la "Crónica de Enrique IV" del Dr. Galíndez de Carvajal* (Murcia, 1946), págs. 325-30; y también Torres Fontes, *Itinerario*, página 213. La expulsión de los Arias Dávila, caudillos alfonsinos, del alcázar de Segovia es un poco posterior a estas fechas.

al punto de prometer nuevas mercedes a Escavias: "Podéis creer que tengo memoria de vuestros travajos y servicios para los remunerar cada que al casso se ofrezca" (documento 19, 12 de junio de 1468).[57] Esta actitud regia anuncia ya la euforia que llevará a Enrique IV, cuatro días después, a firmar un perdón general para todos los revoltosos de Toledo.[58]

Con Toledo y Segovia otra vez en su posesión, Enrique IV parece volver a su estado habitual de placidez. Se puede permitir el lujo de escribir a Pedro de Escavias de menudencias (documento 20, 4 de julio de 1468). Sólo se instruye al alcaide, ahora, para que ayude en la cuestión de ciertos beneficios en Andújar de un capellán del Rey. La Providencia iba a justificar de inmediato que Enrique IV gastase el tiempo en fruslerías: al día siguiente de escrita esa carta, moría en Cardeñosa su hermano y rival, el príncipe Don Alfonso. El partido rebelde se quedaba acéfalo.

La nobleza en armas pronto se aviene al concierto, y éste se concreta en el pacto de los Toros de Guisando (18 de septiembre de 1468). La paz desciende sobre la pobre Castilla, lo que no quiere decir que cesase, ni por un instante, la sorda lucha de intrigas. Sólo que éstas ahora se tejen y destejen alrededor de la hermana del difunto Don Alfonso: la princesa Doña Isabel. Se produce todo un complicado reajuste de posiciones, del que sale ganancioso el más extraordinario pescador a río revuelto de aquellos tiempos: Don Juan Pacheco, Marqués de Villena. Con ligero compás de pies, Villena pasa del partido rebelde al del Rey, y así se encarama nuevamente al poder.

De todos estos acontecimientos heteróclitos se hace cargo la próxima carta de Enrique IV a Pedro de Escavias (documento 21, 12 de noviembre de 1468). Dado el vaivén de la cosa pública, lo

---

[57] Las continuas mercedes de Enrique IV son un rasgo de debilidad, según una escuela exegética. Pero démosle la vuelta al hecho y enfoquémoslo desde otro cuadrante. Dentro del concepto patrimonial de la monarquía, propio de la baja Edad Media, la concesión de mercedes por parte del rey es una confirmación de su autoridad. Claro está que hay límites, que Enrique IV no reconoció, por lo que la concesión de mercedes degeneró en enajenación del patrimonio real. Pero esto es una cuestión de excesos, mas no de quebrantamiento de principios.

[58] Madrid, 16 de junio de 1468, *apud Memorias de Don Enrique IV de Castilla*, II, *Colección diplomática*, ordenada por la Real Academia de la Historia (Madrid, 1835-1913), 551-53.

que se encarece ahora al alcaide de Andújar es que desembargue y restituya todos los bienes de "mi bien amado Don Joan Pacheco" y de sus paniaguados. La buena fe de Enrique, que fue su única política efectiva, le lleva a instar a Escavias a "que no dedes dilación a otra cosa ninguna porque assí cumple a mi seruicio". Conviene puntualizar, además, que desde el mes anterior el Rey Enrique estaba en la villa de Ocaña, propiedad de Don Juan Pacheco, y bajo su férula directa.[59] Esta carta y sus circunstancias ponen bien en claro la buena fe y la sugestionabilidad del monarca, alfa y omega del reinado de Enrique IV de Castilla.

Como en ocasiones anteriores, el pacto con los nobles rebeldes trae su secuela inevitable de rumores, algunos infundados, muchos no, de mercedes a trochemoche. Y ahora más que nunca, con Enrique en Ocaña, en permanente conciliábulo con el insaciable Marqués de Villena. Se rumoreó, por ejemplo, que el Rey había hecho merced a alguien del alguacilazgo de Andújar. Y en esta circunstancia, Pedro de Escavias puso el grito en el cielo, porque esto era entrar de rondón en lo que él bien podía considerar como sus proveimientos. La consulta previa a proveer tales oficios Escavias la estimaría simplemente como gajes de su lealtad. Por eso el Rey se apresura a acusar recibo de la carta de Escavias, en la que se expondría todo lo dicho, y desmiente enérgicamente el rumor ("por cierto fasta aora no a passado tal cosa"), al mismo tiempo que le confirma sus derechos de consulta ("quando algo de eso uviesse de ser, mirarseýa lo que vos decides"). No cabe dudar acerca de la lealtad de Pedro de Escavias, pero en esta ocasión creo yo que se entreoye algo así como su espíritu pragmatista, que antepone los intereses de Andújar, y el suyo propio, a los de un Rey atraillado por su valido en Ocaña (documento 22, 16 de diciembre de 1468).

Siempre desde Ocaña, y siempre de contertulio del Marqués de Villena, el Rey envía más desmentidos a Escavias (documento 23, 26 de abril de 1469). Los rumores, por lo visto, estaban a la orden del día. Ahora el mentís se da a una falsa orden regia para que los

---

[59] *Vid.* Galíndez de Carvajal, *Crónica de Enrique IV*, edic. cit., pág. 338; Torres Fontes, *Itinerario*, págs. 217-18; Suárez Fernández, *Historia de España*, XIX, 290, escribe lo siguiente: "Los meses transcurridos en Ocaña marcaron así el comienzo de un segundo validaje [de Don Juan Pacheco, Marqués de Villena y Maestre de Santiago], que no abandonaría hasta su muerte".

desterrados volviesen a Andújar. Dada la clásica división de los bandos en linajes, estos desterrados eran los Palominos, como confirman los *Hechos* (v., por ejemplo, pág. 383), enemigos acérrimos de los Escavias, según ya se ha visto. Pero la carta contiene, además, una recomendación muy curiosa y que merece comentario aparte.

El Rey Enrique pide a Escavias que actúe "non esediendo aquello que el mi bien amado Condeestable [Miguel Lucas de Iranzo] en todas las cossas que de mi parte vos ynviare a decir y mandar, así como si yo mismo vos las dijese y mandasse". Nótese la confianza del Rey en su antiguo favorito Miguel Lucas, señor casi de Jaén, en vísperas, precisamente, del viaje real a Andalucía, de que hablaré más abajo. En este sentido, la carta es una forma muy diplomática de allanar el camino del Sur. Además, esta carta confirma de manera oficial la dependencia existente entre Escavias y el Condestable. Y, por último, la misiva insinúa que ha habido algún desaguisado entre estos dos.

Los *Hechos del Condestable Don Miguel Lucas de Iranzo* creo que nos dan la solución a los motivos de estos roces entre Condestable y alcaide, muy insólitos, por cierto. En la noche de Pascua Florida (que en ese año de 1469 fue el 2 de abril), los desterrados de Jaén y enemigos de Iranzo, que estaban fortalecidos en Pegalajar, y los Palominos, desterrados de Andújar y archienemigos de Escavias, que estaban en Villanueva de la Reina, hicieron una cabalgada por tierras de Andújar y se alzaron con buena cantidad de vacas y bueyes, y todo esto mientras los bandos estaban en tregua. Estas *razzias* eran factor principalísimo del arte bélico de entonces, y junto con las talas constituían el medio más directo de anular económicamente al enemigo.

La injuria para Escavias tiene que haber sido doble, porque se atentaba contra el sustento económico de su ciudad y porque se quebrantaba una tregua establecida con él. Dado que la cabalgada volvía triunfante hacia Pegalajar, Escavias dio aviso al Condestable Iranzo para que éste saliese de Jaén y le cortase el camino, cogiéndola así entre dos fuegos, los perseguidores de Andújar y los expedicionarios de Jaén. El Condestable no se preocupó de salir en persona en ayuda de su alcaide, y en vez envió a su alguacil mayor, Gonzalo Mexía. Éste actuó en forma bien poco hábil, por cierto, y dejó que los Palominos y sus aliados entrasen muy orondos en

Pegalajar, enriquecidos con el producto de su merodeo por tierras de Andújar (*Hechos,* pág. 388). [60]

Es de suponer, por ser reacción muy humana, que Escavias habrá quedado muy poco conforme, en esta ocasión, con la actitud del Condestable Iranzo y de sus allegados. Me resulta imposible averiguar en qué forma el alcaide de Andújar expresó su desagrado, pero tiene que haber sido en manera tal que llegó a los oídos reales. Y de allí la muy circunstanciada recomendación que Enrique da a Escavias, y que copié más arriba. Malamente podía permitir el Rey desavenencias y rencillas entre dos servidores tan leales como Iranzo y Escavias, que eran, precisamente, los que habían anclado a la Andalucía oriental en el campo enriqueño. Y siguiendo este hilillo rojo, no creo del todo aventurado suponer que el desposorio que se efectuó algunos meses después entre la hija de Escavias y el primo del Condestable, Fernán Lucas (tema sobre el que volveré más abajo), fuese ajeno a esa discordia anterior. [61] Y hasta es posible que el viaje de Enrique IV a Andalucía [62] influyese en la decisión de crear una alianza matrimonial entre los dos pilares del partido enriqueño en la Andalucía alta. Los felices resultados de tal alianza matrimonial los expresan bien claramente los *Hechos* al describir los desposorios: "Y dende en adelante touo [el Condestable] más seguramente al dicho alcayde Pedro de Escauias, y a la cibdad de Andújar a su seruicio y mandado; avnque no podía ser más de lo que fasta entonces los avía tenido, avnque fuera de su patrimonio e señorío" (pág. 407).

---

[60] Bien es cierto que el 30 de abril los de Pegalajar y los Palominos intentaron una nueva cabalgada contra Andújar, pero esta vez estaban todos alertados y las fuerzas del Condestable los desbarataron y cobraron el botín. Pero el daño ya estaba hecho, porque las quejas de Escavias al Rey tienen que ser anteriores al 26 de abril, fecha de la carta regia que comento. El desenlace de este episodio tan enfadoso para Escavias fue que el Condestable puso cerco a Pegalajar, mientras que el alcaide de Andújar se encargó con su gente de neutralizar a Don Fadrique Manrique e impedir su socorro. Así y todo, Pegalajar sólo se rindió a Enrique IV, a la llegada de éste ante sus muros en su viaje a Andalucía. El 12 de mayo de 1469 el Rey devolvió su tenencia a Iranzo, mientras que los rebeldes se marchaban hacia Baeza, *Hechos,* págs. 393-95.
[61] Ignoro la fecha exacta de la boda; en los *Hechos* ocupa un lugar inmediatamente posterior a un suceso de septiembre de 1469 (pág. 405).
[62] Estuvo allí desde mayo hasta septiembre, Torres Fontes, *Itinerario,* págs. 223-28.

Me confirma en las anteriores suposiciones el tenor de la próxima carta de Enrique IV (documento 24, 5 de mayo de 1469), escrita diez días después de la recomendación comentada. El Rey acaba de comenzar su viaje hacia Andalucía, cuyo fin es comprobar la medida en que se ha restablecido la autoridad real, experimento en que también le iba mucho al Marqués de Villena. Como dice Escavias en su *Reportorio de príncipes*: "Estando el Rey Don Enrique en la villa de Ocaña, según dicho es, acordó de pasar al Andaluzía por rrecobrar a Seuilla y Córdoba y a las otras de aquel reino que no le eran entregadas ni rrestituidas y dar horden y asiento cómo todo estubiese a su seruicio".

Puesto ya el pie en el estribo, Enrique acusa recibo a Escavias de su carta, y le dice que "por cierto yo e auido enoxo de las faltas que essa cuidad a reciuido". El causante de estas "faltas" era un tal Pareja, según la carta real, o sea el comendador Juan de Pareja, a quien los *Hechos* identifican como cabecilla de la cabalgada de marras. Y Enrique declara que "cerca de las prendas ya escribo a Pareja, que las faga luego voluer". Evidentemente, Escavias sí había puesto el grito en el cielo, y ya que la intervención del Condestable Miguel Lucas había resultado infructuosa, apelaba ahora al Rey para obtener la devolución de lo robado. Ya que las armas se habían embotado, el sabio alcaide se remite ahora a la diplomacia. La forma en que se desempeña Escavias en esta oportunidad ilustra cumplidamente su habilidad para tratar con los enemigos por la fuerza o la razón, capacidad de maniobra indispensable para sobrevivir en cualquier siglo. Y también nos evidencia los resortes que podía poner en juego el alcaide de Andújar, cuando quería: primero, el Condestable de Castilla; después, el propio monarca.

También me llama mucho la atención la siguiente frase que antepone el Rey a todas sus otras consideraciones: "La carta que ynviastis fecha, mandé luego despachar". O sea que Pedro de Escavias, alcaide de Andújar, enviaba cartas ya hechas a la firma del Rey, y éste hacía que se despachasen enseguida.[63] Inútil calentarse la cabeza con el posible contenido de esta carta, pero sí es prove-

---

[63] Este proceder no nos debe causar gran sorpresa. Es sabido que, en forma análoga, la cancillería real despachaba mercedes en que se dejaba en blanco el nombre específico de lo donado, para que lo rellenase el agraciado, *vid.*, por ejemplo, *Memorias de Don Enrique IV de Castilla*, II, *Colección diplomática*, 667-72, y en especial 672-83.

choso pensar en la efectiva influencia que Escavias habrá tenido por tales medios en la conducta de la cosa pública, aunque hoy en día me resulte imposible medir, ni siquiera en forma aproximada, tal influencia. Pero creo que basta lo antecedente, fundamentado como está por todo este cuerpo epistolar, para agregar el nombre de Pedro de Escavias a la lista de los muñidores de la política de entrecasa en el reinado de Enrique IV.

Enrique fue el eterno optimista, y eso que tenía menos motivos para serlo que ningún otro rey de Castilla, y así, esta epístola va bien trufada de nuevas promesas, ya que, como dice, "por la gracia de Nuestro Señor mis fechos están de manera que abrá lugar de lo facer como desseo, y como es razón". ¡Lástima que el viaje real a Andalucía terminó como aquel famoso soneto cervantino:

> Y luego incontinente
> caló el chapeo, requirió la espada,
> miró al soslayo, fuese, y no hubo nada.

Para su próxima carta, el Rey ya está en Andalucía, pues ésta va fechada en Jaén (documento 25, 14 de mayo de 1469), donde Enrique estaba alojado en el palacio del Condestable (*Hechos*, pág. 397). La entrada en Jaén la leal había sido casi apoteósica: "A su Alteza saltauan las lágrimas de los ojos, e así al dicho señor Condestable, e a toda la otra gente, que no avía persona que pudiese tener el llorar de placer" (*ibidem*). Después, al recordar con nostalgia tan insólita entrada triunfal, Enrique IV, con sobrecogedora ingenuidad, "muchas veces dixo, y repitió en hartos lugares, que avía más de cinco años que nunca avía dormido ni comido seguro ni estado a su placer saluo después que entrara en la cibdad de Jaén" (*Hechos*, págs. 398). Este comentario del propio Rey es la descripción más elocuente del calvario que fueron los últimos años de su vida. Si ahora volvemos la vista atrás y pensamos otra vez en aquella carta, escrita dos años antes, en que Enrique pedía a Pedro de Escavias la protección de veinte lanzas de Andújar (*supra*, documento 11, págs. 56-57), se espeluzna el ánimo al imaginar lo que fue la vida diaria de este rey de Castilla y de León.

Claro está que no era Jaén una de las ciudades cuya recuperación preocupaba a Enrique IV. La ciudad del Condestable fue más bien base de operaciones, para desde allí preparar la expedición a Córdoba, que estaba en poder de Don Alonso de Aguilar. A esto, precisamente, se refiere el Rey en su carta citada a Escavias, del 14 de mayo (documento 25), donde le da órdenes de que aperciba la gente de guerra de Andújar y la tenga lista, a la espera de su llamamiento.

Este no se hizo esperar (documento 26, 17 de mayo de 1469). El Rey estaba pronto para partir de Jaén, y cita al alcaide de Andújar, con "toda la más [gente] que pudiéredes de caballo y de pie, con talegas de seis días". [64] El lugar de reunión que le designa es el real sobre el río Guadajoz, a una legua debajo de Castro del Río, y la fecha a reunirse era el sábado 20 de mayo.

A dicho real llegó la gente de Andújar, aunque no comandada por Pedro de Escavias, según se verá de inmediato, por motivos que ignoro, pero que dada su edad (unos cincuenta años, según mis cálculos), bien podrían haber sido de salud. De todas maneras, los *Hechos* nos dan una gráfica descripción de estos sucesos: "Y el comendador de Montizón, hermano del dicho señor Condestable, con la gente de Jaén y de Andújar, que todos aguardauan a él, fuese a dormir esa noche a Valençuela. Y otro día, domingo por la mañana, tomaron la vía del dicho real [el lugar de reunión con Enrique IV], sus batallas e fardaje todo muy bien ordenado; do fallaron al dicho señor rey con asaz buena gente de cauallo y de pie, así del maestre de Santiago como de la Orden de Calatraua, como del Conde de Cabra e sus fijos e de sus yernos, que eran Martín Alonso de Montemayor, señor de Alcabdete, e Martín Fernández Bocanegra, señor de Palma. E toda la gente del real salió a rescebir al dicho comendador de Montizón, e a mirar la gente que leuaua, loándola mucho; y el señor rey muy más que todos" (pág. 400). Consideremos estos elogios a las tropas de Andújar como un tributo a su verdadero capitán, el ausente alcaide Pedro de Escavias.

Pero también llegó al mismo real el propio Don Alonso de Aguilar, el rebelde caudillo de Córdoba, que venía a hacer reve-

---

[64] Según carta de Enrique IV a la ciudad de Murcia (fecha en Córdoba, 27 de mayo de 1469), llegó a juntar para esta expedición dos mil quinientos caballos y cinco mil infantes, *apud* Torres Fontes, *Itinerario*, pág. 222. La misma carta envió el Rey, con fecha de 30 de mayo, a la ciudad de Toledo, publicada en *Memorias de Don Enrique IV de Castilla*, II, Colección diplomática, 600-01, aunque el texto está más estragado que en Torres Fontes. En la carta a Toledo se lee "*como* mil peones", en vez de "*cinco* mil peones" que dice la carta a Murcia. Seguramente se trata de un error de lectura en uno de los dos casos.

rencia al Rey, sin esperar nuevos desarrollos. [65] Con esto, el monarca movió su real a Guadalcázar, a tres leguas de Córdoba, y allí le vinieron a hacer pleitesía los procuradores de los demás magnates andaluces, el Duque de Medinasidonia, el Conde de Arcos, el Adelantado de Andalucía Don Pedro Enríquez y algunos más. [66]

De hecho, Andalucía quedaba pacificada. El Rey entró en Córdoba el sábado 27 de mayo, [67] "donde fui mui bien y alegremente reziuido de todos los cavalleros y gente de dicha ciudad", según escribe a Escavias (documento 27, 30 de mayo de 1469). El éxito ha sido tal que Enrique ya no siente necesidad de tener tantas tropas a su alrededor, y en consecuencia comunica a Escavias que acababa de licenciar el contingente de Andújar. Al comunicar, en estos mismos días, a las ciudades de Murcia y de Toledo la pacificación de Andalucía, el Rey, evidentemente, daba por cerrado este capítulo de su reinado. Y es bien propio que el Rey no dé por terminado tal capítulo sin antes haber escrito al leal alcaide de Andújar, agradeciendo el servicio prestado. Bien lo merecía Escavias. Y dado que la lista de cualidades y virtudes que tradicionalmente se han atribuido a Enrique IV es tan exigua, romperé una lanza en su defensa, y diré que el denostado monarca tenía un fondo irreductible de dignidad, suficiente para saber ser agradecido.

Las alegrías del Rey en Córdoba se corresponden a las de su fiel alcaide en Andújar, porque para estas fechas se celebra el desposorio de su hija con Fernán Lucas, primo del Condestable y tesorero de la casa de la moneda en Jaén. Ya he indicado mis sospechas acerca de una probable intervención de Enrique IV en esta alianza matrimonial (*vide supra*, pág. 65). Ahora cumple reseñar la actitud del Condestable hacia este enlace, según la pormenorizan los *Hechos,* y que no puede ser más halagüeña para Escavias. Dice así:

---

[65] *Vid.* las cartas citadas en la nota anterior, que sirven de excelente complemento a las epístolas del Rey a Escavias en este viaje andaluz.

[66] Cartas a las ciudades de Murcia y de Toledo, *ut supra,* nota 64. Suárez Fernández, *Historia de España,* XIX, 293, por descuido pone "Conde de Cabra", en vez de "Conde de *Arcos*"; y Torres Fontes transcribe mal y lee "Don Pero Manrrique" en vez de "Don Pedro Enríquez", que era el verdadero nombre del Adelantado de Andalucía, en cuya casa quedó el cargo.

[67] Suárez Fernández, *Historia de España,* XIX, 293, dice que el Rey entró en Córdoba en la tarde del 26 de mayo. Las cartas a Murcia y a Toledo están contestes en decir que fue el sábado 27 de mayo.

> Tan grande era el amor y buena voluntad quel dicho señor Condestable avía a Pedro de Escauias, alcayde de Andújar, así por los muchos seruicios que avía fecho al rey nuestro señor en los tienpos de sus trabajos e nescesidades e porque sienpre lo avía fallado firme y leal en el seruicio de su alteza, y avía tenido y tenía aquella cibdad de Andújar muy ordenada e bien gouernada en toda justicia, como porque asimismo avía muy bien seruido al dicho señor Condestable, socorriéndole con la gente de aquella cibdad, y ayudando mucho en sus trabajos, y en todo estando a su ordenança y mandado, así tan enteramente como el rey nuestro senyor lo quería y mandaua, que enbió demandar al dicho alcayde Pedro de Escauias vna fija suya en casamiento para Fernánd Lucas, su primo, fijos de hermanos, thesorero de la casa de la moneda de la cibdad de Jahén; diciendo que más quería casar su primo con la fija del dicho alcayde, por aver seydo tan leal y tan bueno al seruicio del dicho señor rey, y más contento sería, que casallo con fija del mayor conde de Castilla de los que le avían errado y deseruido (págs. 406-07).

Los sentimientos de Escavias no le iban en zaga a los del Condestable, porque los *Hechos* continúan y añaden: "Como el dicho alcayde Pedro de Escauias verdaderamente, después del rey nuestro señor, desease seruir al dicho señor Condestable tanto como la saluación de su ánima, teniéndogelo en merced, plógole dello" (*ibidem*). ¡Cómo negar que todo esto está escrito *ex abundantia cordis*, y que alcaide, cronista y suegro son la misma persona!

Para no romper el orden cronológico que me he impuesto en esta exposición, dejaré para su lugar, más adelante, el alegre relato de estas bodas. Ahora, la hilada del tiempo me lleva a tratar del socorro que Miguel Lucas de Iranzo envió, muy a fines de 1469, a Don Alonso de Aguilar en Córdoba, y en el que participó Escavias enviando cien caballos y doscientos peones de Andújar. Don Alonso de Aguilar, antiguo contrincante de nuestro biografiado, había cambiado la casaca, y como defensor del Rey ahora se veía agredido en su Córdoba natal por sus ex aliados y próximos parientes, el Conde de Cabra y Martín Alonso de Montemayor. Las vicisitudes de esta lucha urbana obligaron al Condestable a enviar más fuerzas, a las que nuevamente contribuyó Escavias. Pero, por fin, "se fizo todo como a Don Alonso cunplía", y éste firmó pacto de amistad con Miguel Lucas, a 13 de noviembre de 1469, por el que se obligaba a servir a Enrique IV (*Hechos*, págs. 407-13).

Para estos mismos días la peste invadió Jaén, y esto, unido al fallecimiento de una hija del Condestable (8 de enero de 1470), por causa independiente, movieron a Iranzo a abandonar dicha ciudad. A ruegos de Pedro de Escavias, quien le salió a encontrar al camino, Iranzo accedió a ir a aposentarse en Andújar, con su mujer, Doña Teresa de Torres,[68] su madre, su hijo Don Luis de Torres y la cuota normal de dueñas y doncellas (*Hechos*, páginas 413-15).

De Andújar, pues, salen juntos el Condestable Iranzo y su fiel Escavias en la próxima expedición militar. Se trata otra vez de ir contra los Manrique, ahora contra el propio jefe del clan, Don Rodrigo Manrique, Conde de Paredes, cuya muerte, seis años más tarde, inmortalizaría su hijo Don Jorge. Don Rodrigo, partidario de la princesa Doña Isabel, quería meter gente en Bailén, propiedad del Conde de Arcos, para desde allí hostigar a Jaén y Andújar. Con el fin de prevenir tan estorboso flanqueo, el Condestable y Pedro de Escavias salieron de Andújar el 22 de marzo de 1470, con cien caballos y doscientos peones, a los que pronto se unieron las tropas de Jaén, capitaneadas por el comendador de Montizón, hermano de Miguel Lucas. Llegados a Bailén, de inmediato se trabó la lucha, que fue bien dura, y necesitó de nuevos refuerzos de Andújar, hasta que, agobiados los defensores, entregaron la fortaleza el 24 de marzo. El Condestable dejó allí una fuerte guarnición leal, y él y Escavias se volvieron a Andújar (*Hechos*, págs. 418-23).

La Pascua de este año de 1470 la celebran juntas las familias de Iranzo y de Escavias en Andújar (*Hechos*, pág. 423), nuevo dato, a agregar a tantos otros, acerca de la intimidad, armonía y cordialidad existentes entre ambos adalides. Y ya bien entrado el mes de mayo, el día 27, se celebra en Andújar un festejo aún más descomunal, y que termina de unir al Condestable de Castilla y al alcaide de la ciudad. Me refiero a las bodas y velaciones de la hija de Escavias y el primo de Miguel Lucas, con su séquito inevitable y bien cumplido de banquetes, músicas y danzas (*Hechos*, páginas 434-37).

Escavias, como buen alcaide de frontera, estaba a las duras y a las maduras. No bien había cesado la música de saraos y cosautes,

---

[68] La genealogía de esta linajuda dama la trae Gonzalo Argote de Molina, *Nobleza del Andalucía*, edic. cit., págs. 651-52.

cuando ya estaba planeando una entrada en tierra de moros. Se trataba esta vez de una expedición ideada por Don Alonso de Aguilar, con la cual los cristianos calculaban sacar unas cuarenta mil ovejas y dos mil vacas de tierra de Guadix. Como esto caía en tierra frontera del Condestable se recabó su ayuda, y éste, a su vez, avisó a Escavias. El 12 de septiembre de 1470 debían reunirse todas las fuerzas en Jimena. El tiempo era de muchas aguas, y por ello Escavias tuvo que esperar unos días en Mengíbar, con doscientos caballos y ochocientos peones. Pero, a la postre, la hueste se reunió en Jimena, aunque con cierto retraso. Y bien lucida que era: dos mil caballos y cuatro mil peones. Mas las borrascas y la traición se encargaron de hacer fracasar la entrada. Las muchas aguas habían hecho que los moros recogiesen el ganado, y los enemigos de Don Alonso de Aguilar dieron aviso al Rey de Granada. El Condestable estaba rabioso, y para que no se perdiese del todo tan magno esfuerzo, sugirió que se corriese la vega de Granada. Pero, como dice el sabio autor de los *Hechos*, "desque vna vez vn ardid se desconcierta, mill desconciertos se siguen" (pág. 448). La triste realidad es que todo quedó en nada: *mons parturiens* ... Bien mustios habrán vuelto los penachos de tanta caballería (*Hechos*, págs. 442-49).

Pasaron un par de meses de relativa inactividad, pero a comienzos de diciembre de 1470, y con la luna de su parte (consideración muy importante en aquel tipo de guerra que se distinguía por escalas y golpes de mano nocturnos), el Condestable preparó nueva expedición. Esta era mucho menor que la anterior: iban unos quinientos caballos y mil quinientos peones de Jaén, y sólo ochenta caballos de Andújar. Y al frente de éstos no iba, como solía, Pedro de Escavias, sino su primogénito Francisco de Escavias, que ya era alcalde mayor de Andújar.[69] Ignoro los motivos de la ausencia de nuestro alcaide en esta entrada: edad, enfermedad u ocupaciones, o bien los tres juntos. De todas maneras, la expedición partió el 3

---

[69] "Alcalde mayor: Juez de letras sin garnacha, con jurisdicción ordinaria, aprobado por el Rey en su Consejo Real y Cámara de Castilla, como asesor del corregidor de alguna ciudad", *Diccionario de Autoridades*, s. v. Este dato es interesante para perfilar un poco más la personalidad de los dos Escavias, padre e hijo, pues, según se ha visto, el padre también era alcalde mayor (*vide supra*, documento 11, 13 de junio de 1467, pág. 56). Ya volveré sobre todo esto.

de diciembre, pero los elementos se conjuraron nuevamente contra los cristianos, y unas tremendas lluvias les impidieron pasar más allá de Arenas. En realidad, esto fue una suerte para los de Jaén y Andújar, pues el rey moro, puesto en sobreaviso por las almenaras, les había tendido una celada en Aznalloz, por donde "avían de pasar si fueran" (*Hechos*, págs. 454-55).

La última acción bélica en que me consta la participación personal de Pedro de Escavias ocurrió a comienzos de 1471. El Condestable había decidido expugnar la fortaleza de Montejícar, a unas cinco leguas de Granada. Los preparativos se hicieron con todo el secreto posible: "Persona del mundo no ge lo sentía ni conoscía, saluo el alcayde Pedro de Escauias y Gonçalo Mexía, su alguacil mayor, de quien mucho se confiaua" (*Hechos*, págs. 462-63). Esta vez Pedro de Escavias sí se puso al mando del contingente de Andújar, y eso que, según mis cálculos, andaba por los cincuenta y cuatro años. Llevaba doscientos caballos y mil peones, "muy bien aderesçados". La partida de toda la expedición se efectuó de Jaén, el lunes 13 de mayo de 1471. En total, la hueste sumaba mil doscientos caballos y cinco mil peones. El comienzo no podía ser más auspicioso, pero otra vez intervino la traición y dio al traste con todo. Don Alonso de Aguilar fue quien, inadvertidamente, hundió el plan. Las banderías de Córdoba eran fruto del odio mortal entre las familias de Don Alonso de Aguilar y del Conde de Cabra, y como Don Alonso luchaba contra el moro, era natural en aquella época que el Conde fuese aliado del moro. Por lo tanto, cuando Don Alonso se movió para unirse con el Condestable, según se había convenido, el Conde de Cabra dio aviso al moro, y los hijos del Conde hasta tomaron el campo contra los cristianos. Con los moros sobreaviso, fue inútil la intentona de expugnar Montejícar. El jueves 16 de mayo volvían los expedicionarios a Jaén, con las manos vacías, y Pedro de Escavias entre ellos (*Hechos*, páginas 462-66).

Es hora de volver a mi colección documental y ampliar el enfoque, lo que me permitirá abarcar no ya sólo los acontecimientos de la Andalucía oriental, sino también el estado general de esa monarquía que Escavias defendía tan tesoneramente. Pasamos del microcosmos andaluz al macrocosmos castellano.

Entre los documentos 27 y 28 de mi colección hay un hiato temporal de tres años cabales, los que van de mayo de 1469 a mayo de 1472. Es curiosa la casualidad de que, a pesar del prolongado lapso temporal, los nuevos documentos tienen un perfecto empalme geográfico con los anteriores: el 12 de mayo de 1472 el Rey Enrique IV escribe a su alcaide Pedro de Escavias desde Córdoba (documento 28), ocupación y lugar en que lo dejó el documento 27. Pero ahí acaban las semejanzas.

La fisonomía moral de Castilla se había mantenido, más o menos, la misma en esos tres años, pero las perspectivas históricas del reino habían cambiado de manera considerable. Y todo había comenzado en aquella misma primavera de 1469. En Ocaña habían estado reunidos, en pugnaz trinca, el rey Enrique, el Marqués de Villena y la Princesa Isabel, y cuando en mayo de ese año los dos primeros partieron hacia el Sur, a pacificar a Andalucía, le faltó tiempo a Isabel para escabullirse hacia el Norte, en busca de su libertad y su destino. Y ambos convergieron en la persona de Fernando de Aragón, con quien se unió sacramentalmente en Valladolid, en octubre de 1469.

A riesgo de simplificar demasiado las cosas (riesgo más que propincuo al escribir de la Castilla enriqueña), diré que la *Realpolitik* de Enrique IV se constituía, en sustancia, de un juego de balanzas, con un platillo marcado Aragón y el otro Portugal. Cuando uno de ellos subía demasiado, era cuestión de alijar y echar carga al otro. Por lo tanto, la boda entre Isabel de Castilla y Fernando de Aragón provoca un vuelco natural de la política enriqueña hacia Portugal. Pero es imposible simplificar al punto de no mencionar a la princesa Juana, la vilipendiada con el mote de la Beltraneja. Y ella se convierte en el involuntario eje de una política matrimonial dedicada a neutralizar el eje Isabel-Fernando. En realidad, todo esto forma parte ya del pleito dinástico que se resolverá con la batalla de Toro (1476), año y pico después de la muerte de Enrique IV.

La historia de Castilla en estos años es una inmensa polvareda en la que se confunden móviles, metas e ideales, y hasta hombres y nombres. Pero a veces el polvo se asienta lo suficiente como para distinguir una tenue línea, que de a poco toma cuerpo hasta convertirse en una divisoria. A un lado de ella se agrupa la tríada Villena-Juana-Portugal; al otro lado, Fernando-Isabel-Aragón. La normal cantidad de nobles tránsfugas desdibuja a veces el trazado de la línea, lo que contribuye, sin duda, a que Enrique IV tropiece en ella, en ocasiones, y se desoriente, aunque la mayoría de las veces se halla del lado de su hija.

Conminado por esta división de partidos e intereses, la primavera de 1472 halla a Enrique en la raya de Portugal, entre Elvas y Badajoz, adonde ha viajado con el fin de entrevistarse con Alfonso V de Portugal. Se busca consolidar la alianza política con Portugal a través de la alianza matrimonial Alfonso V-Juana de Castilla. Pero, de momento, nada sale de esto. Por la ruta de Mérida y el Maestrazgo de Calatrava, Enrique IV llega en el mes de mayo a Córdoba, ciudad escogida como base de operaciones para una nueva pacificación de Andalucía, que ha caído otra vez víctima del faccionalismo.

Es, precisamente, en Córdoba donde retomamos el hilo documental. El 12 de mayo de 1472 el Rey escribe a Pedro de Escavias comunicándole su decisión de viajar a Baeza, "por algunas cossas cunplideras a mi seruicio y a la pacificación y sosiego de esa tierra" (documento 28). Irá por la vía de Andújar, donde piensa aposentarse. Requiere la ayuda de Escavias para sus aposentadores, en Andújar y en Baeza, y para mayor seguridad le pide que dipute dos regidores que atiendan a todo esto. La decisión de salir de Córdoba hacia la Andalucía oriental y no la occidental, está provocada por el hecho de que Sevilla y su comarca arden en plena guerra civil entre el Duque de Medinasidonia y el Marqués de Cádiz. En cambio, hacia el oriente podía contar con el apoyo del Condestable Miguel Lucas de Iranzo en Jaén y de Pedro de Escavias en Andújar. Desde la época de Alonso de Palencia, sin embargo, se han atribuido al Rey, inducido por el malévolo Marqués de Villena, nefandos motivos ulteriores. Pero antes de entrar en el asunto, conviene considerar la próxima carta de Enrique IV a Escavias. [70]

Está escrita al día siguiente de la anterior (documento 29, 13 de mayo de 1472), y es respuesta a una de Escavias, quien ya se había enterado de la entrada del Rey en Andalucía y había ofrecido sus servicios. Enrique agradece vivamente la oferta: "Por cierto tal confiança tengo de bos que espero en Nuestro Señor de vos facer por ella merzedes". Por lo demás, repite lo ya dicho en la anterior:

---

[70] Debo poner en claro que Salazar y Castro, al transcribir esta carta, puso como fecha de ella *1462*. Se trata de un simple error por *1472*. En cuanto a la próxima carta (documento 29), la fecha no indica el año, pero por su contexto es más que evidente que se trata, asimismo, de 1472.

va a Baeza y piensa pasar por Andújar. Pero al llegar aquí, se siente obligado a aclarar que "mi voluntad ... es de tenerla y confirmarla para mi seruicio, e non facer ningún mobimiento de como aora está".

Esta aclaración es de capital importancia para tratar de averiguar la realidad de lo ocurrido en el accidentado viaje de Enrique IV hacia Andújar y Baeza. Porque el avieso Alonso de Palencia ya se encargó de consignar una anécdota bien poco halagüeña para el rey Enrique IV. Según Palencia, el Rey llegó a Andújar acompañado por el Marqués de Villena, el universalmente odiado y despreciado valido. Siempre según Palencia, este padre de todas las corruptelas llevaba planeado hacer que Pedro de Escavias les entregase la fortaleza, con el fin de conculcar al Condestable Miguel Lucas. Me veo obligado a citar íntegro el largo texto de Palencia, pero creo que lo apasionante de la anécdota disculpará la longitud:

> En Andújar nada aprovechó la habilidad de Pacheco, que se imaginaba mover con la presencia del Rey a los moradores a su voluntad propia o a la de su joven sobrino D. Rodrigo Girón; ... por lo menos deseaba enajenar el favor de la ciudad al Condestable, cuya fortaleza defendía su amigo el valiente Pedro de Escabias. Entró en ella con unos cuantos D. Enrique y le recordó la fidelidad debida a los reyes, cuya transgresión por parte de los alcaides rebeldes consideraría él a par de felonía, cuando era notoria por otra parte la gran ventaja que para quietud de los naturales de la provincia produciría el cambio de la guarnición, pues por informes suyos además había sabido a cuantos riesgos les había expuesto la ocupación de la ciudad, cada vez más enemiga a causa de la soberbia del Condestable y de sus arrogantes procederes. A esto contestó el alcaide: —"Bien sé, mi Rey, si tal nombre merece quien con su reconocida servidumbre ha mancillado la dignidad de sus dilatados dominios, que las leyes del reino prohiben a los alcaides retener las fortalezas contra la voluntad del Soberano; pero no se me condenará por conservar para ti y para tu honor ésta hasta hoy lealmente defendida a tu Corona por la pericia y probidad del Condestable, en tanto que tus infieles satélites te afrentaban públicamente con mil pérfidos ultrajes, ni por evitar algunos de los males que tu esclavitud acarrea, ya que te complaces en someterte al dominio de tus acusadores, o por lo menos confirmas y sancionas por verdaderos los

oprobios que contra ti lanzaron al publicar en solemnes arengas y en cartas por todo el mundo repartidas que eras un monstruo, no un hombre, una bestia feroz, no un Rey. Con inaudito descaro llaman en tu presencia fidelidad a sus tremendos crímenes los que, olvidados de los beneficios, fueron no sólo ingratísimos, sino extremadamente inicuos, aumentando las injurias y afrentas con hacerte aparecer como un leño al entregarte a ellos tú, tu vida, el cetro, y el honor, mientras permites sean tachados de desleales aquellos en quienes ni los trances más apurados de tu causa, ni fuerza o poderío de los infieles lograron jamás quebrantar el deber de súbditos. Si quieres acordarte de ti y de los tuyos, presente debe estar en tu memoria el largo asedio con que pretendió el maestre D. Pedro Girón apoderarse de Jaén y de esta ciudad de Andújar cuando todas las provincias y ciudades de Andalucía vergonzosa y pérfidamente a voluntad de este maestro de maldades señoreaban los infieles, y nadie en Andalucía, a excepción de la ciudad de Jaén y esta noble de Andújar te reconocía por rey y arrostraba por ti los mayores peligros. Pero si ha de tachársenos de rebeldes por el sufrimiento de trabajos y la firme obediencia a tu Corona ¿por qué razón diversos y contrarios respetos han de valer el título de leal a quien hay que juzgar o veraz entonces o vil traidor al presente; cuyos nefandos delitos superan en número a las injurias que vomitó contra ti, y su impudencia a la ingratitud por los innumerables beneficios que únicamente le concediste a él y a su hermano D. Pedro? Y ahora, de todos éstos olvidado, ¿pretendes vendernos también a tus traidores en virtud de las leyes por ellos violadas y por nosotros fielmente obedecidas? En nombre de tu Condestable Miguel Lucas, y con el debido acatamiento respondo que, por considerarte esclavizado, ni te llamaré Rey mientras dure tu misérrima servidumbre, ni me creeré obligado por las leyes a entregar lo que honrada y lealmente poseo; pero si te resolvieses a obrar en todo rectamente para recobrar la libertad y yo no te acogiese en esta fortaleza, entonces sí merecería el anatema de todos los buenos. Vuelve, pues, en ti, desdichado, y si deseas tu felicidad, dame orden para que me apodere de ese tu opresor y enemigo de la libertad de todos, que la orden y su cumplimiento hará que te juzguen digno de alguna autoridad". Oyó el malvado Rey al Alcaide, y sin decir palabra, se encaminó a la puerta que ya no esperaba se le franquearía, reuniéndose a poco con el Maestre que no lejos fuera de la villa aguardaba el resultado de la entrevista.[71]

Mosén Diego de Valera recogió esta anécdota en su *Memorial de diversas hazañas,* tomada directamente de Alonso de Palencia, o quizá de la traducción ampliada de su crónica latina que conocemos con el nombre de *Crónica castellana,* y que todavía permanece inédita.[72] A su vez, el texto de Mosén Diego de Valera fue copiado

---

[71] *Crónica de Enrique IV,* III, 8-11. Por cierto que al anotar este pasaje Antonio Paz y Melia cometió un curioso error, pues al identificar a Escavias como autor del *Reportorio,* dice que éste llega hasta 1470, cuando es sabido que llega hasta la muerte de Enrique IV, en 1474.

[72] El texto del *Memorial* dice así: "Como al Maestre de Santiago despluguiese del gran poder quel condestable don Miguel Lucas tenía, procuró que como el rey que con poca gente fuese a la villa de Andújar e della se apoderase, lo cual el rey puso en obra. E llegando en Andújar, fuese para la fortaleça, la qual tenía vn virtuoso varón llamado Pedro de Escabias, de quien el condestable don Miguel Lucas mucho confiaua. Al qual como el rey demandase la fortaleça, y él denegase de se la dar, el rey mucho le amonestó que mirase en qué obligación los hijosdalgo estavan de dar qualesquier fortaleças que toviesen a su rey e señor natural, e quán feo nonbre les quedaba para sienpre a los que lo contrario hazían. E bien debía saber quán gran daño se avía seguido a todos los de aquella provincia por el condestable aver ocupado la cibdad de Jaén e las villas a ella comarcanas. Al qual Pedro de Escabias respondió: —'Señor rey, todo lo que Vuestra Alteza dize es a mí notorio, si lícito sea llamar rey a quien por su voluntad se faze siervo. E cierto es las leyes destos reynos disponen a los reyes no se nieguen las fortaleças por los alcaydes, ni creo yo sea notado por desleal aviendo fielmente guardado esta fortaleça por el condestable, en tanto que los desleales a vos con muy grandes ynjurias vos trataban, yo sienpre guardando vuestro servicio y el bien de la tierra, tirando muchos daños della, resistiendo aquellos de quien hera deservido e duramente ynjuriado. ¡Y aquéllos quereis que sean de vos señores, e así confirmays e fazeys verdad todas las cosas que de vos se dizen, porque verdaderamente más mostruo o bruto animal debe ser llamado que rey! E a los tales reyes gran servicio se les haze en denegarles las fortaleças, porque dellas no pueda usar en daño suyo y en destruymiento de los bienes de la corona. Ni estos abrán vergüenca, según su fidelidad, llamar lo que ellos hizieron maldad, los quales olvidados los grandes beneficios de vos rescibidos, no solamente vos son yngratos, mas sienpre acrescientan en vuestras ynjurias. ¡E consentís ser notados de ynfidelidad aquellos que grandes angustias e trabaxos han sofrido por vuestro servicio, a quien el gran poder de los ynfieles a vos no pudo xamás atraer a seguir sus errores! En la memoria debíades tener el áspero y duro cerco que la cibdad de Jaén por vuestro servicio sufrió del maestre de Calatrava don Pedro Girón, el qual así mesmo quisiera esta villa ocupar, con toda la provincia del Andalucía. En ninguna parte desta comarca érades avido por rey, salvo en la cibdad de Jaén y en esta villa. E si nosotros de ynfidelidad somos notados, por aver pasado los trabaxos e fatigas que pasa-

casi a la letra por el Doctor Lorenzo Galíndez de Carvajal, en su tardía *Crónica de Enrique IV*. [73] O sea que toda esta cadena de textos se puede reducir a su primer eslabón, la anécdota tal cual, la cuenta Alonso de Palencia.

---

mos, teniendo sienpre vuestra firme obidiencia, ¿por qué causa podeis aver por leal al maestre, a quien teneys por señor e obedesceys, por diversos respetos contrarios, e aveys por fiel a quien por estonce de nescesidad conviene tener por verdadero o agora por desleal? El qual, e los otros de su parcialidad, yngratos a tan grandes beneficios quantos que de vos rescibieron, más sin vergüença y temor ynjuriaron de gran fealdad de obras e palabras vuestra persona real, lo qual todo teneys olvidado, e por las leyes por ellos quebrantadas e por nosotros guardadas, ¿a ellos quereys aver por leales e a nosotros por traydores?' Estas cosas oydas por el rey, con gran turbación, ninguna cosa respondió; e bueltas las riendas salió de la villa, e fuese para el maestre que lo estava esperando. E desde allí se partió para la cibdad de Baeça", *Memorial de diversas hazañas*, edic. cit., págs. 206-08. Se puede observar que Valera acentúa la complicidad de Enrique IV en el malévolo plan del Marqués de Villena. No habiendo podido consultar la *Crónica castellana* no puedo dirimir si esta actitud refleja directamente el sentir de Valera o es, más bien, acarreo de dicha crónica.

[73] Para facilitar la comparación, copio el texto de Galíndez de Carvajal: "El maestre de Sanctiago, que siempre le desplacía el gran poder que el condestable don Miguel Lucas tenía, procuró con el rey que con poca gente se fuese a la villa de Andúxar y della se apoderase. Lo qual el rey puso por obra, y entrando en la villa fuese para la fortaleza, que la tenía un virtuoso varón llamado Pedro de Escabias, de quien el condestable mucho fiava; denegó de la dar al rey, que se la demandava. El rey le amonestó mucho, diziendo que mirase en la obligación que los hijosdalgo estavan de dar cualesquier fortalezas que tuviesen a su rey y señor natural, y quán feo nombre les quedava para siempre a los que lo contrario hazían, y que él savía bien quán grandes daños avían rezivido todos los de aquella provincia por aver ocupado el condestable la ciudad de Jaén e las villas a ella comarcanas, lo qual era necesario se remediase. Pedro de Escabias respondió: —'Señor rey, todo lo que vuestra alteza dize es a mí notorio, si lícito sea llamar rey a quien por su voluntad se haze siervo. Es cierto que las leyes destos reinos disponen no se denieguen las fortalezas a los reyes, pero no creo yo sea notado por desleal aviendo fielmente guardado esta fortaleza por el condestable, en tanto que los desleales a vos tractaron con muy grandes injurias, yo siempre guardando vuestro servicio y el bien de la tierra, tirando muchos daños della, asistiendo aquellos de quien érades deservido e duramente injuriado, y porque agora quereis que aquellos tales sean de vos señores, y confirmais y hazeis verdad todas las cosas que de vos se dizen, por donde más monstruo, bruto, animal, teneis ser llamado que rey. Y a los tales reyes gran servicio se les haze en denegarle las fortalezas, porque dellas no pueden gozar en daño suyo y en destruimiento de los bienes de la corona real, y ansí estos tales alcaides como yo no abrán vergüença de llamar fieldad su maldad, y como los otros debrían tener su fieldad por inorme maldad, pues olvidados de los grandes beneficios de vos rezividos, no solamente vos son ingratos, mas siempre acrecientan en vuestras injurias;

Frente a esta tradición, el más circunspecto y morigerado Diego Enríquez del Castillo dice lo siguiente: "Sabido aquesto por el Rey [que el Duque de Medinasidonia levaba tropas en Sevilla para oponérsele], sospechando alguna trayción, dexó de ir allá, e desde Córdoba pasó a Baeza, donde reposó algunos días, más congojado que con descanso, vista la poca reverencia e poco temor que a cabsa del Maestre de Sanctiago le tenían, denegando de le acoger en sus villas e cibdades". [74]

Sabido es que Diego Enríquez del Castillo es parcial a favor de Enrique IV, aunque nunca tanto como Alonso de Palencia lo es en contra. Así pues, Enríquez ni menciona a Andújar, y se limita a decir, en términos generales, que por odio a Villena se le cerraban al Rey las puertas de sus ciudades. Ha desaparecido por completo el violento encuentro con Pedro de Escavias y el ejemplar discurso que le endilgó éste, y que Palencia reseña, o inventa, con evidente complacencia.

Interesa sobremanera saber cuál fue la verdadera realidad histórica de todo esto, dado que es nuestro biografiado el protagonista de tan estupenda anécdota. Trataré de llegar al fondo de la cuestión. En primer lugar, creo que se puede afirmar que Enrique IV viajó a Andújar, a pesar del silencio del capellán Enríquez del Castillo. Las dos cartas regias del 12 y del 13 de mayo, dirigidas a Pedro de Escavias, dan suficiente fe de ello. Pero el Rey no iba con ningún

---

y los otros que han sufrido en grandes angustias y trabajos por vuestro servicio, consentís ser notados de infidelidad. En la memoria debríades tener el áspero y duro cerco que la ciudad de Jaén del maestre de Calatrava, don Pedro Girón, por vuestro servicio sufrió, y quán leal y constante estuvo por vos, e que el gran poder de los traidores no lo pudo atraer a seguir su traición, y al tanto el mismo maestre quisiera ocupar esta villa con toda la provincia del Andaluzía. Y en ninguna otra parte de toda ella érades avido por rey, salvo en la ciudad de Jaén y en esta villa, y si a nosotros de desleales somos notados por aver pasado los trabajos y fatigas, teniendo siempre vuestra firme obidiencia, ¿por qué causa podeis aver por leal al maestre, que vos teneis por señor y obedeceis, y por diversos defectos contra Dios aveis por fiel y verdadero? El qual, con los otros de su parcialidad, ingratos de las muchas mercedes que vos les heziste, sin vergüença y temor, injuriaron de gran fealdad, con obras y palabras vuestra persona real, ¿y sean ellos tenidos por leales, y nosotros por traidores, aora ordenais?' Estas cosas oídas por el rey, con gran turbación ninguna cosa respondió. Vueltas las riendas salió de la villa, fuese al maestre, que le estava esperando. De allí volvió a la ciudad de Baeça". J. Torres Fontes, *Estudio sobre la "Crónica de Enrique IV" del Dr. Galíndez de Carvajal*, págs. 415-16.

[74] *Crónica del rey Don Enrique IV*, Bib. Aut. Esp., LXX, 212a.

LA VIDA 81

plan preconcebido a Andújar, a pesar de las insinuaciones de Alonso de Palencia y de la clara declaración de Mosén Diego de Valera. En las dos cartas Enrique insiste que va a Baeza por vía de Andújar, y en la segunda carta no lo puede decir más claro: "Me entiendo de yr por aý [= Andújar] de passada". La evidente brevedad de su estancia en Andújar que anticipa Enrique IV, casa muy mal con una posible conspiración para enseñorearse de la ciudad.

Por su parte, Pedro de Escavias no sospechaba nada, si es que había algo de qué sospechar. Evidentemente, el 13 de mayo el Rey había recibido una carta suya en la que se ponía a su servicio. Y el mensaje escrito iba refrendado por otro oral, por boca del mensajero. Los términos de los dos recados de Escavias tienen que haber sido plenamente satisfactorios para el Rey, pues éste le declara su entera confianza y le promete mercedes.

Ahora bien, es probable que los periódicos rumores de enajenación de ciudades estuviesen en pie otra vez, y que Escavias los hubiese mentado en alguno de sus mensajes. De allí, entonces, las explícitas seguridades que da Enrique en su segunda carta de conservar a Andújar en su poder, tal cual está. Y tras estas solemnes promesas, no me cabe la menor duda de que Enrique IV se puso en camino y llegó a Andújar.[75]

Pero ¿qué pasó, en realidad, en Andújar? Dado que el argumento *ex silentio* de Enríquez del Castillo no resulta muy convincente (como todos los de ese tipo), hay que aceptar de Alonso de Palencia que hubo un altercado entre el Rey y su alcaide. Me cuesta creer, sin embargo, que el motivo fuese una posible doblez del Rey. Ahí están sus dos cartas para desmentirlo (testimonios desconocidos hasta ahora), y negar los sentimientos expresados en ellas sin documentos en la mano será puro malsinar. Más bien, me parece que la inusitada actitud rebelde del vasallo ante su rey se debió directamente a la intervención del Marqués de Villena. Frente a él, los cronistas de la época abandonan todo partidismo y reconocen unánimes su ilimitada ambición y codicia. Dadas estas archiconocidas cualidades del acompañante del Rey, no es de extrañar que el alcaide

---

[75] Esto tiene que haber sido en el propio mes de mayo, y no junio, como cree Torres Fontes, *Itinerario*, pág. 252. En ambas cartas se habla de la partida como cosa inminente, y los aposentadores reales se ponían en camino al tiempo de despacharse las cartas.

de Andújar se escamase en extremo en el momento que se le requiriese entregar la fortaleza, en particular teniendo en cuenta los rumores de enajenación y la presencia de Villena, y hasta, quizá, su participación directa y personal en el asunto. El Rey, por carta, había empeñado su palabra de no enajenar a Andújar, pero la presencia de Don Juan Pacheco era más que suficiente para infundir sospechas y temores en el más pintado, que es lo que nos viene a decir Enríquez del Castillo con todas sus reticencias. De ahí la negativa de Pedro de Escavias a entregar la fortaleza. Pero, y debo insistir en ello, esa negativa partiría de muy fundadas sospechas acerca de Pacheco, y no de repulsión hacia el monarca, como quiere Palencia, ya que muy pocos días antes le había prestado homenaje al ofrecerle sus servicios por escrito y en forma oral.

Todo esto me lleva a la convicción de que ese atrevidísimo discurso que Palencia puso en boca del alcaide es de minerva propia. Y no en el sentido de que Alonso de Palencia reprodujese con términos más o menos verosímiles un discurso real, sino que todo él es pura invención, provocada por la inquina y la retórica salidas de madre. Si Escavias hubiese pronunciado palabras como las que le atribuye Palencia, contra el Rey y contra el Marqués de Villena, resultaría inverosímil que se le hubiese ofrecido un condado, menos de un año después, en recompensa de sus servicios, como en realidad ocurrió (*vide infra*, documento 32). Enrique IV, probablemente, hubiese perdonado (u olvidado) las injurias, pero que hiciese lo propio Don Juan Pacheco es increíble de todo punto de vista; a tal extremo desentona con el resto de su personalidad histórica.[76] Y crear conde a Pedro de Escavias fue deseo que el Rey comunicó a su alcaide en vida de Villena, en marzo de 1473, más de año y medio antes de la muerte de este archicofrade de la ambición y el lucro. Pero que era más aventurado oponerse al Marqués de Villena, en cualquier forma o medida, que al Rey de Castilla, es la probable lección que nos impartirá el naufragio del condado de Escavias (*vide infra*, págs. 89-90).

Creo que ahora se puede reducir la detonante anécdota de Alonso de Palencia a sus dimensiones verosímiles y probables. Al llegar Enrique IV y su valido, el Marqués de Villena, a Andújar,

---

[76] Qué lástima que no exista una buena monografía sobre este personaje, "el mayor señor de España sin corona", como le llama la *Crónica incompleta de los Reyes Católicos*, ed. J. Puyol y Alonso (Madrid, 1934), pág. 126.

se exigió, a instigación de este último, la entrega de la fortaleza. Dadas las circunstancias, era la forma más económica de matar dos pájaros de un tiro: quebrantar el poder del Condestable Miguel Lucas, antiguo enemigo de Villena,[77] al despojarle de Andújar, el puntal más firme de su señorío en Jaén, y de rebote poner en manos de Villena una de las plazas más fuertes de la Andalucía oriental.[78] Por las cartas del Rey, Escavias sabía muy bien que las intenciones de éste eran mantener, con toda benevolencia y justicia, el *status quo* de Andújar. Por lo tanto, demanda tan insólita e inesperada como la entrega de la fortaleza, se denunciaba a la legua como maniobra de Villena, tradicional enemigo de Iranzo y, por lo tanto, de Escavias, y por contera, el personaje más odiado de Castilla. La respuesta del alcaide no podía ser más que una: la negativa más enérgica. Al fin y al cabo, él tenía en sus manos la carta en que Enrique IV se comprometía a "non facer [en Andújar] ningún mobimiento de como aora está" (documento 29). Declarada así la voluntad regia, la negativa a entregar la plaza iba dirigida al valido. Por lo tanto, Escavias, en eso que Alonso de Palencia interpreta como el más merecido sofión al Rey, no hizo más que cumplir, con puntillosa lealtad, con la voluntad expresa, declarada y escrita de su monarca, mientras que le daba un diplomático tapabocas al Marqués de Villena.

El resultado neto de este reajuste de los datos históricos se puede expresar en los siguientes términos: Alonso de Palencia, como es su costumbre, carga las tintas negras, y exagera hasta el desenfoque el núcleo anecdótico inicial, en lo que le ayudan por igual su inquina contra Enrique IV y su propensión a la retórica. Pedro de Escavias es tan leal vasallo de su Rey ahora como antes, y allí están las dos cartas regias fechadas en Córdoba para comprobarlo. El valiente desplante de Escavias va dirigido contra el Marqués de Villena, y no contra su señor. El alcaide cumple al pie de la letra con lo que ha prometido el monarca por escrito. Y si Enrique llegó

---

[77] Los *Hechos del Condestable* son muy explícitos al respecto, y con fecha de 1458 se dice allí: "Los dichos Marqués [de Villena] y Maestre [de Calatrava, Don Pedro Girón, hermano del Marqués] desamauan mortalmente al señor Condestable, de enbidia, por el grand amor que el señor rey le avía" (pág. 17).

[78] Recordemos que seis años antes el Maestre Don Pedro Girón, hermano del Marqués, había batallado infructuosamente por meter baza en esta región, *vide supra*, nota 38.

a sucumbir ante su valido y se comportó como lo dice Palencia, entonces Escavias consideró su deber moral recordar a su señor lo prometido. Pero sin vituperios ni befas, al contrario de lo que quiere Palencia, ansioso siempre de denigrar al monarca. La serenidad y justicia de la actitud de Pedro de Escavias fue reconocida meses más tarde al ofrecer el Rey hacerle conde. Creo que nuestro biografiado no ha perdido nada en lo moral con esta pristinización de la anécdota, y hasta quizás ha ganado algo al desnudarle de la insidiosa retórica de Alonso de Palencia.

Con toda intención he dejado aparte un documento extravagante (en el sentido de que no pertenece a mi colección), y que se refiere a este mismo episodio del viaje de Enrique IV de Córdoba a Andújar y Baeza. Fue publicado por el historiador de Arjona Juan González y Sánchez a comienzos de este siglo. Como el documento y su comentario son breves, copiaré el pasaje en su integridad: "El rey don Enrique IV, de regreso de Córdoba, llegó a Andújar, donde pernoctó breves días, y viniendo a Arjona el 15 de mayo de 1472, acompañado del Marqués de Villena y de una lucida escolta de caballeros y hombres de armas; pero estaba tan sujeto el ánimo del monarca al de Villena, a quien temía mucho, que teniendo necesidad de hablar con el Alcaide de Andújar, le escribió por medio de un mensajero de su confianza una carta muy lacónica que decía así: 'El Rey = Alcayde Pedro de Escabias amigo: yo fablé con el llevador de ésta; lo que de mí te dirá será creído. De Arjona. Viernes 15 de maio; que tu bien desea = El Rey.'"[79]

Para tan breves líneas hay un valiente número de anomalías. Obsérvese, por lo pronto, que hay un irremediable conflicto de fechas. Sabemos, por las dos cartas anteriores, que Enrique IV estaba en Córdoba el 13 de mayo.[80] En consecuencia, malamente

---

[79] *Historia de la ciudad de Arjona desde su fundación hasta nuestros días* (Madrid, 1905), pág. 136. La otra oportunidad en que se menciona a Escavias en esta obra es con motivo de la batalla de Villanueva de la Reina (1466) con los de Martos y Arjona, y el relato no deja de tener extraños errores, como llamar Prior de Andújar al Prior de San Juan (págs. 132-34). Es la batalla que yo llamo de La Higuera. En general, y como muchas historias locales, es obra floja y animada de un espíritu de campanario, que confunde la historia local con la apología de la patria chica.

[80] En el *Registro General del Sello*, II (Valladolid, 1951), 394, se inserta un albalá de Enrique IV, librado en Córdoba, a 11 de mayo de 1472.

podía estar en Arjona el 15 de mayo, después de haber pernoctado "breves días" en Andújar, como quiere González y Sánchez. Además, las dos cartas de mi colección hablan del viaje real como de Córdoba a Baeza, con escala en Andújar, y para nada se menciona a Arjona. Lo mismo ocurre con los cuatro cronistas citados. Los tres que traen la injuriante anécdota (Palencia, Valera, Galíndez de Carvajal), añaden categóricamente que al salir de Andújar el Rey marchó a Baeza. Y el cuarto, que excluye la anécdota (Enríquez del Castillo), habla del viaje regio de Córdoba a Baeza. Y hay que reconocer que Arjona está bastante alejada del camino real que une esas dos ciudades. Y por último, observe el lector ese embarazoso y delatador tuteo de la supuesta epístola de Enrique IV. El menor conocimiento del lenguaje cancilleresco de la Castilla del siglo XV revela que el tratamiento de *vos* era obligado y canónico (como en todas las cartas de mi colección, por lo demás), dato que una mínima familiaridad con la gramática histórica confirma de inmediato. Para remate de esta cuestión, el propio Pedro de Escavias nos proporciona en su *Reportorio de príncipes* un dato de inestimable valor. Dice allí, en su retrato de Enrique IV: "A persona jamás, ni a los niños, dixo *tú,* sino *vos,* más por vmildad rreputando ser honbre de tierra como los otros, no por mengua de saber, que muy discreto era" (*vide infra,* pág. 231). Concluyo, pues, que nos hallamos ante una inocente superchería, fraguada, seguramente, con la intención de añadir a los timbres de Arjona la dudosa gloria de una visita por Enrique IV. Por lo demás, tal fraude ni quita ni añade un ápice a nuestros conocimientos acerca de Pedro de Escavias. [81]

El próximo documento de mi colección (número 30, 23 de agosto de 1472) no ofrece mayor interés, pues sólo ilustra el funcionamiento perfectamente normal del oficio de alcalde mayor, oficio que se le atribuye en el encabezamiento, y sobre cuyas funciones volveré de inmediato. La pieza documental en cuestión es un mandamiento de Pedro de Escavias a sus subordinados para que encierren en la cárcel pública a un tal Garci Pastor, por delitos que

---

[81] Torres Fontes, *Itinerario,* pág. 252, acepta la autenticidad de esta carta, pero embarulla los presuntos datos que nos da; así, pone la fingida visita a Arjona en el mes de mayo, como es propio (por errata, al comienzo de la página, dice junio), pero la visita a Andújar, que la debió de preceder, la coloca, al contrario, en junio.

no se mencionan. Es posible, sin embargo, que esta orden de prisión tuviese repercusiones posteriores en la vida de Escavias, según se verá más abajo.

A Pedro de Escavias ya se le menciona como alcalde mayor de Andújar en 1467 (documento 11, *vide supra*, pág. 56). Es hora de ver qué representa el título. Los alcaldes mayores eran dos abogados, o personas con conocimientos legales, uno que conocía en las causas civiles, y el otro en las criminales. Hemos visto con anterioridad que el hijo de Escavias también era alcalde mayor (*vide supra*, pág. 72), y por el documento 31 se verá que Pedro de Escavias era el alcalde mayor en lo criminal; por lo tanto, su hijo tiene que haberlo sido en lo civil.[82] Además, como quedó anotado más arriba en este capítulo (nota 69), el alcalde mayor era "aprobado por el Rey en su Consejo Real y Cámara de Castilla". En fin, para no andarme más por las ramas, toda la justicia de Andújar tenía que pasar por manos de los Escavias. De añadidura, el control de todo lo militar estaba, por definición, en manos de nuestro buen alcaide. O sea que Pedro de Escavias tenía a Andújar en un puño.

Este mismo mandamiento nos da fe de un nuevo incremento en las fortunas de Escavias, ya que ahora se le llama también Guarda Mayor. No sé cuáles puedan haber sido las funciones específicas anejas a este nuevo cargo, fuera del sentido evidente que tiene el haber sido Escavias Guarda Mayor de Jaén.[83] De todas maneras, este racimo de títulos (alcaide, alcalde mayor, del Consejo Real, guarda mayor) nos presenta una vida polifacética: hombre de armas, hombre de letras, hombre de leyes.

La próxima muestra documental repite los títulos anteriores, pero ofrece otros puntos de interés (documento 31, 5 de octubre de 1472). Es copia de un acta del cabildo de Andújar, que se había reunido para confirmar el poder que Pedro de Escavias otorgaba

---

[82] Acerca del funcionamiento de las alcaldías mayores en la época de los Reyes Católicos, *vid.* la difusa obra de M. Danvila y Collado, *El poder civil en España*, I (Madrid, 1885), 468-70; mucho más específico y concreto es J. H. Elliott, *Imperial Spain 1469-1716* (Nueva York, 1964), pág. 85.

[83] Doy por descontado que Escavias fuese guarda mayor en Palacio, dada su lejanía geográfica. Además, según Gonzalo Fernández de Oviedo la primera guarda real permanente fue la que capitaneó el asimismo cronista y distinguido militar Gonzalo de Ayora, pero ya en tiempos de los Reyes Católicos, *vid. Libro de la cámara real del Príncipe Don Juan*, ed. J. M. Escudero de la Peña (Madrid, 1870), págs. 169-73.

a los otros alcaldes. Escavias estaba a punto de ausentarse de Andújar, "porque él está ocupado en otras cossas arduas y muy cumplideras al seruicio del dicho señor rey". Por lo tanto, da poder a los otros alcaldes para que puedan ejecutar en su ausencia justicia en las causas criminales. Esto demuestra que Pedro de Escavias era alcalde mayor del crimen. Y el documento nos informa, además, que, junto con la alcaidía, éste era un privilegio que Enrique IV le había otorgado "para en todos los días de su vida". [84]

No atino con el motivo concreto de este viaje de Escavias en servicio de su Rey. Enrique IV había marchado a Castilla inmediatamente después de su abortado intento de pacificación en Andalucía, y los últimos meses de 1472 lo hallan en Madrid. [85] Quizás el viaje de Escavias se emprendió en esa dirección. El hecho es que bien necesitaba ayuda el rey Enrique. La alianza con Portugal había naufragado, y esto coincidía con un alza de las acciones de Isabel y Fernando. La irregular boda de éstos se veía reconocida por Roma por medio de una bula de dispensa de efecto retroactivo; el poderosísimo clan de los Mendoza parecía inclinarse más y más hacia ellos; el Rey de Aragón, en fin, triunfaba sobre los rebeldes barceloneses. Nada tenía en su haber Enrique para contrarrestar estos éxitos, y no creo que sea coincidencia que éstos sean los momentos en que Escavias se ausenta de Andújar (evidentemente, por un largo período, dados los cuidadosos preparativos) para servir a su Rey. Lo que no podía saber Pedro de Escavias era que cabalgaba hacia el ocaso de un reinado que nunca tuvo orto.

Por último, este poder debe contribuir a desterrar la idea de un Pedro de Escavias encerrado en su fortaleza de Andújar, y con tan difíciles contactos con el mundo exterior que aun sus conocimientos de lo que pasaba en la vecina Jaén merecen explicación especial. [86] Todo el cuerpo documental que hoy publico nos muestra a un Escavias en íntimas relaciones con la corte a lo largo de todo

---

[84] Ya desde la época de Juan II las alcaldías se transmitían, en forma abusiva, por juro de heredad, *vid.* M. Danvila y Collado, *op. cit., loc. cit.*
[85] Torres Fontes, *Itinerario*, págs. 254-55.
[86] Es la imagen involuntaria que producen las observaciones de J. de M. Carriazo, *Hechos*, págs. xxx-i, que no han dejado de aprovechar críticos posteriores, enemigos de la atribución a Escavias de los *Hechos del Condestable*.

el reinado de Enrique IV, y antes y después. Y si Escavias se mantenía bien al tanto de lo que ocurría en esa trashumante corte, con tanto mayor motivo y facilidad lo haría con los acontecimientos de la cercana Jaén, donde hasta tenía familia.[87] Había, pues, por un lado, facilidad y continuidad de comunicación de Escavias con el mundo exterior, y, por el otro lado, este poder demuestra que Escavias se ausentaba de Andújar, y hasta por largos períodos. Es ingenuo suponerle encerrado en la fortaleza de Andújar, sin contactos directos con el mundo exterior.

El próximo documento marca el mayor auge conocido de las fortunas de Pedro de Escavias. Se trata de una carta de Enrique IV (documento 32, 7 de marzo de 1473), en la que expresa su voluntad de remunerar los servicios de Escavias y sus antepasados. Es bien propio que el fundamento de todo esto sea la lealtad de nuestro biografiado: "Yo desseo acrecentaros y remunerarvos conforme a vuestra calidad y lealtad que siempre aveis tenido". Como complemento de esto actúa lo "que hicieron los de buestro linaje a los rreyes mis progenitores". El modo de recompensa en que ha pensado el monarca es crearle conde: "Vos faré conde del lugar de la Figuera". Según se verá más abajo, se trata de La Higuera de Calatrava, según su denominación moderna, y que en época de Escavias se llamaba La Higuera de Martos, nombre con que se la cita a menudo en los *Hechos del Condestable*.

Pero el lector recordará que había otro lugar llamado La Higuera (la de Arjona), de amplia resonancia en la vida de Pedro de Escavias, pues allí dio batalla, con el Prior de San Juan, siete años antes, el 11 de junio de 1466, contra las fuerzas superiores de Don Alonso de Aguilar y de Don Fadrique Manrique (*vide supra*, págs. 48-49). Me parece muy significativo que el Rey hubiese escogido La Higuera, así a secas, como cabeza del condado de Escavias. Porque de inmediato se hará evidente que Enrique IV no sabía nada acerca de La Higuera de Calatrava, y por lo tanto él asociaba La Higuera con Pedro de Escavias y la gran batalla que allí libró en defensa de su Rey. Bien es cierto que la acción terminó en una derrota para Escavias y los suyos, pero le propor-

---

[87] Su hija se radicó allí después de sus bodas con Fernán Lucas, *Hechos*, pág. 440, y la mujer de Escavias, Doña Teresa de Contreras, probablemente era de familia gienense (*vide infra*, pág. 105).

cionó la oportunidad de demostrar, una vez más, su lealtad al Rey. Porque, derrotado y todo, Escavias no había cejado en su protección del Prior de San Juan, hechura y favorito real, como ya dije. En la ocasión Enrique IV había sabido agradecer por escrito este gesto a Escavias (*vide supra*, documento 7, págs. 50-51). Ahora, con una gratitud rara en los gobernantes de cualquier época, y más aún en el tan denostado Enrique IV, el monarca revive el pasado para presentárselo simbólicamente a su alcaide en la forma del condado de La Higuera. No me cabe duda de que en la elección del lugar Enrique cifra su gratitud por la acrisolada lealtad de Pedro de Escavias. Gestos como éste deben servir para rehabilitar una figura tan maltratada por la Historia como la de Enrique IV el Impotente.

Desdichadamente, las intenciones del rey Enrique siempre sobrepasaron a sus posibilidades. Y en esta ocasión, como en tantas otras, había llegado a ofrecer lo que no era suyo. Aunque me parece que lo que ocurrió fue un malentendido, que surgió por el hecho de que el Rey se refería a La Higuera a secas, lo que abría las puertas del equívoco, ante la existencia de dos pueblos de tal nombre en la misma región. Por lo pronto, Enrique comunicó su intención al Condestable Miguel Lucas de Iranzo, y la nueva se esparció, en alas de la mala voluntad, según parece, porque bien pronto el Rey fue notificado por el Maestre de Calatrava de que el lugar pertenecía a su Orden, y como tal no era enajenable. Conviene notar, aunque de pasada, que el Maestre de Calatrava era Don Rodrigo Téllez Girón, hijo del Maestre Don Pedro Girón (el que se empinó a pretendiente de Isabel la Católica) y sobrino del Marqués de Villena, quien le tenía coaccionado, según recuerda Alonso de Palencia,[88] y que, además, era antiguo enemigo de Escavias, como sabemos. Quizás en este escollo naufragó el condado de Escavias.

El caso es que Enrique IV se encontró en un brete, en el que cumplir la promesa era imposible, y no cumplirla, impensable. Puesto en este disparadero, el Rey de inmediato se descargó del problema al solicitar el consejo del Condestable Miguel Lucas y

---

[88] "Don Rodrigo Girón, pseudo maestre de Calatrava, pues sólo disfrutaba del título, mientras su tío [el Marqués de Villena] disponía de casi todas las rentas y ejercía omnímoda jurisdicción", *Crónica de Enrique IV*, III, 8-9.

del Obispo de Jaén.[89] Mientras tanto, Escavias puede descansar, en la seguridad de que "yo entiendo faceros muchas y mayores mercedes de las que vos podeis pensar". Esta promesa, rayana en la hipérbole, hace pensar que el Rey barruntaba la imposibilidad de tal condado de La Higuera. Claro está que también ilumina la propincuidad que gozaba Escavias en el favor real. Pero el hecho de que las posibilidades de cumplir la promesa fuesen muy escasas, no debe nublar la nobleza del gesto. Enrique IV quiso engrandecer a su fiel alcaide de Andújar, es lo que nos dice este documento, y todos los demás nos confirman la rectitud de tal decisión.

Una ola de acontecimientos inesperados, aunque no insólitos, vino a cambiar de manera drástica el panorama de las cosas en Andalucía y a postergar *sine die* el condado de Escavias. Se trataba de una ola de antisemitismo que pronto desembocó en persecuciones y matanzas generales de judíos conversos. Desde 1391 (primera gran matanza de judíos) hasta 1492 (fecha de su expulsión), los judíos españoles viven con el alma en un hilo, sujetos a periódicas persecuciones, que engrosan el número de conversos, elemento anómalo en la masa de la población cristiana, y que llevará a la institución del Santo Oficio. Tres fechas a destacar en ese siglo de persecuciones son 1449 (matanza en Toledo y primeros estatutos de limpieza de sangre), 1467 (segunda serie de tumultos toledanos) y 1473 (la ola de matanzas en Andalucía). Estos son hitos en el mapa moral de Castilla que configurarán a muchas generaciones venideras de españoles.

Los memorables acontecimientos a los que tengo que aludir, y que tiñeron de sangre a toda Andalucía y repercutieron hasta en Segovia, tuvieron su comienzo en Córdoba y en la primavera de 1473.[90] Desde las olas de conversiones que siguieron a las matanzas

---

[89] En la carta del Rey no se menciona el título del obispo, pero tiene que ser el de Jaén, diocesano de toda esta comarca. El Obispo de Jaén en estos años era un personaje de origen un poco misterioso, llamado, según los diversos cronistas, Alonso de Peleas, Alonso Vázquez Peláez o Alonso Vázquez de Acuña.

[90] La versión contemporánea más completa de estos sucesos es la que trae Mosén Diego de Valera, *Memorial de diversas hazañas*, ed. J. de M. Carriazo, págs. 240-45. Entre la bibliografía moderna el lector puede consultar a Julio Caro Baroja, *Los judíos en la España moderna y contemporánea*, I (Madrid, 1961), 131-34, quien trae buena bibliografía, y a Yitzhak Baer, *A History of the Jews in Christian Spain*, II (Filadelfia, 1966), 306-12. Caro Baroja sigue las fechas que da Valera (abril de 1474), en oposición

de 1391, el odio de la masa de cristianos viejos se había dirigido hacia el converso, el cristiano nuevo. Las explosiones de 1449 y 1467 en Toledo son provocadas por este juego de tensiones. Y lo mismo ocurrió en Córdoba en 1473. Allí los conversos tenían como protector a Don Alonso de Aguilar, poderosísimo magnate, situación análoga a lo que ocurría en el resto de Castilla, donde los cristianos nuevos medraban al socaire de la gran nobleza. La inevitable consecuencia de esta favorable posición de los conversos en la estructura socio-económica fue el odio popular que se concitaron. Y cuando éste estalló en Córdoba en la primavera de 1473, ni el propio Don Alonso de Aguilar (ayudado por su hermano, el futuro Gran Capitán) pudo oponerse al pueblo enfurecido. La violencia se extendió rápidamente a Montoro, Adamuz, Bujalance, La Rambla, Santaella, y un ramalazo, según queda dicho, alcanzó a Segovia, asiento de la poderosísima familia de conversos de los Arias Dávila.

El reguero de sangre llegó hasta Andújar. No dispongo de datos concretos acerca de las dimensiones de los tumultos allí, pero sí tienen que haber sido considerables, pues provocaron una carta del Condestable Miguel Lucas dirigida al alcaide Pedro de Escavias y demás funcionarios del ayuntamiento (documento 33, 21 de marzo de 1473). [91] Iranzo está muy alarmado por los sucesos ocurridos en Andújar el día antes (sábado 20 de marzo), que evidentemente fueron una masacre popular de conversos: "Más justo y onesto y mejor pareciera si alguno o algunos avía de la dicha generación que vivían mal y contra buena conciencia y ley, que los tales fueran acusados y por justicia punidos y castigados, que no facer generalmente lo que contra todos se fiço, que no fue cossa bien mirada". Pedro de Escavias, evidentemente, había tomado cartas en el asunto en su calidad de alcaide, y al defender la paz y el orden había defendido a los conversos, aunque la medida de su éxito tiene que haber sido, en un principio, muy limitada, a juzgar por el tenor de lo dicho por Miguel Lucas. Por eso éste insiste en su actitud

---

a las que trae Alonso de Palencia, quien fija los tumultos en marzo de 1473, *Crónica de Enrique IV*, III, 107-21. La carta de Miguel Lucas, que cito a continuación, confirma las fechas de Alonso de Palencia.

[91] Según José Amador de los Ríos, *Historia social, política y religiosa de los judíos de España y Portugal*, III (Madrid, 1876), 159, "en Andújar fue horrible el estrago". Ver la muy gráfica descripción de estas matanzas que da el propio Pedro de Escavias en su *Reportorio de príncipes*, infra, pág. 230.

conciliadora y en sus afanes de apaciguamiento. Las actitudes de Escavias e Iranzo en defensa de los conversos acuerdan en un todo con las de los otros magnates andaluces, y por los mismos motivos, seguramente: el ya citado Don Alonso de Aguilar en Córdoba, el Marqués de Cádiz en Jerez, Don Fadrique Manrique en Ecija, entre otros. [92] Todos ellos saben que al defender a los conversos defienden la estructura económica y, en consecuencia, el provecho propio.

Pero con su tesón acostumbrado y con la tremenda autoridad que hemos visto que concentraba en sus manos, Escavias habrá terminado por restablecer cierta quietud en Andújar, porque el Condestable agrega en su carta: "En todas las cosas que mi tío el alcayde Pedro de Escauias, Guarda Mayor del Rrey nuestro señor y del su Consejo, vos ha mandado le aveis muy bien obedecido y acatado y estado por lo que él a ordenado y mandado". Obsérvese que las relaciones matrimoniales contraídas en 1470 entre la hija de Escavias y el primo del Condestable justifican que éste se refiera a "mi tío el alcayde" y, más abajo, a "el dicho alcayde mi tío y señor". El respeto por el Condestable Miguel Lucas, que se desprende de cada página de la crónica de Escavias, evidentemente era mutuo. La personalidad del alcaide de Andújar debe adquirir mayores dimensiones ante nuestros ojos cuando, además de verle actuar como hombre de confianza del rey Enrique IV, el Condestable de Castilla le llama "mi tío y señor".

Lo que no sabía Miguel Lucas de Iranzo al escribir esa carta tan conciliadora era que el reguero de sangre ya se había corrido de Andújar a las puertas de la misma Jaén. [93] El sábado 20 de marzo de 1473 ocurrieron los disturbios en Andújar; el domingo 21 escribía el Condestable a dicha ciudad, y el lunes 22 caía asesinado en plena iglesia en Jaén. [94] Al asesinato de Miguel Lucas contribuyó

---

[92] Alonso de Palencia, *op. cit.*, III, 115, y el mismo Escavias, *infra*, pág. 230.

[93] Esta carta del Condestable permite corregir la opinión de algunos historiadores posteriores que suponen que los tumultos fueron de Jaén a Andújar; por ejemplo, Alonso Barrantes Maldonado, *Ilustraciones de la Casa de Niebla, Memorial Histórico Español*, X (Madrid, 1857), 246. Las cosas fueron exactamente al revés: primero vino la persecución en Andújar, y de allí el contagio se corrió a Jaén.

[94] Debo puntualizar que en las adiciones del manuscrito Pidal de los *Hechos*, y Juan de Arquellada en el siglo XVI, y en el siglo XVIII Rafael Floranes (vid. *Hechos*, págs. xxii y xliii), la fecha de la muerte del Condestable se da como el día 21 de marzo, fecha de la carta que hoy publico.

una combinación de factores que por cierto no fue ajena a los tumultos en las demás ciudades andaluzas. Por un lado tenemos a la masa de cristianos viejos en persecución delirante de la minoría que constituían los cristianos nuevos, y por el otro lado tenemos las sempiternas banderías del siglo xv que convertían a cada villa en un nuevo foco de guerra civil, y que no hacían más que exacerbar el odio de las masas. La combinación de estos dos elementos era altamente explosiva, y las versiones que traen Mosén Diego de Valera y Alonso de Palencia de la muerte del Condestable concuerdan en señalar la presencia de ambos factores en tan vil asesinato. La frase con que Valera cierra la descripción del crimen ("e luego todos juntos fueron robar e matar los conversos") nos revela la prelación del elemento "banderías" en este caso, y además es elocuente índice del espíritu de revancha socio-económica que animaba esas frecuentes asonadas.

Mezquino *requiem* para tan valiente caballero. Como todos los personajes que se encumbraron en el reinado de Enrique IV, Miguel Lucas de Iranzo fue blanco de más maledicencia que benevolencia entre los cronistas posteriores, con la notabilísima excepción de los *Hechos*, claro está, monumento que le dedicó la lealtad de Pedro de Escavias. Como siempre, sobresale entre los maldicientes Alonso de Palencia, quien lanza contra él los anatemas de costumbre que reserva para los partidarios de Enrique IV. No mucho mejor le trata Mosén Diego de Valera. Sólo Diego Enríquez del Castillo narra una anécdota muy favorable a Miguel Lucas, en la que su acrisolada lealtad se despliega a todos los vientos.[95]

Como el 21 fue domingo, me parece natural suponer que el Condestable habrá oído misa primero y después despachado sus negocios, por lo que no puede haber sido muerto en la iglesia, como recuerdan Valera y Palencia. La muerte habrá ocurrido al día siguiente (lunes 22 de marzo), que es precisamente lo que dicen estos dos cronistas y lo que nos sugiere esta carta.

[95] En el viaje de Enrique IV a Andalucía, en 1469: "El Rey se fue de [*sic*] Jaén, donde llegado, el Condestable le salió a rescebir con mucha gente de a caballo. E al tiempo de la entrada de la cibdad él se puso a la parte de adentro, y en entrando el Rey, dixo al Obispo de Sigüenza [Don Pedro González de Mendoza, el futuro Gran Cardenal] que iba junto con él: —'Entrad vos, leal perlado, merecedor de mucha honra, que vos y vuestro linaje servistes siempre e seguistes al Rey mi Señor como noble e de linpia sangre'. Y en pos dél dexó entrar a los del Consejo, e a los criados e continos servidores del Rey. E como Rodrigo de Ulloa fuese para entrar, púsole el quento de la lanza a los pechos, disciéndole: —'Teneos vos allá fuera, Rodrigo de Ulloa, que la cibdad de Jahén no suele acoger a los traydores,

La carta que hoy publico es, probablemente, el último documento que dictó Miguel Lucas de Iranzo.[96] Es de estricta justicia que en él aparezcan unidos los nombres de Iranzo y Escavias, "mi tío y señor", en actitud de marcada deferencia por parte de aquél. Y ya cara a la posteridad, también es justo que ambos nombres se enlacen en la defensa de una minoría perseguida y asesinada a todo lo largo de Andalucía. Que esto le sirva de descargo a Miguel Lucas de las imputaciones que contra él fulminó Alonso de Palencia. Pedro de Escavias, más afortunado, no murió en los tumultos, y alcanzó a restablecer el orden en Andújar.

Aquellos conversos que no habían sido matados, o no habían huido a refugiarse en tierras del Duque de Medinasidonia, que les dispensaba su protección, ésos habrán vuelto a sus hogares en Andújar, y se habrá reestablecido la siempre precaria paz entre cristianos viejos y cristianos nuevos. Esta paz sí la impuso Pedro de Escavias, pero había otra que se le seguía escapando de las manos, porque ésta implicaba la deposición de seculares odios entre familias, linajes o clanes. En otras palabras, para imponer paz perfecta en Andújar (y en tantas otras ciudades), había que poner fin a las banderías. Y nuestro biografiado era nada menos que jefe de la parcialidad de los Escavias, que llevaba años luchando por el poder con el bando de los Palominos. Por eso es que en el próximo documento (número 34, 15 de mayo de 1473) hallamos a Enrique IV escribiendo al alcaide de Andújar una carta de creencia para un servidor suyo, que llevaba el ahincado mensaje real de procurar obtener "la pacificación y sosiego de esa ciudad".

Mucho debió de trabajar Pedro de Escavias a tales fines, porque los dos próximos documentos de mi colección (números 35 y 36, la fecha de ambos es el 5 de agosto de 1473) son un convenio firmado por los bandos para evitar más luchas en la ciudad de Andújar.

---

sino a los que fueron leales al Rey mi Señor'. E así mesmo avergonzadamente le mandó dar con la puerta en el rostro, e dexallo fuera. E luego tomó el Rey muy alegremente, e llevólo a aposentar en su casa con la mayor fiesta que pudo, e todos los otros fueron muy bien aposentados", *Crónica del rey Don Enrique IV*, Bib. Aut. Esp., LXX, 183b.

[96] Carriazo, *Hechos*, pág. xxxv, cita un privilegio real del 20 de septiembre de 1472, confirmado por el Condestable, y añade: "Es la última mención en vida de nuestro personaje de que tengo noticia". La suerte me ha deparado poder ilustrar la vida de este magnate hasta la propia víspera de su muerte.

Dado el feroz encarnizamiento que distingue a estas luchas de bandos, es probable que la obediencia a las directivas del Rey no fuese la causa de mayor monta en este acuerdo, en particular a fines ya del reinado de Enrique IV, cuando la descomposición del cuerpo político es general. Me parece más plausible pensar que después de tantos años de lucha ambas parcialidades estarían casi agotadas, y que por conveniencia mutua se pacta un descanso en el batallar. Ya sea por obediencia al Rey, o por interés propio, o por ambos motivos a la vez, hay que reconocer que fue Pedro de Escavias quien en esta coyuntura trajo la paz efectiva a Andújar.

La suposición de que los bandos debían de estar exhaustos se pone de manifiesto, y fortalece, por el hecho de que las dos parcialidades invocan, y aceptan, el arbitraje de Don Alonso de Aguilar, a quien se ha invitado a venir desde Córdoba con el fin específico de entregarle el gobierno de la ciudad. Se ponen en sus manos el alcázar, torres, puertas y fortalezas de Andújar, y ambos bandos juran con toda solemnidad su obediencia a Don Alonso y a sus lugartenientes, que son dos Veinticuatros de Córdoba. Los dos bandos prometen estar en esta obediencia "fasta tanto quel dicho señor Rey por vos, el dicho señor Don Alfon, embíe mandar lo que más a su seruicio cumple". Se comprometen a todo esto los dos linajes ("nuestros parientes y criados y amigos"), y se hace evidente que los cabecillas de un bando son Pedro de Escavias y Pedro Sánchez de Santa Marina, y del otro, el regidor Juan de Cárdenas y Pedro Palomino.

Con Don Alonso de Aguilar entra la paz en Andújar, aunque pronto veremos que fue bastante precaria (*vide infra*, documento 38). Don Alonso fue un personaje casi fabuloso, cuya vida y muerte, de puro novelescas, hicieron emigrar su figura del campo de la Historia al del Romancero. Sin embargo, los historiadores modernos apenas si le destacan del montón, y eso que una biografía suya sería una verdadera clave para comprender los desarrollos históricos de Andalucía en la segunda mitad del siglo XV.[97] La vida de este

---

[97] Muchos materiales para esa deseable biografía dejó su descendiente, el erudito Don Francisco Fernández de Córdoba, Abad de Rute, en su inédita *Historia de la antigüedad y ascendencia de la nobilísima Casa de Córdoba* (un ejemplar se conserva en la biblioteca de la Real Academia de la Historia, y otro perteneció a Don Rafael Ramírez de Arellano). Acerca de su novelesco desafío con su pariente Don Diego Fernández de Córdoba,

paladín iba a terminar con una llamarada de gloria, en lucha contra los moriscos rebeldes, en la Sierra Bermeja, en 1501. Su heroísmo se hizo canción y se infundió en los versos del romance "Río Verde, río Verde", que si bien en un comienzo cantó el desastre de Juan de Sayavedra en 1448, se renovó con la muerte ejemplar de Don Alonso, y se atribuyó a él.[98]

Nosotros ya conocemos a este héroe del romancero como contrincante, primero, y como aliado, después, de Pedro de Escavias y del Condestable Miguel Lucas. En sus años de partidario del Maestre de Calatrava, Don Pedro Girón, le hemos visto arrancar el triunfo de las manos a Escavias en la batalla de La Higuera (1466). Cuando el viaje a Andalucía del rey Enrique IV, en 1469, Don Alonso se redujo al servicio real, y así Enrique pudo entrar triunfalmente en Córdoba. Desde entonces había servido con lealtad al Rey, y por ello le hemos visto en varias oportunidades concertarse con Escavias y el Condestable para dar sobre los moros. Con el asesinato de Miguel Lucas unos meses antes, la sombra de Don Alonso de Aguilar se agigantaba por tierras de Jaén, puesto que él quedaba como el poder más grande entre Córdoba y la frontera. Por eso, precisamente, es que Escavias y Palominos le llaman cuando el agotamiento aconseja deponer las armas. Sólo un poder superior al de los dos bandos combinados podría poner paz en Andújar, y sólo en un poder semejante y venido de fuera podían confiar los Escavias y los Palominos. De ahí la presencia de Don Alonso de Aguilar en Andújar, en agosto de 1473, cuando las exhaustas parcialidades de esa ciudad buscan un respiro.

Con fines de enterar al Rey de lo que ocurría en Andújar, Pedro de Escavias le escribió en estos días, pero su carta, como

---

Mariscal de Castilla y Conde de Cabra, *vid. Relaciones de algunos sucesos de los últimos tiempos del Reino de Granada*, ed. E. Lafuente y Alcántara (Madrid, 1868), págs. 69-143.

[98] Sobre la historia del romance, *vid.* R. Menéndez Pidal, "Poesía popular y Romancero. V: *Río Verde, río Verde*", *Revista de Filología Española*, II (1915), 329-38, resumido en *Romancero hispánico*, I, 315; opinión distinta acerca de su historicidad en Luis Seco de Lucena Paredes, "La historicidad del romance *Río Verde, río Verde*", *Al-Andalus*, XXIII (1958), 75-95. A pesar de estas notables contribuciones queda bastante por decir acerca del romance, y espero poder hacerlo algún día. Para una evaluación de los distintos romances acerca de Don Alonso de Aguilar, *vid.* M. Menéndez Pelayo, *Antología de poetas líricos castellanos*, XII (Madrid, 1906), 236-41.

todas las demás suyas, se ha perdido. Tengo en mi colección, sin embargo, la respuesta de Enrique IV (documento 37, 16 de agosto de 1473). Dadas las circunstancias, es muy lacónica. Evidentemente, Enrique no ha encontrado ninguna solución efectiva o permanente al problema de los bandos de Andújar, y así prefiere darle largas al asunto: "Ynviaré allá presto vna persona mía con el qual vos escribiré largo la forma que se a de tener en todo". En los problemas del reino, la debilidad del monarca había tenido que apelar con frecuencia a una posible solución impuesta por el tiempo, y los resultados nunca fueron buenos. El caso de los bandos de Andújar no fue excepción.

Digo esto porque el solemne compromiso contraído el 5 de agosto no fue considerado suficiente, y así, el 14 de diciembre de 1473, los bandos aceptaron la tregua que en nombre del Rey impuso Don Alonso de Aguilar (documento 38). La tregua debía correr "desde primero día de año nuevo primero que verná del Señor de 1474 por todo el dicho año de 74 fasta ser fenecido". Por las parcialidades firmaban Pedro de Escavias y Pedro Sánchez de Santa Marina, por un bando, y Juan de Cárdenas y Pedro Palomino, por el otro.

Es probable que la tregua haya corrido su plazo, dada la autoridad y poder de Don Alonso de Aguilar. Lo que no me parece probable desde ningún punto de vista es que la tregua significase el fin de los bandos y parcialidades de Andújar. Al contrario, muy a finales de ese año de tregua de 1474 ocurrió un hecho que seguramente los exacerbó: en la madrugada del 12 de diciembre moría en Madrid el rey Enrique IV. Se abría así un pleito sucesorio que sólo se solucionaría con las armas. Estos fueron años en que los antiguos bandos y linajes recrudecieron, al hallar como fácil justificación, y aliciente en ocasiones, la lucha dinástica entre la princesa Doña Juana, por un lado, y los reyes Doña Isabel y Don Fernando, por el otro. Si bien la batalla de Toro (1476) neutralizó la intervención militar de Portugal, la lucha siguió, en forma intermitente, hasta el tratado de las Tercerías (1479). Sólo entonces quedaron los Reyes de Castilla en plena disposición para restablecer la paz interior, lo que hicieron con la mano dura y en la forma expeditiva de que se hacen lenguas los cronistas. Supongo yo que los bandos de Andújar, de Escavias y Palominos, habrán durado hasta estas últimas fechas, pese a la tregua que estableció Don Alonso de Aguilar para todo el año de 1474. Y pese al solemne compromiso que contrajeron los bandos de obedecer a Don Alonso de Aguilar, al llegar a Andújar la noticia de la muerte del rey Enrique IV (documento 40, 22 de diciembre de 1474).

Todavía dentro del reinado de Enrique IV me queda un documento sin año, y que no he podido fechar por falta de datos concretos (documento 39, 4 de junio). Es una breve carta, fechada en Madrid, y que lleva también la firma de Juan de Oviedo, el odiado secretario de Enrique IV, lo que confirma que pertenece a su reinado. [99] Se recomienda a Escavias que devuelva a un tal Moriana el acostamiento que éste tenía en Andújar, y que aquél le había expropiado. El rey Enrique estuvo en Madrid en el mes de junio en los años de 1462, 1464, 1467, 1468 y 1471. [100] No sé a cuál de ellos pertenecerá esta carta.

Entre los años de 1473 y 1474 Pedro de Escavias había perdido a sus dos más grandes valedores y amigos: el Condestable de Castilla Miguel Lucas de Iranzo y el rey Enrique IV. Desprovista de esta protección y apoyo, la vida de Escavias habrá entrado en un nuevo período del cual tengo vislumbres a través de la riquísima colección del Registro General del Sello, en el Archivo de Simancas. En dicho Registro se guardan todas las cartas y provisiones despachadas con el sello real, y el nombre de Escavias aparece con cierta frecuencia en documentos de los años de 1477 a 1480. A través de ellos puedo reconstruir algo de los nuevos rumbos que tomó la vida de Pedro de Escavias al quedarse sin sus más grandes protectores. Enfilaré estos documentos, que no copiaré, en orden cronológico, y les agregaré el comentario que considere necesario. [101]

El 22 de octubre de 1477 Pedro de Escavias emplaza judicialmente a dos miembros del odiado linaje de los Palominos, Rodrigo y Francisco. Estos Palominos y Escavias traían un pleito acerca de

---

[99] Sobre Oviedo, ver, por ejemplo, Alonso de Palencia, *Crónica de Enrique IV*, IV, 282. Sin mayores fundamentos se supuso en una época que el secretario Oviedo fue padre del cronista Gonzalo Fernández de Oviedo y Valdés, *vid.* Juan Pérez de Tudela Bueso, "Vida y escritos de Gonzalo Fernández de Oviedo", *Bib. Aut. Esp.*, CXVII, xiv-xv, donde se recogen interesantes noticias sobre el secretario.

[100] Ver el *Itinerario* de Torres Fontes bajo los años correspondientes. Moriana aparece como firmante del documento 40.

[101] El *Registro General del Sello* se viene publicando desde el año 1950 en Valladolid. Las referencias del texto serán a tomo y página.

la escribanía de concejo de Andújar (I, 372). [102] Y por documento del 11 de diciembre de 1477, sabemos que Escavias también andaba en pleitos con Juan de Cárdenas, a quien ya conocemos como cabecilla del bando de los Palominos (I, 413). Evidentemente, se trata de ramalazos de los antiguos y enconados bandos de Andújar, proseguidos, en el nuevo reinado, por lo judicial. El caso es que Pedro de Escavias ya no es más invulnerable en Andújar, o así se puede sospechar por el hecho de que el 15 de febrero de ese mismo año de 1477, su archienemigo Juan de Cárdenas había obtenido un perdón real por haber entrado con armas en Andújar (I, 227). Si había una baja del favor de Escavias, esto traía como consecuencia natural el alza de sus tradicionales enemigos. Pero no imaginemos a Escavias totalmente desvalido: por una carta real del 20 de diciembre de 1477 sabemos que nuestro biografiado, junto con otros vecinos de Andújar, habían despojado a Alfonso Rodríguez de Santander, vecino de Sevilla, de doce cargas de sardinas y de dos asnos. Es evidente que la violencia continuaba en Andújar, y Pedro de Escavias, aunque hubiese caído del favor real, si esto es lo que sucedió, no dejaba de participar en ella (I, 422).

Todavía como alcaide de Andújar, los Reyes despachan una carta ejecutoria a su favor, el 28 de enero de 1478, en un pleito que se había entablado contra él por cuestión de deudas (II, 24). Pero para el 2 de marzo de ese año los Reyes ya han proveído la alcaidía de Andújar en la persona de Francisco de Bobadilla, maestresala de la Reina, y que luego se distinguiría en la guerra de Granada (II, 49). [103] Si todavía se le llama alcaide de Andújar a Escavias en una ejecutoria de sentencia de 30 de marzo de 1478, será, probablemente, porque con ese título había incoado el proceso. El hecho es que en este último documento se le llama alcaide y guarda mayor de Andújar, y se sentencia a su favor en un pleito que traía contra Pedro Palomino. La sustancia del pleito se remontaba bien lejos, allá a los años en que el Maestre de Calatrava, Don Pedro Girón,

---

[102] El pleito de la escribanía tenía su historia. En 7 de marzo de 1475 los Reyes despacharon carta a Andújar, a petición de Rodrigo Palomino, "escribano del concejo de dicha ciudad, para que si es cierto que éste tiene dicho oficio, le amparen [las autoridades concejiles] en su posesión" (I, 35).
[103] Para 1485 ya era corregidor de Jaén y Andújar, y entre muchas otras acciones bélicas de esta guerra, participó en el sitio de Málaga, *vid.* Fernando del Pulgar, *Crónica de los Reyes Católicos*, II, 137 y 289.

había guerreado contra el Condestable Miguel Lucas y contra Pedro de Escavias (1465, *vida supra*, documento 5), fechas en que Palomino apoyó al Maestre, por lo que Escavias había secuestrado sus bienes, y estos daños eran los que habían ocasionado el pleito, que ahora se fallaba a favor de nuestro protagonista (II, 60). O sea que se puede decir que si la pérdida de la alcaidía de Andújar, a los dos años de la batalla de Toro, cuando rápidamente se consolidaba el poder de Isabel y Fernando, reflejaba el desafecto real, los monarcas no permitieron que ese sentimiento se inmiscuyese en la dispensación de la justicia. Y creo que la propia lealtad de Escavias hacia Enrique IV habrá estado en la raíz de ese desafecto.

Análogas características tiene el próximo pleito de Escavias que fallan los Reyes Católicos. Se trata ahora de otra sentencia ejecutoria a su favor, de 3 de abril de 1478, en pleito sostenido contra Juan Pastor. Este será, probablemente, pariente del Garci Pastor que Escavias, allá en agosto de 1472, había hecho encarcelar, con todos sus bienes (*vide supra*, documento 30, págs. 85-86). El caso es que Juan Pastor demandaba a Escavias por los daños sufridos durante las alteraciones del reinado de Enrique IV. La sentencia pronunciada fue otro triunfo judicial de nuestro biografiado.

Esta nube de pleitos en que vemos envuelto a nuestro protagonista era el resultado natural de los largos años de guerra civil, cuyos problemas se solucionaban, ante la nueva eficacia de la justicia, por los tribunales y no por las armas. En estas circunstancias no podía faltar el empecatado adversario de Escavias, nuestro conocido Juan de Cárdenas. Más arriba hemos visto que el pleito que se trataba entre los dos ya estaba incoado en 11 de diciembre de 1477. Ahora, con fecha de 6 de abril de 1478, nos enteramos de que la demanda la había entablado Escavias, en razón de los robos y crímenes de que acusaba a Cárdenas (II, 62). A Escavias le sobrarían motivos para tal pleito, pues ya quedan reseñadas las incursiones que el bando de los Palominos (uno de cuyos jefes era Cárdenas) hacían por tierras de Andújar en 1469 (*vide supra*, documento 23, págs. 63-65). Con referencia a este pleito, los Reyes ahora decretan una receptoría. A Escavias se le sigue llamando Guarda Mayor.

Los pleitos, entonces como ahora, tenían la endemoniada facultad de convertirse en interminables, y estos que agriaban la vejez de Pedro de Escavias no eran ninguna excepción. Queda visto que

LA VIDA   101

desde 1475 andaba en pleito la escribanía de Andújar entre Escavias y Rodrigo Palomino (*vide supra,* nota 102). Sólo en 10 de abril de 1478 los Reyes dieron sentencia ejecutoria a favor de nuestro biografiado (II, 64). Es imaginable el gozo del leal Escavias ante tal acto de justicia, pero, evidentemente, los años ya pesaban sobre él (pasaba los sesenta, según mis cuentas), y empezaba a retirarse de la vida activa, porque en 12 de agosto de 1479 los Reyes le facultan para que pueda renunciar la escribanía del concejo de Andújar en su hijo Francisco. Este tiene que ser su primogénito, pues ya le hemos visto acaudillando la hueste de Andújar en 1470, en lugar de su padre, y como alcalde mayor en compañía de su padre. Ahora, cuando los años le fuerzan a iniciar su retirada de la vida, Pedro de Escavias renuncia en él un oficio de tan pingües rentas como la escribanía de Andújar (II, 252).

Pero no acaban aquí los testarazos judiciales que se daban Pedro de Escavias y los Palominos. La *pax augusta* que con dureza y justicia imponían los Reyes Católicos había aconsejado a los bandos deponer las armas y apelar a las leyes, pero el mismo odio latía en los corazones, sólo que la prudencia dictaba ahora que se expresase por vía forense. Hacía poco más de un año que se había finalizado el pleito entre Escavias y Rodrigo Palomino, pero todavía quedaba pendiente un pleito con Francisco Palomino. Con fecha de 20 de septiembre de 1479, y a petición de este Palomino, los Reyes comisionaron al alcalde ordinario de Andújar y le remitieron el conocimiento de este pleito (II, 275). Esta vez ignoro el resultado de tal demanda.

Las energías del viejo luchador Escavias no se agotaban con estos combates forenses. Y así, con fecha de 11 de febrero de 1480, le vemos obtener de los Reyes Católicos una compulsoria para el escribano Ruy Fernández de Córdoba, vecino de Baeza, para que éste le entregase los procesos de cierto pleito que se había tratado contra él.

Pero este mismo año de 1480 iba a traer un golpe durísimo para las finanzas de los Escavias. La Fortuna, que les había sonreído en lo legal, les traicionó en lo económico. Para cimentar la recién lograda paz interior, y para preparar las inminentes campañas contra el moro, los Reyes Católicos reconocieron la necesidad inmediata de sanear la economía nacional. La providencia que se tomó, y que fue una empresa de magnas dimensiones, fue la reducción de juros y mercedes hechos a partir del año de 1464. Estas son las famosas Declaratorias de Toledo de 1480. En la redada (dirigida por Fray Hernando de Talavera) cayeron grandes y chicos, entre ellos, por ejemplo, el ya citado secretario Juan de Oviedo, a quien se le quitó hasta el último maravedí de juro de que le había hecho merced Enrique IV. [104] Menos feroces fueron las Declaratorias con los Escavias, pero así y todo el golpe fue muy duro. A Pedro, que gozaba de 60.000 maravedís de juro, se le dejan sólo 30.000, y a su hijo Francisco también se le cercenan sus cuentas por la mitad: se le dejan 10.000 maravedís de juro, de 20.000 que había tenido (Matilla Tascón, *op. cit.*, pág. 112). Esto está más de acuerdo con lo que parece haber sido la política general, que era una reducción del cincuenta por ciento en juros y mercedes. El éxito fenomenal de la medida queda ilustrado por el hecho de que reingresaron a la Corona treinta cuentos de maravedís. [105] Pero bien decía el antiguo refrán "uno piensa el bayo, y ál el que lo ensilla". Con sus rentas reducidas a la mitad, los Escavias, padre e hijo, tienen que haber sufrido un severo desajuste económico.

Las Declaratorias de Toledo no fueron concebidas como una medida económica punitiva para los enriqueños. Se trataba de una medida de reajuste fiscal en inmensa escala, y así lo entendió el integérrimo Fray Hernando de Talavera. Las propias normas que sentó el Consejo Real para llevar a cabo dicha medida no podrían haber sido más equitativas. [106] Pero se cae por su propio peso que las personas que iban a ser más gravadas en esta reducción de mercedes y juros iban a ser, precisamente, las más allegadas a Enrique IV, ya que éstas eran las que habían recibido en mayor cantidad las dádivas y beneficios regios. Así, por ejemplo, Don Beltrán de la Cueva, Duque de Alburquerque, el famoso valido del rey Enrique, resulta ser el más afectado, en cuantía, de todas las personas mencionadas en las Declaratorias: se le quitan 1.420.000 maravedís de 2.282.500 maravedís de juro que tenía. [107] Otro ejemplo, mucho más

---

[104] *Vid.* A. Matilla Tascón, *Declaratorias de los Reyes Católicos sobre reducción de juros y otras mercedes* (Madrid, 1952), pág. 176. Oviedo había acumulado una fortuna de 100.000 maravedís de juro.

[105] Es la cifra que trae Esteban de Garibay y Zamalloa, *Los XL libros del Compendio Historial* (Amberes, 1571), libro XVIII, cap. XVI.

[106] Matilla Tascón, *op. cit.*, págs. 15-16.

[107] Matilla Tascón, *ibidem*, pág. 102.

cercano a nuestro tema: a Don Luis de Torres, hijo del Condestable Miguel Lucas de Iranzo, se le quitan 234.000 maravedís de 654.000 maravedís de juro y de por vida. [108] Por eso es que, al llegar a este punto, bien podría uno ponerse a filosofar acerca de lo mucho que le costó su lealtad a Pedro de Escavias, que le valió, como a Sancho Panza, sólo la promesa de un condado.

Después de este largo recorrido llego al último documento de mi colección (documento 41, 19 de abril de 1482), que coincide con

---

[108] *Ibidem*, pág. 218. Este Don Luis de Torres merece mucho más que pasajera mención. Su intensa vida bien puede parangonarse con la del joven Conde de Mayorga, que tracé esquemáticamente más arriba (págs. 34-35). Alrededor de la figura del hijo del Condestable Iranzo se tejió una leyenda más parecida a la de su coetáneo Garci Sánchez de Badajoz (que también enloqueció de amores) que a la de Macías (el amante fiel hasta la muerte), y que narra el adicionador del ms. Pidal de los *Hechos* (publ. por Gayangos en *Memorial Histórico Español*, VIII, 508-10): criado en la corte, se enamoró de una dama, que se casó con un señor de Francia, donde se fueron a vivir. Don Luis la siguió, no sin antes haber justado en su honor, con librea de luto para él y sus criados, y una letra que decía:

> A las cosas del placer
> tal voy cual he de volver.

Disfrazado de peregrino romero llegó a la casa de su dama, quien le reprendió su conducta y le despidió de mala manera. Don Luis volvió a su patria, donde enloqueció y se hizo franciscano en Córdoba. No es ésta la ocasión de deslindar entre la historia y la leyenda en el caso de Don Luis de Torres, pero apuntaré los siguientes datos: Don Luis había nacido en Jaén, el lunes 11 de abril de 1468 (*Hechos*, pág. 376). A los dieciocho años la Reina Católica le nombró paje de la cámara real (Alonso de Palencia, *Guerra de Granada* [= *Crónica de Enrique IV*, V], pág. 118), previo perdón real para él y para su madre por sus acciones durante el reinado de Enrique IV, fechado el 15 de febrero de 1478 (*Registro General del Sello*, II, 42). Murió "como buen religioso" en Guadix, en 1500, según recuerda Lorenzo Galíndez de Carvajal, "Adiciones genealógicas ...", *Codoin*, XVIII, 453. Gonzalo Fernández de Oviedo nos dejó más amplia reseña de esta vida de sino tan triste como su leyenda, en sus inéditas *Batallas y Quinquagenas*, quinquagena III, diálogo 40. Era casi inevitable que Don Luis de Torres fuese poeta, y lo fue, aunque sólo conozco dos letras de su pluma, ambas en el *Cancionero General* de Hernando del Castillo (Valencia, 1511), fol. CXLII; la citada más arriba dice aquí "A las cosas del placer / voy cual sé que he de volver". Y de aquí las tomó Juan Fernández de Costantina para su *Cancionero*, ed. R. Foulché-Delbosc (Madrid, 1914), pág. 310. Lo dicho basta y sobra para quitar a Don Luis de Torres de la lista de poetas de la corte de Juan II, donde le colocó Don José Amador de los Ríos, "sin género alguno de duda", en su *Historia crítica de la literatura española*, VI, 575. La vida y la leyenda de Don Luis de Torres (o bien, Don Luis Lucas de Torres) están ancladas firmemente en el reinado de los Reyes Católicos.

ser el último testimonio que conozco de la vida de Escavias. Otra vez se trataba de una carta regia, sólo que esta vez la firmaba Fernando V. Para el año 1482 Castilla, pacificada, con su economía saneada, y unida a Aragón, se hallaba en óptimas condiciones para reanudar la guerra contra el moro y continuarla hasta el triunfo final. La reanudación de las hostilidades era, pues, inminente, cuando los moros, con pésimo tino, precipitaron el conflicto al tomar por sorpresa la villa de Zahara, en enero de 1482. En represalia, los cristianos, al mando del Marqués de Cádiz y de Diego de Merlo, tomaron la villa de Alhama (1 de marzo de 1482), pérdida que el Romancero ha hecho famosa. Y así dio comienzo la guerra de Granada, que sólo terminaría diez años más tarde, con la rendición del último rey moro.

El comienzo de este gran momento histórico cierra mi documentación. Porque Fernando V, ante las nuevas de la toma de Alhama, había bajado apresuradamente de Castilla y llegado hasta Córdoba para organizar y conducir personalmente las provisiones que asegurarían la nueva conquista.[109] Y desde Córdoba el Rey escribe a Escavias. Le acusa recibo de una carta en la que es de suponer que Escavias tocase el tema candente de la toma de Alhama. Este dato sirve para demostrar que aun al final de su vida, y a pesar de varias adversidades, nuestro protagonista gozaba del prestigio suficiente para dirigirse personalmente a su soberano y merecer una contestación directa. En ella el Rey Católico solicitaba la ayuda de Escavias para que despachase, con toda prisa y recaudo, el bestiaje que Andújar debía enviar al socorro de Alhama. Me parece muy interesante, y altamente ilustrativo del sentido de una vida, que el joven monarca, en el momento de iniciarse la campaña más gloriosa de su reinado, se dirija al viejo guerrero Pedro de Escavias para requerir su sabia ayuda.

Y con esto, el cronista, soldado y poeta Pedro de Escavias se me vuelve a perder en las brumas de la Historia, de donde por unos momentos le he sacado con la ayuda de diversos documentos. Ignoro la fecha de su muerte, pero, si mis cálculos no están muy errados, en 1482 frisaba en los sesenta y cinco años, y es de suponer que su

---

[109] Ver Fernando del Pulgar, *Crónica de los Reyes Católicos*, ed. Carriazo, II, 13-16, quien ilustra muy bien las circunstancias en que fue escrita esta última carta de mi acervo documental.

vida se agotaría bien pronto, debido a su propia plenitud. El silencio que guarda acerca de Escavias, a partir de estos años, el opimo Registro General del Sello corrobora esta impresión. Digamos, pues, que Pedro de Escavias murió poco después de 1482.

A su muerte, los hijos de Pedro de Escavias bien pudieron haber repetido los versos de aquel famoso poeta y enemigo acérrimo de su padre:

> Y aunque la vida murió
> nos dejó harto consuelo
> su memoria.

Según el primer árbol genealógico de Don Luis de Salazar y Castro, el alcaide de Andújar estaba casado con Teresa de Contreras, que probablemente pertenecería a los Contreras de Jaén, que se mencionan en los *Hechos del Condestable Miguel Lucas de Iranzo* (pág. 331). Ella también es mencionada en la crónica, con motivo de la boda de su hija con el primo de Miguel Lucas (págs. 435-36). Allí también se dice que, para la época de esta boda (1470), Pedro de Escavias tenía "fijos e nietos", pero, desgraciadamente, en el árbol genealógico de Salazar la única sucesión que se da es la de la hija que se casaba ese día. Es de suponer, entonces, que Francisco de Escavias, el primogénito, tuvo sucesión; pero en este punto la pobreza de mis datos llega al extremo de ni siquiera saber con quién se casó. Es lástima grande, porque esta sucesión, de haberla habido, nos daría la descendencia de Pedro de Escavias por varonía. Salazar y Castro pone, después de Francisco, un segundo vástago de nuestro alcaide, de quien no da nombre ni sexo. Y por último coloca a Doña Leonor de Escavias, la que casó con el tesorero Fernán Lucas de Nieva, primo del Condestable, el 27 de mayo de 1470.

Fernán Lucas y su mujer se radicaron en Jaén (*Hechos*, pág. 440), donde estaba la casa de la moneda en la que él desempeñaba las funciones de tesorero. Allí dejaron larga descendencia, que el benemérito Salazar y Castro traza hasta el quinto nieto de Pedro de Escavias. No pienso entrar en detalles, y remito al lector curioso a los árboles genealógicos que hallará en los apéndices. Sólo señalaré que el quinto nieto de mi protagonista, que se llamaba Don Juan de Carvajal y Escavias, casó, a mediados del siglo XVII, con una hija de los segundos Condes de Fernán-Núñez.[110] De tal manera, la sangre de Pedro de Escavias, alcaide de Andújar, llegó a unirse con la de la Grandeza de España.[111]

---

[110] El condado de Fernán-Núñez había sido creado en 1639, en cabeza de Don Alonso Estacio de los Ríos y Córdoba, XVI Señor de Fernán-Núñez. Recibió la Grandeza de España en 1728, y fue elevado a ducado en 1817, vid. Julio de Atienza, *Nobiliario español*, s. n. "Fernán-Núñez".

[111] Para completar, en lo posible, esta reseña de los Escavias, recordaré que hubo otro aficionado a las letras en la familia, que murió en 1628 y que escribió una interesantísima compilación de anécdotas, vid. Luis Sala Balust, "El H. Sebastián de Escabias, S. I., autor desconocido de los *Casos notables de la ciudad de Córdoba*", *Hispania*, X (1950), 266-96.

III

LOS HECHOS DEL CONDESTABLE DON MIGUEL LUCAS DE IRANZO

Ha llegado el momento de plantear, con toda su debida extensión, el problema de la paternidad de los *Hechos del Condestable Don Miguel Lucas de Iranzo*. Como hipótesis de trabajo yo di por sentado, desde un principio, que el autor era Pedro de Escavias. Es hora de exponer mis razones y fundamentar mi verdad. La paternidad de los *Hechos* es, en muchos sentidos, el nudo gordiano de este estudio sobre Pedro de Escavias.

Decía yo, en el primer capítulo de este trabajo, que la tarea imprescindible para dilucidar el problema era el careo de dos textos reconocidos por todos como obra de Escavias (*Coplas al Condestable Miguel Lucas* y *Reportorio de príncipes*) con los pasajes correspondientes del texto en tela de juicio, o sea los *Hechos*. Recordaba también allí que Juan de Mata Carriazo había afirmado la comunidad de autor entre el *Reportorio* y los *Hechos*, guiado por la semejanza de muchos pasajes. Pero Carriazo no llevó a cabo la comparación en público. Más tarde Inoria Pepe comparó las *Coplas* con ciertos pasajes de los *Hechos*, y determinó así su identidad sustancial. Pero es curioso que a nadie se le haya ocurrido comparar los tres textos para zanjar la cuestión de una vez por todas. Es la tarea a la que me aboco ahora.

En buen método, el primer paso a dar es establecer la cronología relativa de los tres textos a comparar. Las *Coplas* creo que no ofrecen problemas: a todas luces están escritas en vida del Condestable, a quien van dirigidas. Cantan acontecimientos que llegan hasta 1463, y es de suponer que se escribirían para esta fecha, lo mismo que la glosa en prosa, que es su complemento indispensable.

Cuándo se escribieron los *Hechos del Condestable* es problema más peliagudo. Es sabido que éstos terminan en diciembre de 1471, y que Miguel Lucas no fue asesinado hasta marzo de 1473. Por lo demás, no se puede decir que este final abrupto de la crónica sea imputable al copista, porque los cuatro códices que se conservan de los *Hechos* empiezan y terminan en un mismo punto, y estos códices no representan una sola familia de manuscritos.[1] El problema a resolver es, en consecuencia, si los *Hechos* se escribieron antes o después de la muerte de Miguel Lucas. Tres personas se han encarado con este problema. El primero fue Juan de Mata Carriazo, en su estudio preliminar tantas veces citado, quien expresó su opinión en estos términos concluyentes: "Los *Hechos del Condestable* se escribieron, en su mayor parte, casi a medida que iban ocurriendo, y desde luego en vida de Miguel Lucas" (pág. xlvi). Pero ya Carriazo se tuvo que hacer cargo del hecho que el texto de los *Hechos* abunda en indicios cronológicos y fórmulas expresivas que indican una fecha posterior a la muerte del Condestable. Su solución a este problema fue la siguiente: "No encuentro válidos pequeños indicios en contra, que deben atribuirse a inhabilidad de expresión" (pág. xlvii). Claro está que declarar inválidos los argumentos en contra de la tesis defendida no constituye buenas razones. Y más abajo Carriazo remacha el clavo: "Frente a estas para mí simples torpezas del escritor, todo conspira en pro de la contemporaneidad

---

[1] Un dato interesante acerca del manuscrito 2029 de la Biblioteca Nacional de Madrid, que es el que publica Carriazo, y es casi contemporáneo de los sucesos. Ocurre que en este manuscrito están subrayadas las referencias a Pedro de Escavias, a su yerno Fernán Lucas y a la collación de Santa María en Jaén (*Hechos*, pág. xiv). Y ocurre también que al folio 181 vuelto hay una nota de dos letras distintas. La segunda letra dice: "Esta glosa [la anterior] es de Juan de Caruajal, vecino de Baeça, cuyo fue este libro y es la letra; y era enemigo de los Benavides y Quesadas, porque tuvieron a pique de ahorcar al arcediano su hermano o tío" (*ibidem*, página xv). Ahora bien, el primer árbol genealógico de Don Luis de Salazar y Castro nos informa que un tataranieto de Pedro de Escavias, que se llamaba *Juan* de Escavias *Carvajal*, fue regidor de *Baeza*, estuvo casado con Doña Isabel de Guzmán y *Quesada* (uno de los apellidos mencionados arriba), y tuvo un hermano, Don Gonzalo Flores Carvajal, que fue *arcediano* de Castro. Son demasiadas las coincidencias, y me veo forzado a concluir que este tataranieto de Escavias fue uno de los primeros poseedores conocidos del códice más antiguo de los *Hechos*. Que ese manuscrito se conservase en la familia de Pedro de Escavias es un nuevo dato que ayuda a demostrar su paternidad de los *Hechos*.

de la crónica" (*ibidem*). ² Sin embargo, nada de esto me resulta muy convincente. Obsérvese, por lo pronto, que ya sería casualidad que las "torpezas del escritor" se refiriesen siempre al empleo de fórmulas temporales, y no a ningunas otras. Y además, es hacerle bien poca justicia a Pedro de Escavias (a quien Carriazo señala como autor de los *Hechos*) el achacarle "inhabilidad de expresión", sobre todo después de leer sus fáciles poesías y la correcta prosa del *Reportorio*. Digamos, más bien, que si las fórmulas temporales usadas por un escritor tan avezado como Escavias apuntan a una fecha de redacción posterior a la muerte del Condestable Miguel Lucas, esto será porque esos pasajes efectivamente se escribieron en esa fecha.

Franco Meregalli también tocó el problema de la fecha de composición de los *Hechos*, y se plegó a la tesis de Carriazo, y llegó a decir, con ardor excesivo, que el libro estaba "man mano aggiornato". Al estampar estas palabras, Meregalli olvidaba que ya Carriazo había demostrado que en ocasiones había un lapso de dos años, por lo menos, entre el hecho histórico y su redacción. Pero, de inmediato, el propio Meregalli se encarga de desmoronar su propia teoría de la estricta contemporaneidad del libro, porque añade que éste "è restato poi incompiuto a causa della cruenta morte del protagonista". ³ Baste señalar, nuevamente, que los *Hechos* terminan a fines de 1471 y que Iranzo fue asesinado en marzo de 1473, para demostrar que no hay tal contemporaneidad. Hay, al contrario, lo que siempre ha pedido la Historia, el lapso temporal mínimo como para establecer la indispensable perspectiva.

Más recientemente, Inoria Pepe, en el primero de los dos artículos que ha dedicado a los *Hechos del Condestable,* ha vuelto sobre este problema, y lo ha planteado, a mi entender, en los términos precisos. ⁴ Empieza por reconocer la dificultad del problema, ya que la crónica no contiene datos internos que fechen su redacción, y

---

² Es curioso que en la página siguiente el propio Carriazo se encargue de demostrar que un acontecimiento de 1462 se escribió después de 1464. Si se mantuviese este mismo lapso de más de dos años entre acontecimiento y relato a lo largo de la crónica, claro está que, por lo menos, su última parte, en que narra los acontecimientos de 1471, se habría escrito después de la muerte del Condestable (marzo de 1473).
³ *Cronisti e viaggiatori castigliani del Quattrocento*, pág. 102.
⁴ "Sulla datazione e la paternità degli *Hechos del Condestable Miguel Lucas de Iranzo*", *Miscellanea di Studi Ispanici*, I (1962), 195-215.

datos externos no existen, o no se conocen. Después, recoge de Carriazo aquellos ejemplos de indudable lapso temporal entre acción y relato, añade de su coleto varios ejemplos concluyentes acerca de lo mismo, y remata la cuestión de esta manera: "Non mi sembra troppo azzardato avanzare l'ipotesi che almeno l'ultima parte de la cronaca riguardante la seconda metà del 1470 e tutto il 1471 sia statta scritta poco dopo la morte del Contestabile" (pág. 199). En mi opinión, el problema se ha planteado en sus términos más cabales, y se le ha dado la solución más razonable.

Tenemos, pues, un término *a quo* perfectamente aceptable para la redacción de la última parte, al menos, de los *Hechos del Condestable*: la muerte de su protagonista Miguel Lucas (marzo de 1473). Pero ¿cuál es el término *ad quem*? En su ansia de contemporaneidad, ni Carriazo ni Meregalli se plantearon el problema. Inoria Pepe, en cambio, sí lo hizo, aunque dio una respuesta bastante vaga: "Poco dopo la morte del Contestabile". Creo que esto se puede hilar un poco más fino, porque en dos ocasiones, por lo menos, el autor se refiere al rey Enrique IV como vivo, con lo que podemos colocar la redacción de la crónica, o de parte de ella, entre marzo de 1473 (muerte del Condestable Iranzo) y diciembre de 1474 (muerte de Enrique IV). [5]

En cuanto al *Reportorio de príncipes*, su datación no ofrece dificultades. El último capítulo está dedicado a Enrique IV, y acaba con su muerte. Consecuencia perogrullesca es que el *Reportorio* se terminó de componer después de diciembre de 1474. Carezco de datos para establecer un término *ad quem*, pero para mis fines de hoy basta con lo dicho.

Los tres términos a comparar quedan fijados en el tiempo de la siguiente manera: las *Coplas dirigidas al Condestable Don Miguel Lucas* están escritas en vida de Iranzo, en fecha probablemente

---

[5] "Esta fiesta facía e solepnizaua el dicho señor Condestable en cada vn año, segúnd dicho es; lo vno por deuoción, y lo ál porque en tal día nasció el rey nuestro señor, cuyo seruicio él tanto deseaua y procuraua" (pág. 72); "Reduciendo así mesmo a su memoria la entrada quel rey don Juan, de gloriosa memoria, en la vega de Granada fizo, con tan gran moltitud de gentes de armas e ginetes, e ynumerables peones; e así mesmo el rey don Enrrique, nuestro señor, e nunca conocieron en tiempo alguno sus gentes allí pudiesen llegar, sin grand daño suyo" (págs. 86-87). Este último ejemplo, con su contraposición Juan II (*de gloriosa memoria*)—Enrique IV (*nuestro señor*), me parece decisivo.

cercana a 1463, en que ocurren los últimos hechos allí cantados. O sea que son anteriores a 1473 y probablemente se escribieron en 1463. Los *Hechos del Condestable Don Miguel Lucas de Iranzo* se redactaron, en todo o en parte, después de su muerte y antes de la del rey Enrique IV.⁶ Fecha: entre marzo de 1473 y diciembre de 1474. El *Reportorio de príncipes* se escribió después de la muerte del rey Enrique. Fecha: *post* 1474.

Al fijar de esta manera las obras en el tiempo, se puede observar que pertenecen a tres momentos que habrán estado psicológicamente muy diferenciados en la vida de Pedro de Escavias. Al componer las *Coplas*, no sólo estaban vivos los dos protectores y amigos de Escavias (el Condestable y el Rey), sino que aquél había logrado sonadas victorias en la frontera, y a éste le habían puesto al alcance de la mano la corona de Cataluña (*vide supra*, pág. 43). Se vive un momento de plenitud y de euforia. Las fechas en que se redactan o revisan los *Hechos* son momentos de tormenta y zozobra. El protector y amigo más cercano a Escavias, y su pariente, por añadidura, para estas calendas, ha sido violentamente eliminado. La misma ola de crímenes había conmovido a Andújar, donde hubo un alzamiento popular y persecución de los conversos (*vide supra*, págs. 90-94). Al redactar el *Reportorio* a Escavias se le ha puesto el sol. Ha muerto su último valedor y se ha iniciado un reinado en que los enriqueños son objeto de suspicacias, cuando no de solapada persecución. Pedro de Escavias se encuentra con muchos años a cuestas y aún más nubes en su horizonte (*vide supra*, págs. 98-105).

Creo que estas observaciones son muy pertinentes en vista de las comparaciones a hacer, que demuestran claramente que Pedro de Escavias se copia a sí mismo en las tres obras. O sea que hay una clara intención de permanecer fiel a sí mismo, a sus ideas y a su interpretación de los hechos, a través del tiempo; podríamos decir que ésta es la forma literaria que adquiere la lealtad de Pedro de Escavias.

Pero es hora ya de que hablen por sí mismas las comparaciones. Enfilo siempre los textos en el orden cronológico que acabo de determinar, aunque en alguna ocasión los términos a comparar no sean tres, sino dos. Como esta labor de cotejo es de extrema

---

⁶ Cabe, asimismo, que ésa sea la fecha de una revisión del texto. Para el caso es lo mismo.

simplicidad, sólo en rara vez comentaré los textos, y entonces con brevedad.[7]

I. *Coplas, RABM,* IV, 530:

> Los desastres y desauenturas, talas, muertes, catiuerios, que los de Jahén de los moros avían recebido antes quel Condestable allí viniese de asiento, asaz es a todos notorio; y commo después que allí vino fuese ynformado que de aquella cibdad algunos catiuos en tierra de moros avía, los quales en toda desesperación y tales que para renegar nuestra santa fee estauan, los vnos por ser muy pobres y no tener ni alcançar rrehenes con que pudiesen salyr, y otros porque mayores contías de las que podían aver les eran demandadas, de conpasión y caridad piadosa mouido a tierra de moros entró a correr, y de las puertas de aquella villa de Illora que a quatro leguas es de Granada, cinquenta moros atados trayo, syn otros tantos o más que murieron, los quales con toda liberalidad por las mugeres, padres, parientes, fijos y ermanos de aquellos que catiuos estauan, cada vno segúnd era, mandó repartyr; de cuya caussa del catiuerio en que estauan fueron redemidos y en libertad rredusidos. ¡O caridad muy loada! ¡O magnífica liberalidad y franquesa! Desque miro al mérito destos dos actos no sé desir por cuál dellos es más de loar; sy por la caridad con que se mouió o por la liberalidad y franquesa de que vsó en esta parte.

Hechos, págs. 68-69:

> Y porque durante las treguas, segúnd dicho es, los moros avíen catiuado muchos vecinos de la dicha cibdad de Jahén, los quales estauan en toda desesperación de salyr e ser redemidos, así porque a los pobres les demandauan por

---

[7] Cito las *Coplas* por la edición del Marqués de Laurencín, *Revista de Archivos, Bibliotecas y Museos,* IV (1900), 529-35; los *Hechos* por la edición de Carriazo, y el *Reportorio* por la mía, que va en los apéndices, ya que la de Sitges está plagada de errores. Mis textos I y V fueron comparados por Inoria Pepe, en el artículo citado más arriba, aunque ella no dispuso de mi tercer punto de comparación, el *Reportorio de príncipes de España.*

sus rescates lo que no tenían, como a los ricos mucho mayores contías de las que podíen alcançar, el dicho señor Condestable, mouido por caridad e conpasión de los que así padescían el tal catiuerio, e por vsar de su acostunbrada virtud, a nueue días de setienbre deste dicho año, mandó a ciertos criados e seruidores suyos, fasta en número de cient caualleros, que fuesen a tierra de moros a traer alguna prenda por ellos. Los quales fueron a vna villa llamada Yllora, que es a quatro leguas de aquella muy populosa cibdad llamada Granada, y pospuesto todo temor, la corrieron fasta las puertas. Do plugo a Dios que troxieron treynta moros catiuos, e mataron bien otros veynte. Y así traydos, como el dicho señor Condestable oviese ynformación quién y quáles eran las personas que tenían sus maridos, o padres, o fijos, o hermanos, o otros parientes catiuos, de aquella cibdad de Jahén, y que más miserables eran, a cada vno de aquellos mandó dar su moro, con que podiese sacar su pariente. Y desta cabsa, muchos salieron a tierra de cristianos que no tenían esperança de salir, ni nunca salieran. Y, mal pecado, pudiera ser que alguno dellos, con desesperación de la mala vida, renegara la fe, como otros han fecho en tal caso como éste. No es de sofrir de pasar adelante sin alguna cosa decir. Mas ¿qué diré, o qué escreuiré de aqueste señor? ¡O caridad loada! ¡O magnífica liberalidad e franqueza, que deue ser conparada a la benignidad diuinal! Que si paramos mientes al mérito de sus actos, e a la magnificencia de su coraçón, no sabrá onbre decir por quál cosa es más de loar, si por la caridad con que se mouió, o por la liberalidad e franqueza de que vsó en esta parte. Por cierto, no se podrían recontar los loores del dicho señor Condestable en tantas guisas en quantas él vsaua de la su virtuosa condición y nobleza.

Reportorio, pág. 214:

Y desde allí fizo muchas cosas buenas en tierra de moros. Y luego entró a correr a Yllora, que es cinco leguas de la cibdad de Granada, y mató cinquenta moros y traxo otros tantos presos y cavtiuos, los quales rrepartió en la cibdad de Jahén por los parientes de muchos naturales della que estavan catiuos en tierra de moros, para los rredimir y sacar de cativerio en questavan.

Es enfadosa la diferencia de numerales (distancias, víctimas, tropas, etc.) que se nota aquí y en otros pasajes a cotejar. En algún caso quizá se deba a autocorrección: Escavias, mejor informado con el correr del tiempo, enmienda sus propias cifras. Pero debemos recordar además que de ninguna de las tres obras que cotejo se posee el manuscrito autógrafo, con lo que las diferencias en los guarismos bien se pueden atribuir a los diversos copistas.

II. *Coplas*, pág. 534:

Asy commo quando vna ves fue a escalar el castillo de Arenas, y porque aquí por furto no ovo lugar de tomarse, toda su gente mandó disponerse al conbate, el qual tan denodadamente se dio que en muy poco espacio de cinco puertas que la fortalesa tiene, vna en pos de otra las tres fueron quemadas y por encima del fuego entradas fasta llegar a otra puerta que muncho más alta que las otras estaua, de la otra parte las escalas poniendo con muy gran aquexamiento, que los moros sentían las almenas enteras sobrellos derribauan, en tal manera que de la priesa del conbate espantados munchas veses estouieron en acuerdos de darse o tenerse, pero al fin, asy porque sobrevino la noche, como porque para conbatir de artillería conuiniente no fue proueydo y avn porque avía sydo ynformado que la fortaleza no estaua tan proueyda de gente como después la falló, la cosa no vino al fin deseado.

Hechos, pág. 77:

Mandó tocar las tronpetas al conbate, el qual se començó así ferozmente, vnos por las puertas de la dicha fortaleza e otros con escalas por la otra parte, do es lo más agrio. Y tan braua y apresuradamente el conbate se dio, el dicho señor Condestable yncitando e acuciando la gente, que muy prestamente, de cinco puertas que la dicha fortaleza tenía, fueron quemadas las dos, la segunda dellas chapada.

Y así los principales criados de su casa como otros fidalgos de la dicha cibdad, conbatiendo, se lançaron por el fuego adelante; por manera que todo el calçado de los pies abrasaron, y después venían los dedos quemados de fuera. Así mesmo los otros, por la otra parte, en el escalar se dieron tanta priesa e padecieron tamaño peligro, a que los moros, espantados del conbate e de la priesa que ueyan, derribauan las almenas enteras sobrellos, y muchas veces parecía por señales estar en acuerdos si se defenderían o darían; pero, con todo, jamás la defensa cesaua. E así porque ya el sol se quería poner, como porque para aquello no avía mandado leuar artellería conuiniente, porque era ynformado que no estaua con tanto recabdo de gente y de guardas como después la falló, óvose de leuantar de sobre la dicha fortaleza.

Reportorio: No está.

III. *Coplas,* págs. 530-31:

Allende de la cibdad de Guadix, bien quatro leguas o más, está una sierra por los moros llamada el Cenet, al pie de la qual munchas y buenas aldeas bien rricas están, las quales en todas las guerras pasadas por estar metidas en el centro de su defensa, de todo asalimiento de enemigos estouieron seguras; y commo este señor de lo tal auisado fuese, non embargante que por algunos grandes capitanes que por mandado del Rey nuestro señor en aquella frontera estouiesen antes de aquesto fuese ensayado d'enprender este fecho.... Vn miércoles en la tarde por el mes de jullio de LXXII [errata por 1462], de vna ribera que Alhama se llama donde ese día avíen rreposado partió, y andando toda la noche a Guadix a la mano derecha dexando, al alua del día dio sobre vnos lugares que están al pie de la sierra ya dicha, llamados al vno la Calahorra y al otro Aldeyra, muy poblados de gentes y bien rricos de todas cosas por aventura más que otros lugares semejantes de todo el Reyno de Granada; los quales, no enbargante la dura rresistencia fecha por los enemigos por animoso conbate, luego fueron entrados por fuerça, donde syn los muertos que fueron asás, munchos moros y moras e ynumerables rriquesas de oro y de plata y de seda se sacaron; tanto que apenas la gente y fardaje era bastante de lo poder traer; y con todo ello y con munchos ganados la tierra toda quemando ese día de buelta por delante las puertas de Guadix pasó, donde tresientos caualleros de la casa de Granada con el Alatar estauan en guarda; y en tanto que toda la caualgada pasó, la gente de pie les fiso gran tala; y después de munchas escaramuças pasadas mouió sus batallas y esa noche vino a rreposar a la torre de Xeque, que es a vna legua pequeña de allý; y otro día continuó su camino fasta llegar a la cibdad de Jahén, de lo qual los moros se quebrantaron muncho, porque nunca jamás en ofensa suya ally llegaron christianos; y deste camino con el muncho trabajo y poco dormir de la gente y con los grandes soles y sed que pasaron, munchos por algunos días perdieron el sesso.

Hechos, págs. 79-82:

E otro día, miércoles, a ora de misas, llegó a vna ribera que se llama Alhama, do reposó, descansando e ordenando sus gentes en esta manera ... Y en esta ordenança partió del dicho lugar Alhama, el dicho día, vn poco después de ora de biésperas, e andouo toda la noche, fasta que subió encima de las dos grandes cibdades que llaman Baça e Guadix, a vnos lugares que son al pie de vna sierra llamada el Cenet, cinco leguas arriba; el nombre de los quales es el vno Aldeyra e el otro la Calahorra: muy poblados de gentes, e muy ricos de todas alhajas e joyas de oro e de plata, e de seda, e de lanas e linos, por aventura más que otros lugares semejantes de todo el reyno de Granada. Y la cabsa de su abundancia e riqueza era porque de todas las guerras pasadas fueron e estouieron sienpre seguros e guardados, porque allí nunca llegaron cristianos; como quiera que después quel dicho señor rey en estos sus reynos reynó e començó facer guerra a los moros, así su alteza como otros grandes capitanes que por su mandado en aquella frontera estouieron, deseauan correr aquellos lugares, y algunas veces dieron orden a ello, e lo pusieron por obra, mas tornáronse del camino dubdando e temiendo poderlo facer sin grande peligro, por estar mucho dentro en el centro de su defensa. Y por esta razón estauan de todo asalto descuydados, avnque aquella noche de las guardas los cristianos fueron sentidos e en toda la tierra se facían almenaras. Finalmente, el dicho señor Condestable, quando ya el alua se muestra, jueues por la mañana, dio sobre los dichos lugares, con vna grand bocería y estruendo de muchos atabales y tronpetas ... E no enbargante que los moros estauan barreados e casi apercebidos e alterados por las almenaras de la noche pasada, los dichos lugares fueron del todo entrados e robados y estruydos, e metidos a fuego y a sangre; do muchos moros y moras fueron muertos y presos, en tal manera que los moros fueron muy quebrantados. Y el robo y despojo de tantas e tan ricas joyas e alfajas que de allí se sacaron, sin las quemas e talas de paruas e huertas, avmentó e aprovechó tanto ... En todo lo qual el dicho señor Condestable se ovo así varonil e graciosamente, e con tanta liberalidad e franqueza, que mandó que cada vno oviese libremente lo que allí avía ganado. Lo qual era tanto, que apenas la gente e fardaje que ally estaua era bastante de lo poder traer ... Ya los dichos lugares entrados y robados, y puestos a fuego con todo lo que en los canpos estaua, que no parescía el cielo ni el ayre de las grandes quemas e fumos, el dicho señor Condestable mandó recoger su caualgada, de muchos moros e moras catiuos, e asaz ganados de diuersas maneras. Y poco más de mediodía mouió sus batallas e fardaje, en buena ordenança, e tomó la vía camino derecho de la cibdad de Guadix; do llegó dos oras antes quel sol se pusiese. E bien cerca de los muros de la dicha cibdad mandó poner sus batallas; do pasaron algunas escaramuças con los caualleros de la dicha cibdad de Guadix. Por capitán de los quales estaua el Alatar, vn buen cauallero de Loxa, que allí era venido por mandado del rey de Granada, a fin de guardar aquella cibdad e su tierra. Y en tanto que la caualgada y todo el fardaje pasó, los peones talaron muchos panes e huertas e viñas. Y es cierto que desque vieron tan grant caualgada de moros y moras e despojos e ganados pasar por delante las puertas de Guadix, e vieron las quemas e fumos, e supieron el gran estrago y destruyción quel dicho señor Condestable en aquellos lugares e en toda la tierra avía fecho, ovieron tanto dolor e cobraron tan gran desmayo qual nunca jamás recibieron. E así la caualgada e todo el fardaje pasado, mouió de allí en su ordenança, e vino a dormir e reposar esa noche a la torre de Xeque, legua e media de la dicha cibdad de Guadix. Y otro día, viernes, partió de allí e fue dormir al Sotogordo, que es cerca de los Picos de Guadiana. Y así de las grandes jornadas como por cabsa de la sed, que es tierra muy seca, e de la grant calentura del tienpo, ca era en la mayor fuerça de los canicolares, la gente padesció en este camino e viaje muy grandísimo afán e trabajo; y del poco dormir, muchas personas perdieron el seso y estouieron locos de todo punto por algunos días.

Reportorio, págs. 214-15:

Dende a poco bolvió ... a correr unos lugares que son allende de la cibdad de Guadix, al pie de vna sierra que es llamada Cecenet [sic], el vno de los quales dicen Aldeira y al otro la Calahora, muy poblados de gente y muy rricos de todas alajas y joyas de oro y de plata, y de seda, y de lana, más que otros lugares semejantes de todo el rreyno de Granada. La cavsa de su abundancia y rriqueza era porque todas las guerras pasadas sienpre estovieron seguros, porque allí nunca llegaron christianos, por estar tan metidos en el centro de su defensa. Y al alva del día dio sobre los dichos lugares y entrólos por fuerça, do murieron muchos moros, y otros muchos, con sus mugeres y fijos traxo presos, y los dichos lugares fueron de todo punto rrobados y puestos a sacomano, y apenas, avnque el fardaje era mucho, fue bastante de traer el despojo de allí. Y así aquel día pasó con toda la presa por delante las puertas de la cibdad de Guadix, do se talaron las viñas y panes, y pasaron algunas escaramuças, y bolvió con todo ello a la cibdad de Jahén. Y del trabaxo del camino y de los grandes soles, que era por julio, y del no dormir, perdieron muchos en esta jornada el seso por algunos días, que no tornaron en sí.

Estos tres pasajes bien pueden servir como arquetipos de la técnica narrativa de Pedro de Escavias. Si consideramos el texto de las *Coplas* como el término medio o neutral, entonces los *Hechos* ejemplifican a la perfección su técnica de la *amplificatio*, mientras que el *Reportorio* demuestra cumplidamente sus dotes de compendiador.

IV. *Coplas*, págs. 531-32:

A la vega de Granada boluió, y vna tarde de Alcalá la Real se partiendo toda la noche Xenil arriba andouo fasta que amaneció sobre vnos lugares que son en somo de aquella tan populosa y cauallerosa cibdad, que son llamados el vno Armilla y el otro Aruriena; y tan cerca de aquélla que las mugeres y niños se van a pie a librar sus negocios, casy por deporte, sin ninguna pena; de la otra parte tan ricos y ajaesados que es cosa marauillosa poderse creer; y muy poco antes de saliendo el sol dio sobre los dichos lugares, y como quiera que los abitadores dellos vigurosamente a la defensa se dispusieron, y junto con los christianos fasta quinientos caualleros moros en su socorro allegaron, syn otros asás caualleros e ynfinita gente de pie que a sus espaldas al rrebato venía, sin enbargo de aquello luego fueron entrados donde syn munchos que fueron puestos a cochillo, bien dosientos moros y moras y niños fueron catiuos y presos y los lugares rrobados de munchas joyas de oro y de plata y de seda, y puestos a fuego. Y por cierto los presos y muertos fueran más de dos mill sy la noche de antes de sus guardas sentidos no fueran, y dado fin a la entrada y despojo, assy por el clamor de las mugeres y niños que en tanto que sus maridos y padres muríen peleando escaparon fuyendo a la cidbad de Granada, commo por la nouedad y grauesa del fecho tanto cercano a la dicha cibdad, el alboroto y rebato fue tan grande aquí, sobreste señor cargó tanta gente, que solos los de pie que al canpo eran salidos syn los caualleros eran más de quarenta mill, y él con grande animosidad rrecogió toda su gente y en tal ordenança se puso a que los moros no se treuieron de le dar la batalla. Y asy commo vencedor triunfante, toda la tierra robando y quemando, con muy grande onrra a la cibdad de Jahén se boluió.

Hechos, págs. 87-88:

[Discurso del Condestable Miguel Lucas] "Bien sabeys que yo partí de Jahén para yr a quemar y robar vnos lugares que son en somo de la cibdad de Granada e muy cerca della, llamados el vno Armilla e el otro Aruriena. Y a este fin yo enbié llamar y rogar a estos caualleros que fuesen conmigo ..." Y al alua del día dio encima de los sobredichos lugares, los quales son muy gruesos e están avn no media legua de la cibdad de Granada, del cabo de arriba, contra la sierra. Tanto cerca, que las mugeres e niños dellos se van a pie a librar sus negocios e facenderas, casi por deporte, sin ninguna pena. De la otra parte tan ricos e jazeados de tantas joyas e alhajas, que es cosa marauillosa poderse decir. E como quier que los moros se pusieron en toda defensa, e junto con los cristianos llegaron fasta quinientos moros a cauallo, de Granada, en socorro, e fasta diez mill peones a sus espaldas, e fuera de la cibdad salieron más de otros cinquenta mill peones, con los otros caualleros que en ella avía, no les aprouechó, que luego fueron entrados e muertos e presos, y los lugares robados y puestos a fugeo. Do en la verdad fueron muertos e presos bien quinientos moros e moras e niños; e fueran más de dos mill si la noche de antes no fueran sentidos. Pues las joyas de oro, e de plata, e de seda, e de lana, e lienços, e otras muchas preseas de diuersas maneras e de muy grand valía que de los dichos lugares tomaron e sacaron, no es quien lo pudiese numerar ni conparar; tanto fue. E acabado de meter a sacomano los dichos lugares, e puestos a fuego con todo lo que dentro quedaua, el dicho señor Condestable, con asaz peligro y trabajo, por el grand gentío que de los moros sobrellos cargaua, así de cauallo como de pie, recogió toda su gente e púsose en buena ordenança, aviendo por cierto quel rey de Granada pelearía con él. Ca así por el clamor de las mugeres e niños que escaparon fuyendo a la cibdad de Granada, en tanto que sus maridos e padres muríen peleando por las calles de los dichos lugares, como por la nouedad e grauesa del fecho, tanto cercano a la dicha cibdad, el alboroço y rebato fue tan grande en ella, que de la vna parte cerraron y fornecieron las puertas, y de la otra todos los caualleros e grant parte de los peones de la dicha cibdad salieron al canpo.

Reportorio, pág. 215:

Dende a beynte días tornó a la bega de Granada con dos mill de a caballo y tres mill honbres de pie, y al quarto del alva dio sobre otros dos lugares, llamados al vno Armilla y el otro Acuriena [*sic*], que están en somo de la cibdad de Granada, y tan cerca della que las mugeres y niños se van a pie, casi por deporte, a librar sus negocios. Y sin enbargo de la dura rresistencia que en ellos falló, los lugares fueron entrados y rrobados, y muchos moros muertos, y otros, con las mugeres y fijos, cativos y presos, ca fasta los niños de teta acaeció sacar en cevaderas. E como quiera que por ser tan cerca de Granada salieron al rrebato fasta mill y quinientos de cavallo y muchos peones, el Condestable bolvió por la vega de Granada y a vista della, con toda la cavalgada, quemando y destruyendo quanto alcançar podía, sin que los moros osasen pelear con él. Y así salió por Alcalá la Rreal, y se bolvió a la cibdad de Jahén.

V. *Coplas*, págs. 532-33:

Cierto es que como quier que aquel día de la cibda de Granada salieron bien mill y quinientos caualleros y quarenta o cinquenta mill onbres de pie, segúnd dicho es, el Rey Cidiça no caualgó ni salió del Alhanbra; antes desde allí mirando commo toda la presa pasaua y las llamas y fumos de munchas alquerías y panes todo el ayre enfuscauan, doliéndose muncho sospiraua y gemía por queste señor con tan poca gente asy le quemaua y rrobaua la tierra, en especial los lugares ya dichos, do nunca christianos sse falla que ally ouiesen llegado ni cuando el señor rey Don

Juan de gloriosa memoria con tan grande exército de gentes, ni el rey Don Enrrique nuestro señor su fijo, sus reales en la vega asentaron. Y teniendo sus batallas en tanto que la caualgada mouía bien cerca de Alcáçar Xenil, por espacio de tres o quatro oras, pensando quel Rey de Granada saliese a le dar la batalla, vn cauallero moro que cerca dellos se llegó, preguntó qué cauallero o capitán era aquel que ally venía, y commo le fuese respondido quel Condestable de Castilla dixo: "Guala no yr de aquí sin prouar las coraças". Al qual el dicho señor rrespondió, que delante sus batallas estaua cauallero: "Ve a desir a tu Rey que salga a pelear conmigo, que yo le doy mi fe de le esperar aquí quatro horas o más. Y sy me troxieres certenidad dello yo te prometo de dar esta cadena de oro que al cuello traygo, que pesa cien doblas". Y commo el cauallero con esto se fuese, dende a poco boluió y dixo: "Andar, andar, caualleros, que el Rey de Granada, mi señor, no es a tienpo de daros batalla, y contentadvos de llegar do llegaste y averos salido con ello". Y assy con toda su presa se boluió a la cibdad de Jahén, do gloriosamente fue recebido.

Hechos, págs. 88-89:

Saluo el rey de Granada, que espantado de tan grande osadía, y temeroso que la cibdad no se leuantase contra él, estouo quedo y no osó salir del Alhanbra. E como llegaron donde el señor Condestable estaua, algunos dellos preguntaron qué cauallero, qué capitán era aquel que allí venía. E algunos cristianos le respondieron quel Condestable de Castilla. E luego dixieron que para su ley no yría de allí sin prouar las coraças. E como el señor Condestable lo sopo, apartóse delante sus batallas, e aseguró vn cauallero moro que se llegase a fablar cerca dél. E díxole que dixiese al rey de Granada que saliese a pelear con él, y que él le daua su fe de le esperar allí quatro o cinco oras. Y avn que si el dicho cauallero touiese manera cómo el dicho rey de Granada le saliese a dar la batalla, e le ficiese cierto della, que él le prometía de le dar luego allí vna cadena de oro que al

cuello traya, de muchas bueltas e de grand valor. Y el cauallero le dixo que le placía, e fuese. Y dende a poco boluió,
y dixo estas palabras: que se fuese en ora buena, que quien
allí avía osado llegar osaríe pelear con el rey de Granada,
y quel rey su señor no estaua en tienpo de pelear con él al
presente. E así el dicho señor Condestable, como vencedor
trihunfante, mouió su paso.

Reportorio: No está.

En estos dos últimos ejemplos (IV y V) Pedro de Escavias
invierte la forma de renovar la técnica narrativa. En el ejemplo IV,
el discurso indirecto (*Coplas*) se personaliza en discurso directo
en boca del Condestable (*Hechos*). En el ejemplo V, el diálogo vivaz
y directo de las *Coplas* adquiere la objetividad del discurso indirecto
en los *Hechos*. Debemos recordar que los discursos formaban parte
de la mejor tradición historiográfica occidental, mientras que los
diálogos apenas si tenían cabida en ella. De allí los ajustes de técnica narrativa que representan los *Hechos* (y el *Reportorio*) frente
a las *Coplas*.

VI. *Coplas*: No está.

Hechos, págs. 83-84:

Onde cómo la nueua de la destruyción e grandes males e
daños quel dicho señor Condestable fizo en tierra de moros,
segúnd dicho es, llegase a la cibdad de Granada, todo el
común de la dicha cibdad se alborotó e leuantó contra su
rey Cidi-Çaha, diciendo que no tenían ellos rey sino para
los despechar y robar, mas no para los defender y anparar
de los cristianos, que les corrían e robauan e quemauan la
tierra, e les matauan e leuauan sus parientes catiuos. Y
demás desto, que avían pechado las parias que avían de dar
al rey de Castilla y se las avía tomado e comido, e no las
avía pagado; por cabsa de lo qual los cristianos les facían
por todas partes la guerra, y la tierra de los moros de cada
día se despoblaua y perdía. Y como el rey de Granada, visto
el mouimiento grande del pueblo contra él leuantado, de
aquestas palabras terreció e ovo grant miedo, respondióles

así: "Amigos, yo no soy rey de Granada, saluo el alcayde Mofarrás, que es alguacil mayor, e los Abencerrajes. Estos son reyes de Granada, y éstos han tomado e comido las doblas que pechastes para las parias, que a mí no dieron lugar que las pudiese pagar al rey de Castilla; ni me dexaron llegar a ellas, ni me quieren ayudar a defender la tierra". Estonces los moros le dixieron: "Pues tú ¿para qué eres rey? Si esos caualleros toman las parias, e las gastan, e quieren mandar más que tú, y son cabsa de tan grandes males y daños como los moros reciben, ¿por qué no los degüellas?" A lo que el rey respondió: "Si vosotros me days fauor para ello, así lo faré". Y como dellos fuese certificado que le darían toda ayuda y fauor, por obuiar el grant peligro en que estaua e por contentar e sosegar el común de aquella tan populosa cibdad, quando oportunidad ovo para ello, so color de tener consejo, enbió por el alcayde Mofarrás, su alguacil mayor, e por Cidi Yuçaf Abencerraje, dos caualleros los más poderosos del reyno de Granada. E como entraron en el Alhanbra, do el rey estaua ya proueydo de gente secreta, luego los mandó degollar. E avn así ficieran a otros, saluo porquel ynfante su fijo rogara por ellos. Y como la nueua sonase por la cibdad de Granada, luego Mahomad Abencerraje, e Aly Abencerraje, e el Valencí, y el Cabçaní, e el Alatar, e otros caualleros asaz, que eran casi todo el cabdal de la casa de Granada, partieron de allí con asaz caualleros, e fuéronse a Málaga. Y como desde allí se quisiesen más apoderar y esforçar contra el rey de Granada, enbiaron por todos sus valedores e amigos que en el reyno tenían, que se viniesen juntar con ellos. Entre los quales vinieron, por grant debdo e amistad que con ellos tenían, todos los caualleros e peones de Gibraltar.... Acaeció que a aquella sazón los cristianos de aquella frontera, entrando a correr a tierra de moros, tomaron lengua e fueron certificados e supieron cómo Gibraltar quedaua sola e sin gente. Caualgaron e fueron allá, e luego conbatieron la villa e la entraron. E los moros retrayéronse al castillo, do no mucho tardaron en mouer pleytesía; en esta manera: quel duque de Medina viniese, y que a él se darían e no a otro ninguno, con tal que les pusiese los cuerpos en saluo. El qual luego vino, y le entregaron la fortaleza, y enbiólos en saluo. Y desta manera se ganó Gibraltar.

Reportorio, págs. 215-16:

Por estos daños y males y por otros muchos que del Condestable rrezibían, que se dexan descreuir, el común de Granada se levantó contra su Rrey Adiça, diziendo que no tenían ellos rrey sino para los despachar [sic por *despechar*], mas no para los defender y anparar de los christianos, que cada día los destruyan y corrían la tierra, y que avían pechado las parias que avían de dar al Rrey de Castilla, y se las avían tomado y comido y no gelas avían pagado, por lo qual les fazían guerra. Y rrespondió que él no era rrey de Granada, salvo el alcalde Monfarrás, alguacil mayor, y los Abencerrajes, que éstos avían tomado las parias que pecharon y no le dieron lugar que las pagase el Rrey de Castilla. Los moros le rrespondieron que fiziese justicia dellos que ellos lo ayudarían, y si no que buscarían rrey que los defendiese. El rrey Adiça desque vido tienpo dispuesto para ello, enbió a llamar al alcalde Monfarrás, su alguacil mayor, y a Adi [¿Cidi?] Yuçaf, abencerraje, que eran los más principales, para tener consejo con ellos. Y como entraron en el Alanbra mandólos degollar. Sabida la nueva desto en Granada, luego Mahomad y Alí, abencerrajes, y el Valencí, y el Cabçaní, y el Alatar, y otros cavalleros principales de la casa de Granada fuyeron y fuéronse a Málaga, y temiendo que el Rey yría sobre ellos enbiaron a llamar a todos sus amigos y valedores, entre los quales vinieron y les acudieron los cavalleros y peones de Gibraltar. Y acaeció que a la sazón, entrando ciertos cavalleros cristianos de aquella frontera a correr a tierra de moros, tomaron lengua y supieron cómo Gibraltar quedava desanparado de gente, que todos los caballeros y peones eran ydos a Málaga. Fiziéronlo saber a la cibdad de Jerez y a los otros lugares comarcanos de aquella frontera, asimismo a Don Juan de Guzmán, Duque de Medinasidonia, Conde de Niebla. Y luego los más cercanos fueron allá, en especial un cavallero que se llamaua Gonzalo de Avila, Maestresala del Rrey, que era Corregidor de Gerez, con la gente della y otras gentes. Entraron por fuerça en la villa y conbatieron el castillo. Los moros questavan en la fortaleça, viéndose muy aquejados, dixeron que no se querían dar, salvo al Duque, y en esto llegó con su gente, y diéronsele sobre cierta pleytesía. Y desta manera se ganó Gibraltar, ques maravilloso puerto de mar para guarda de los rreynos de Castilla, y para pasar allende.

La crónica particular (*Hechos*) acepta el diálogo con mayor facilidad que la crónica general (*Reportorio*), donde desentonaría del todo; de allí el cambio que va de un texto al otro. Además, esta contraposición entre crónica particular y crónica general también se refleja en los datos acerca de la toma de Gibraltar: escasos en aquélla, centrada en Jaén y el Condestable Miguel Lucas; abundantes en ésta, que narra el reinado de Enrique IV. Para los *Hechos* la toma de Gibraltar es algo periférico; para la crónica de Enrique IV es un acontecimiento central.

VII. *Coplas*, pág. 533:

Commo la fama de sus fechos deste señor por munchas partes s'estendiese, y a los que onor y gloria desean casy vna virtuosa enbidia los yncitase y mouiese, de algunos caualleros de grande estado de aquella frontera seyendo asaz y muncho rogado que de su conpañía le quisiese plaser, avn no bien vn mes del todo pasado con tres mill de cauallo y quatro mill onbres de pie a la vega de Granada boluió. Y en ella la meytad de la gente de cauallo con toda la mayor parte del peonaje para faser rrostro a los moros dexando, con mill y quinientos caualleros a vnos lugares que arriba de Granada a la parte de Almuñuécar son contra la mar, fasta el Padul y más adelante corrió, conuiene a saber: la Malaha y Balterca, y Legueles, y Alconcha, y Cosbixa, y otros que al presente sus nonbres me son ynotos. Los quales por fuerça con mano armada entrados y rrobados fueron, y ellos con toda la tierra puestos a fuego, de donde con muy gran presa de moros y moras, ynfinitas joyas y preseas bien rricas, y con munchos ganados de diuersas

maneras a vn lugar que bien junto con la cibdad de Granada
está, llamado Alhendín, esa noche vino asentar su real. Y
otro día siguiente por espacio de tres o quatro oras, bien
cerca de sus oliuares y huertas sus batallas teniendo, talando y quemando todo lo que alcançar se podía, declinando
ya el día, commo no fallase batalla, después de munchas
escaramuças, con toda la presa se boluió, la qual con mano
muy liberal por todas sus gentes mandó repartir.

Hechos, págs. 90-93:
Como la fama destas cosas por muchas partes se tendiese
y bolase, y a los que onor y gloria desean casi vna virtuosa
enbidia les yncitase e mouiese, el muy magnífico e por estonces virtuoso señor don Pedro Girón, maestre de la cauallería de la Orden de Calatraua ... Y el señor Condestable
fue adelante con la otra gente, a correr e quemar e robar
vnos lugares que son a la parte de Almuñuécar, facia la
mar. E como el día a más andar se venía, corrió a rienda
suelta tres leguas grandes fasta que llegó a vn lugar que
dicen La Malahá. E como ya los moros estauan apercebidos,
anparáronse en vna fuerte torre que ende tenían, pero el
lugar luego fue entrado y robado e quemado. Y luego pasó
adelante fasta el Padul, el qual así mesmo fue entrado e
robado e quemado e talado, e con él otros lugares, conuiene
saber: Baltorca, e Legueles, e Alcochán, e Cosbixa, allá
en somo de Granada, bien cinco o seys leguas. Los quales
e otros fueron del todo quemados e robados, e toda la tierra
corrida e estragada, do muchos moros e moras fueron presos e muertos, e muchos ganados mayores e menores recogidos e traydos de toda la tierra. Y esto así fecho, el dicho
señor Condestable recogió su gente, e boluióse esa noche
con toda su caualgada a cerca de la dicha cibdad de Granada, a vn lugar que se llama Alhendín; do falló al dicho
señor maestre, que lo recibió con grande alegría. El qual
muy yndustriosamente e con grant prudencia estouo todo
aquel día talando la vega y escaramuçando con los moros,
ca no osauan atender la pelea, e allí asentaron real, y
estouieron aquella noche. Otro día, jueues por la mañana,
después de aver dado ceuada, mandaron tocar las tronpetas,

e en la ordenança quel día de antes vinieron, el señor Condestable tomó el avanguarda e mouió su batalla contra la cibdad de Granada, muy junto con Alcáçar Xenil, e así el señor maestre e las otras batallas a sus espaldas, en buena ordenança. Y ende estouieron grant pieça del día, talando y quemando quanto delante de sí fallaron; esperando si el rey Ysmael que nueuamente avían tomado por rey, saldría a pelear con ellos.

Reportorio: No está.

En el paso de las *Coplas* a los *Hechos* nos hallamos ante un caso típico de ampliación del foco histórico, para dar entrada al torrente de detalles acumulados en la memoria. Dentro de esta intención general es curiosa, y muy significativa, la prominencia que los *Hechos* dan a Don Pedro Girón, Maestre de Calatrava, archienemigo de Escavias y de Miguel Lucas, ya difunto, "e por estonces virtuoso", como se añade, con subido retintín.

VIII. *Coplas*, pág. 534:

Asy mesmo otra ves ciertos christianos que en la villa de Montefrío estauan, que serían de número treynta, mediante un alhaquí [8] que trataron con él de le dar el castillo con vna puerta de la villa. Y estando con su gente en lugar encubierto y cercano, esperando ciertas señales que se avían de faser para les socorrer, vn mochacho christiano que con los christianos catiuos en la masmorra estaua, con poco seso a vn moro señor suyo lo reueló. Y como lo tal sabido fue por los moros los christianos catiuos fueron cruelmente açotados fasta tanto que por tormento ovieron de manifestar la verdad, y asy no ovo efecto aquel trato.

Hechos, págs. 103-08:

Y como en común de otros leuaron algunos a la villa de Montefrío, e así destos como de los que en ella avía estauan bien treynta catiuos christianos, los quales cada noche

---

[8] *Alhaquí* es un disparatado error de copia; *alfaqueque* tiene que ser, como se lee en los *Hechos*.

dormían en vna masmorra que está muy cerca del castillo de la dicha villa de Montefrío, y de día sacáuanlos ... Y esto pensado por los dichos catiuos, fabláronlo con vn alhaqueque cristiano, diciéndole que si ouiese algún cauallero que por seruicio de Dios quisiese tomar aquel enpresa, e acorrellos con docientos o trescientos rocines, que teníen confiança que se podría tomar aquella villa e castillo, de que tanto se siruirían Dios y el rey nuestro señor ... E paresce ser que por nuestros pecados, o porque no era llegada la ora, no plugo a Dios que se ficiese por estonces, lo qual se estoruó en esta manera. Como los cristianos teníen acordado entre sí de se leuantar e tomar el dicho castillo el dicho día viernes en toda mañana, el jueves en la noche de antes desferráronse todos en la masmorra; e como amaneció, confesáronse vnos con otros, e diéronse paz. Y estando para salir e tomar el castillo, acaeció que vn moro llegó encima de la masmorra e llamó vn moço catiuo suyo cristiano, de hedad de onze o doce años, que estaua con los otros, que lo avíe menester. E quando salió, los otros cristianos, por ser moço e de poco esfuerço, recelándose dél, rogáronle mucho que no dixiese nada a los moros. E luego como salió, con poco seso o con miedo, dixo a su señor cómo los cristianos estaban todos desferrados en la masmorra, e que se avían abraçado e besado, e que ese día avían de dar el alcaçaba a los cristianos. E como los moros esto supieron, acorrieron luego al castillo e a las puertas de la villa, e pusieron en ello recabdo; e luego fueron a la masmorra, e llamaron los cristianos que subiesen por el escala, llamándoles perros traydores. E como los cristianos sintieron que eran descubiertos, no osauan salir. E los moros echáronles muchas mañas de lino e manchos de esparto, ardiendo, fasta que los ficieron salir. E después de salidos, açotáronlos muy cruelmente, fasta tanto que les ficieron confesar todo el trato que con el señor Condestable teníen.

Reportorio: No está.

La amplificación de los *Hechos* es desmesurada, para una expedición que terminó en tal fracaso. Hasta entran en juego, y con mención destacada, personajes que ni siquiera aparecen en las *Coplas,* como un tal Juan de Aranda, de Alcalá la Real. Quizás este hilo ayude a desenredar el ovillo, porque Juan Sánchez de Aranda, de Alcalá la Real, era cuñado de Pedro de Escavias, como que había casado con su hermana Guiomar Rodríguez de Escavias (*vide supra,* pág. 33).

IX. *Coplas,* pág. 534:

Iten otra ves a trato de vn tornadiso que en el castillo de Moclín estaua, fue con muy buena gente, y estando vna noche para echar las escalas, vn mastín que nueuamente por caso aquella noche pusieron en el propio lugar por do se avía de furtar, muy afincadamente ladró, por manera quel alcayde y los que con él estauan presumieron el fecho y socorriendo muy presto a lo más peligroso los escaladores no ovieron lugar.

Hechos, págs. 145-46:

Dende a bien poco, vn cauallero moro que primero avía seydo cristiano ... fabló con él [Miguel Lucas de Iranzo], e díxole como él avía estado en el castillo de Moclín mucho tiempo, biuiendo con el Cabçaní, y que sabía por do se podía escalar ... E a vna ora de la noche partió, e los que leuauan cargo de escalar el dicho castillo llegaron al pie dos oras después de la media noche. E llegando para poner las escalas, fueron sentidos por vn mastín que estaua entrel muro e la baruacana. El qual de antes, segúnd aquel cauallero decía, no solía estar allí; mas paresce ser después quél se vino a tierra de cristianos, sospecharon algo de aquello que podía facer, e proueyéronse de más guardas. E los que avían de escalar, desque vieron quel perro ladraua en ellos e las velas recodían, porque los moros no los sintiesen ni fuesen del ardid avisados, boluiéronse al dicho señor Condestable.

Reportorio: No está.

X. *Coplas*: No está.

Hechos, pág. 151:

Y con este consejo o acuerdo, el dicho señor rey, otro día partió de Almodóuar para Córdoua. Y dende entró a tierra de moros; y a la salida fue para Seuilla, y estouo allí la Pascua de Nauidad.

Reportorio, pág. 217:

Y con este trato el Rrey Don Enrrique pasó al Andaluzía, y fué a la cibdad de Córdova, y entró a tierra de moros, y a la salida fue a la cibdad de Sevilla, y estovo en ella algunos días.

A partir de estos textos nos hallamos con acontecimientos del año 1463 en adelante, y las *Coplas* sólo llegan a principios de ese año. Por lo tanto, los términos de comparación se reducen a dos: los *Hechos* y el *Reportorio*. La tesitura, sin embargo, permanece la misma.

XI. *Coplas*: No está.

Hechos, pág. 267:

E miércoles seys días de junio deste dicho año, se ayuntaron en la cibdad de Avila, e con muy ynormes e orribles actos ficieron vn cadahalso fuera de la cibdad, e ficieron vna estatua a semejança del rey nuestro señor.

Reportorio, pág. 220:

Miércoles seis días de Junio año de MCCCCLXV años fizieron un cadalso de madera bien alto fuera de la cibdad, y pusieron encima dél en vna silla vna estatua de madera a semejança del Rrey Don Enrrique.

XII. *Coplas*: No está.

Hechos, págs. 313-14:

Y el dicho señor Condestable ... partió de Jahén con fasta ochocientos de cauallo e tres mill onbres de pie. Y esa noche fue a dormir a la torre Gil de Olid, que es a vna legua de la dicha cibdad de Baeça. Y ese mismo día, por carta y mandado suyo, partieron de la cibdad de Andújar don frey Juan de Valençuela, prior de Sant Juan, e ciertos capitanes de la guarda del rey nuestro señor, que con él pocos días avía que avían llegado a la dicha cibdad; que serían fasta quatrocientos de cauallo. E así mismo partió Pedro de Escauias, alcayde de la dicha cibdad, con otros docientos de cauallo e mill e quinientos peones, vallesteros y lanceros. Todos los quales fueron a dormir esa noche al río Guadalhimar, cerca de Cazlona, que es a dos leguas de la dicha cibdad de Baeça. E otro día, sábado por la mañana, el señor Condestable partió de la dicha torre Gil de Olid; e el dicho prior de Sant Juan e los otros caualleros e peones de su estança, do avían esa noche dormido. E los vnos e los otros tomaron la vía de Baeça, y, sus batallas ordenadas, juntamente llegaron a la cuesta de la dicha cibdad de Baeça. E por vnas viñas subieron a lo alto de los arrauales. Y como quiera que en el canpo estauan muchos caualleros e escuderos e peones de la dicha cibdad para les resistir, luego fueron retraydos; e peleando con ellos, entraron por fuerça los arrauales de la dicha cibdad de Baeça.

Reportorio, págs. 222-23.

El Condestable Don Miguel Lucas partió de la cibdad de Jahén con ochocientos de a cavallo y tres mill peones, y fue [a] asentar esa noche a la Torre Gil de Olid. Y de la cibdad de Andújar partió ese mismo día don frey Juan de Valençuela, Prior de San Juan, y ciertos capitanes de la guarda del rrey Don Enrrique, que a la sazón avían aportado allí, y el alcayde y alcalde mayor de la dicha cibdad con la gente della, que serían todos quinientas lanças y setecientos honbres de pie. Y fueron esa noche a rreposar [a] Cazlona, y otro día por la mañana ajuntáronse todos con el Condestable en la cuesta de Baeça, questava por el rrey Don Alfonso, y más por el maestre de Santiago Don Juan Pacheco. Y él yva so fiuzia de trato que tenía con algunas personas questavan en el alcáçar de la dicha cibdad de Baeça, que le avían de dar entrada en ella, y a ora de comer entraron los arrabales por fuerça.

XIII. *Coplas*: No está.

Hechos, págs. 317-18:

Y el señor prior de Sant Juan, con los caualleros y capitanes de la guarda del rey nuestro señor, y el alcayde Pedro de Escauias con la gente de Andújar, partieron de la dicha cibdad de Jahén, con fasta quinientos de cauallo e ochocientos de peones; que toda la otra gente della se quedó en la dicha cibdad de Jahén e della se avía ydo por otras partes. E fueron la vía de Andújar, camino de Villanueua, vna aldea suya. Y como Don Alonso, señor de Aguilar, e Don Fadrique Manrrique, que venían del socorro de la dicha cibdad de Baeça, estavan en la Figuera, que es cerca de Andújar, e tenían por todos los cerros muchas atalayas, salieron cerca del dicho lugar Villanueua al camino, con más de mill e docientos de cauallo e mill e quinientos peones. Y como la gente que venía con el dicho prior de Sant Juan e con los otros capitanes venía mucho cansada e muerta de sed del camino, e con el grande sol que facía, mucha della, en especial los peones, se metieron en el dicho lugar de Villanueua a beuer agua. Pero como los enemigos venían y estauan ya mucho cerca, sin esperar a sacar del dicho lugar toda la gente, el dicho señor prior y los otros caualleros, así de la guarda como de Andújar, con alguna parte de la gente de pie, se mouieron a pelear contra ellos. Y entraron en la delantera de la batalla el dicho Pedro de Escauias, con la gente de la dicha cibdad de Andújar, e Rodrigo de Montoya, vno de los capitanes de la guarda del rey nuestro señor, que leuauan el avanguarda, juntos en vna batalla. E començóse la pelea por tal manera, quel dicho don Fadrique fue desbaratado e preso. Pero como Don Alonso envistió por otra parte e los enemigos sobrauan mucho de gente, socorrió al dicho Don Fadrique e delibrólo. Y de la vna parte y de la otra algunos peones y caualleros començaron a dexar el canpo, y murieron asaz de vn cabo y de otro.

Reportorio, pág. 223.

Otro día el Prior y los capitanes y la gente de Andúxar partieron de allí para bolverse [a] Andújar, con quinientas lanças y seiscientos honbres de pie. Y cerca de Villanueua salieron al camino a ellos Don Alfonso, Señor de la casa de Aguilar, con ochocientas lanças, y Don Fadrique Manrrique, que tenía en cargo a Arjona, y Porcuna, y las otras villas y lugares del maestrazgo de Calatrava, con otra batalla de cuatrocientas lanças y ochocientos peones. Y como llegaron cerca vnos de otros la batalla del Prior de San Juan y de la gente de Andújar envistieron luego en la vatalla de Don Fadrique Manrrique, y desbaratáronla, y él fue derribado y ferido y preso, y dado y entregado a vn escudero que bivía en Andújar, que se llamava Fernando de Pidrola, el qual lo libró y se fue con él [a] Arjona. Y Don Alonso enbistió y firió por el costado, y como entró de rrefresco y con más gente, y la otra derramada y alguna siguiendo el alcance sobre los de gente [*sic*], y morieron de vn cabo y de otro asaz honbres y cavallos.

La más puntualizada versión de la liberación de Don Fadrique Manrique es probable que se deba a una ampliación, en el transcurso del tiempo, del conocimiento histórico.

XIV. *Coplas*: No está.

Hechos, págs. 362-63:

Y estando en la villa de Cuéllar, ordenando de los yr a cercar, Pedro Arias de Avila, fijo de Diego Arias, su contador mayor, y el Obispo de Segouia, su hermano, a quien su alteza avía fecho de no nada e puestos en grandes estados ... Y desta cabsa, dende a poco se ovo de entregar el alcáçar de la dicha cibdad, de que el dicho señor rey don Enrrique e su partido quedó muy quebrantado e caydo.

Reportorio, pág. 225:

Dende a pocos días el Maestre de Santiago Don Juan Pacheco, trató con un cavallero que dezían Pedro Arias, criado y contador mayor del rey Don Enrrique, a quien avía hecho de baxo estado casado doscientas lanças [*sic*] ... Esta pérdida de la cibdad de Segouia dio muy gran quiebra en los fechos del rrey Don Enrrique.

XV: *Coplas*: No está.

Hechos, pág. 364:

Y como después non le touiesen ni guardasen cosa ninguna de lo que con él avían asentado, de pura nescesidad y entendiendo que no tenía otro partido ni remedio ninguno, fuese a Béjar a se poner en las manos del dicho conde de Plasencia.

Reportorio, pág. 226:

Pero en todo le engañavan, y desque el Rey vido que tardavan partió de allí y fuese a Madrid, y allí tornaron a los tratos y asentaron que el Rrey se confiase y fuese a poner en manos de Don Alvaro de Stúñiga, Conde de Placencia.

Estos largos y tediosos cotejos han sido imprescindibles, y, además, son concluyentes, a mi parecer. Pedro de Escavias es el autor de las *Coplas*, los *Hechos* y el *Reportorio*. Suponer que, dada la anonimia con que nos han llegado los *Hechos del Condestable Don Miguel Lucas de Iranzo*, éstos fueron escritos por autor distinto al de las otras dos obras, es abrir la puerta a un juego de coincidencias tan extraordinario que la Filología se tiene que rendir ante el cálculo de probabilidades. La identidad verbal entre tantos pasajes de las tres obras ya sería en sí poderosísima prueba, pero el hecho de que esa identidad a veces se dé entre los *Hechos* y las *Coplas*, a veces entre los *Hechos* y el *Reportorio*, y a veces entre las tres obras, constituye una evidencia irrefutable. El pensamiento histórico de Pedro de Escavias sigue, de principio a fin, el cauce labrado por su propia obra. Y podemos agregar que hasta por su propia vida, dado el número de acontecimientos narrados en los que sabemos que él fue partícipe. Claro está que hay un trazo zigzagueante, al que se amolda la materia histórica, ya sea por amplificación, reducción o paráfrasis, y que corre de texto a texto, impulsado por la diversa intención que cuajó en cada obra; unos loores lírico-narrativos (las *Coplas*), una crónica particular (los *Hechos*), una historia de España (el *Reportorio*).

Todo esto pone en evidencia el hecho, bastante engorroso, de que en ocasiones hay diferencias numéricas entre las cifras de soldados, o víctimas, o distancias, que dan los tres textos. No creo que esto pueda debilitar en absoluto la conclusiva evidencia del prolongado careo a que he sometido esos mismos textos, porque debe tenerse en cuenta que no nos hallamos ante manuscritos originales, sino copias, siempre susceptibles a errores. Y también es dable pensar en un cambio de apreciación del factor numérico por parte del historiador, hecho al que la experiencia contemporánea nos debería tener muy acostumbrados. Por último, siempre cabe imaginar que, en ocasiones, la divergencia de los datos se debe a diferentes estadios en el conocimiento histórico.

Conclusión insoslayable: Pedro de Escavias es el autor de los *Hechos del Condestable Don Miguel Lucas de Iranzo*, así como de las *Coplas* y del *Reportorio de príncipes*.[9]

---

[9] La más reciente opinión de Juan de Mata Carriazo acerca de la autoría de los *Hechos* es como sigue: "La precisa y pintoresca relación de los *Hechos del condestable Miguel Lucas de Iranzo*, escrita, a lo que entiendo, por su amigo Pedro de Escabias, alcaide de Andújar", *Historia de la guerra de Granada*, en *Historia de España*, dirigida por R. Menéndez Pidal, XVII, 1 (Madrid, 1969), 420. Sin la menor vacilación Townsend Miller acepta la atribución a Escavias. *Henry IV of Castille* (Nueva York, 1972), págs. 277 y 293.

IV

SEMBLANZA DE PEDRO DE ESCAVIAS

He terminado mi largo cometido, que no ha sido otro que sacar a Pedro de Escavias del limbo al que lo había condenado la historia literaria. Soy el primero en admitir que los resultados han sido dispares, razón de más para reunirlos en haz ahora.

Debido al largo arraigo de su familia en Andújar, y también a méritos propios, Pedro de Escavias convirtió a esa ciudad en una especie de feudo personal, que él gobernaba a través de su doble cargo de alcaide y alcalde mayor, y a través de su parentela, convertida en el bando dominante. El doble cargo que ostentaba es simbólico de las dos facetas de la personalidad de Escavias, y que podemos resumir en los términos del tópico clásico de las armas y las letras.

Las letras le venían a Escavias por tradición familiar, ya que su bisabuelo (primer antepasado suyo de quien tenemos noticias concretas) fue escribano de la cámara real de Alfonso XI, y notario público de latín y romance. Esta tradición familiar fue reforzada, en el caso de Pedro de Escavias, por su educación en la corte de Juan II de Castilla. Para los humanistas del siglo XV la corte es la cifra y suma de los valores históricos, culturales y lingüísticos del país.[1] Y estos son los valores que, evidentemente, su crianza cortesana inculca en Escavias. Él emprenderá dos grandes obras

---

[1] Son ideas que expresa con toda claridad Gonzalo García de Santa María en el prólogo a su traducción de las *Vitae patrum*, intitulada *Las vidas de los santos religiosos* (Zaragoza, s. a., 1486-1491), vid. E. Asensio, "La lengua compañera del imperio", *Revista de Filología Española*, XLIII (1960), 399-413, en especial 403-04.

históricas, una de las cuales (los *Hechos*) será espejo de la cultura provinciana, mientras que la otra (el *Reportorio*) lo será de la cultura nacional. Y todo esto lo hace en su lengua vernácula, al contrario de lo que hace su contemporáneo catalán Joan Margarit i Pau, el Gerundense, que en latín escribió su *Paralipomenon Hispaniae*. Asimismo como fruto de su crianza cortesana debemos considerar a su poesía. Toda la temática en boga la hallaremos allí: poesía amorosa en su doble tonalidad de trovadoresca y popular (la serranilla), poesía política, poesía moral, todo esto revuelto a veces con alardes de erudición clásica y presentado en ocasiones bajo el velo de las infaltables alegorías. Hasta en el aspecto formal de su poesía se puede ver la impronta cortesana, puesto que la métrica de sus composiciones va desde lo culto a lo popular, desde la copla de arte mayor al romance.

Hasta aquí todo es fiel reflejo de su formación cortesana, muy propia de quien se crió como paje de Juan II. Pero Escavias, más reflexivo que sus congéneres, se dedicó con mayor cuidado y tesón a la labor histórica que a la producción poética. Otro factor diferencial a considerar entre Pedro de Escavias y los demás cortesanos a la moda, es su calidad de letrado, que adivinamos a través de su título de alcalde mayor de Andújar. No sé si habrá hecho estudios especiales de leyes para obtener tal alcaldía, pero en aquella época no era necesario, pues bastaba la larga práctica para ser considerado como jurisperito. Este último extremo lo ilustra cumplidamente la vida, mucho mejor conocida, de su contemporáneo y enemigo Gómez Manrique, con sus múltiples actuaciones en el cabildo de Toledo.[2] Al hacerse Escavias "hombre de haldas", como diría Juan de Valdés, no escapa a la tradición familiar, sino que la confirma, al revivir la condición de letrado de su bisabuelo, Juan González de Priego de Escavias el Viejo. Como buen banderizo, Pedro de Escavias habrá convertido el culto a su linaje en sustento de su vida, y de esta manera la tradición familiar se impone con fuerza de ley.

Pero ni las letras, ni las leyes, ni las haldas, embotaron las armas de Pedro de Escavias. Alcaide de Andújar es el título con

---

[2] *Vid.*, por ejemplo, la noticia biográfica que antepuso Antonio Paz y Melia a su edición del *Cancionero* de Gómez Manrique, I (Madrid, 1885), vii-xxxix.

que se le conoce siempre, o sea doblemente guerrero, en los enconados bandos andaluces y en la multisecular guerra de la frontera. En ambas capacidades se destaca Escavias como caudillo de suma eficacia, lo que le lleva a capitanear el bando de su linaje y a convertirse en el brazo derecho del Condestable de Castilla, Don Miguel Lucas de Iranzo. Por toda la frontera de Jaén, y hasta tierras de Córdoba, se extienden sus actividades bélicas. La espada y la pluma llenan el ámbito vital de Pedro de Escavias.

Hemos desembocado, otra vez, en el tópico literario de las armas y las letras, salvo que vitalizado, encarnado, aquí, en toda una vida. En aquellos siglos en que se ventila el debate acerca de la prioridad de armas o letras, el caso no es raro, al contrario.[3] En vida del propio Escavias bastará con citar al rey Juan II de Castilla, a su valido Don Álvaro de Luna, a Fernán Pérez de Guzmán, a los Manrique, tío y sobrino, en fin, a Mosén Diego de Valera, para no alargar más la lista. Yo creo que si se coloca el tópico en el meollo de la vida de Escavias, ésta se comprenderá mucho mejor, al mismo tiempo que la vitalización del tópico ampliará el radio de su efectividad. A ello voy.[4]

El humanismo revalora las letras y al hombre que las cultiva, y con ello abre una grieta en la estratificación social que caracteriza al Medioevo. El lugar privilegiado del guerrero, o sea la nobleza se ve impugnado por los que intentan dar un valor social a las letras. La polémica que se entabla entre armas y letras replantea en un nuevo terreno sociológico la oposición clásica entre *fortitudo* y *sapientia*, o la de los siglos medios acerca del caballero y el clérigo.[5] Pero en la Castilla del siglo XV los mismos valores que

---

[3] Una lista en que se mezclan antiguos y modernos trae Don Luis Zapata en su *Miscelánea, Memorial Histórico Español*, XI (Madrid, 1859), 139-42. Las simpatías de Zapata se vuelcan decididamente por las letras, lo que no es ajeno a su erasmismo, como demuestra F. Márquez Villanueva, *Don Luis Zapata, o el sentido de una fuente cervantina* (Badajoz, 1966), págs. 23-24. Para el enfoque renacentista del debate, vid. A Castro, *El pensamiento de Cervantes* (Madrid, 1925), págs. 213-19.

[4] Para enfocar el tema desde el punto de vista más ventajoso, me ha resultado muy útil el trabajo de Peter Russell, "Arms *versus* Letters: Towards a Definition of Spanish Fifteenth-Century Humanism", *Aspects of the Renaissance. A Symposium*, ed. A. R. Lewis (Austin-Londres, 1967), págs. 47-58.

[5] Se trata, en esencia, de una dualidad fundamental en el espíritu del hombre, y que podemos cifrar en la antinomia activismo-quietismo. Pro-

empujan en la Italia contemporánea las letras hacia el cenit social, no son operantes. En el fiel de la balanza castellana las armas pesan más que las letras, como ha demostrado Peter Russell, y la explicación de todo esto no es ociosa si deseamos adelantar en el conocimiento del hombre Pedro de Escavias y de la sociedad que le produjo.

La presencia multisecular del Islam había erigido a la guerra en una forma de vida, y como esta guerra era santa los valores bélicos se habían convertido en primordiales. Siglos más tarde, el Padre Feijoo recordará, con el dolor del intelectual: "Todos tomaban la espada, y ninguno la pluma". Esta primacía tradicional de los valores bélicos se ve reforzada, una vez entrado el siglo XV, por la rápida aceptación de los ideales caballerescos del tardío Medioevo, que desde Borgoña se desbordan por toda la Europa occidental. Vidas castellanas como las del Conde Don Pero Niño, celebrada en el *Victorial* de Gutierre Díez de Games, de Suero de Quiñones, el del Paso Honroso, o de Mosén Diego de Valera, son vivo ejemplo de esta conjunción de "zonas axiológicas", que dirían los neokantianos, de armas y letras. Los valores tradicionales (las armas) se orlan con el prestigio de los ideales vigentes (la nueva caballería).[6] La vida de Mosén Diego de Valera, en particular,

---

yectada hacia otro cuadrante, la misma dualidad se expresará en la oposición *otium-negotium*, o bien campo-ciudad, o aldea-corte, en términos de Fray Antonio de Guevara. La diferencia principal en esta última serie de oposiciones es la fuerte carga ética que se inyecta ahora en los conceptos en juego. Claro está que la realidad de las cosas no siempre se ajusta del todo a los esquemas mentales con que nos ayudamos en la investigación. Así, por ejemplo, la oposición medieval clérigo-caballero está imbricada sobre la concepción tripartita de la caballería que Sidney Painter, *French Chivalry* (Baltimore, 1940), ha demostrado como actuante en el Medioevo: la caballería militar, la caballería clerical y la caballería de las damas. El tópico literario de la oposición clérigo-caballero se pone siempre en boca de damas (tal como ocurre en el poema leonés de *Elena y María* en el siglo XIII), con lo que alrededor de este *topos*, que a su vez renueva la antinomia clásica de *fortitudo* y *sapientia*, se teje una tupida red de interrelaciones que toca en los tres vértices de la sociología del mundo caballeresco. El *topos* se ha abierto a la vida en forma que no siempre la historia literaria calibra con justeza. Ejemplos hispánicos de la interpretación de Painter de la caballería medieval se pueden ver en O. H. Green, *Spain and the Western Tradition*, I (Madison, 1963), 10-15.

[6] Sobre los ideales borgoñones es de indispensable consulta la obra clásica de J. Huizinga, que citaré en inglés por ser la versión que tengo a mano, *The Waning of the Middle Ages* (Londres, 1948). Acerca de la penetración

guerrero y cronista, nos aproxima otra vez a la de Pedro de Escavias, que conviene no perder de vista en estos ajustes exegéticos imprescindibles. Y el recuerdo de la vida y de la muerte del joven Conde de Mayorga, cantado en verso por Escavias en su mocedad (*vide supra*, págs. 34-38), nos demuestra la propincuidad en que estaban esas "zonas axiológicas" del vivir cotidiano de mi protagonista.

Las armas en la Castilla del siglo XV gozan, pues, de una justificada plusvalía, inhallable, por ejemplo, en la Italia del *Quattrocento*. A esto hay que aunar otro fenómeno típicamente hispánico, y que es un cierto menosprecio por las tareas intelectuales en general, aunque en lo particular siempre hubo excepciones. Américo Castro ha escrito elocuentemente acerca de los motivos históricos para tal menosprecio,[7] y aunque últimamente se ha exagerado bastante (o sea, desenfocado en esa misma medida), tanto por parte de los defensores de su tesis como por parte de sus impugnadores, el esquema general de la cuestión ha quedado en claro y a salvo. El menosprecio por las tareas intelectuales tiene larga historia y está asociado a la ya vista supremacía de los valores bélicos; pero en el siglo XV esa minusvalía que se adjudica a la vida intelectual se ahínca al verse respaldada por el odio de clases. Por motivos históricos que serían muy largos de exponer, la nueva clase social de los conversos ha acaparado mucho de la cultura, y los cristianos viejos se desquitan desvalorando a esa misma cultura.

Pero el hecho es que en Castilla no se dejó de escribir. Para explicar el caso particular de Pedro de Escavias (y cualquier otra cosa sería embarcarme en una historia literaria del período), debo iniciar otro breve rodeo. Al socaire de la corte borgoñona se formaliza la identidad entre fama y caballería, que se esparcirá por los cuatro costados de Europa e inspirará los últimos ideales de la moribunda caballería.[8] Los hechos de los caballeros perdurarán en

---

de esos mismos ideales en España debe leerse a C. Clavería, "*Le Chevalier Délibéré*" *de Olivier de la Marche y sus versiones españolas del siglo XVI* (Zaragoza, 1950).

[7] A partir de *España en su historia* (Buenos Aires, 1948), en las sucesivas reediciones, refundiciones y traducciones de ella, y en multitud de artículos y ensayos, algunos de los cuales ha reunido en libro.

[8] *Vid.* R. L. Kilgour, *The Decline of Chivalry as Shown in the French Literature of the Late Middle Ages* (Cambridge, Mass., 1937), en especial págs. 226-96.

la fama; pero para ilustrar el concepto de perfecto caballero, y establecer así modelos a seguir, se debían escribir las vidas de tales varones. Esta es, precisamente, la justificación que da Gutierre Díez de Games de su *Victorial*, y esto explica que el alférez de Don Pero Niño escriba la vida de este personaje privado, pero que fue uno de los más esforzados paladines de su tiempo. Asimismo, de la lectura de la *Crónica de Don Álvaro de Luna* la figura del Condestable surge como encarnación del ideal caballeresco, y con ello el autor justifica haber puesto su "ruda mano" al papel. [9] Al impulso de las mismas ideas Pedro de Escavias se lanza a escribir los *Hechos del Condestable Don Miguel Lucas de Iranzo,* como antes lo había hecho con la glosa en prosa a las *Coplas,* y análogo afán de ejemplaridad anima las páginas de su *Reportorio.* O sea que toda la obra en prosa de Pedro de Escavias se justifica y arraiga en lo que era el núcleo central de los ideales caballerescos de la baja Edad Media. Nos hallamos ante una paradoja vital que cunde en el siglo XV: el hombre de armas que se entrega a las letras para mejor exaltar las armas. Gutierre Díez de Games, Gonzalo Chacón, presunto autor de la *Crónica de Don Alvaro de Luna,* y Mosén Diego de Valera son los ejemplos más parecidos a Escavias que se me vienen a los puntos de la pluma.

Esa paradoja echa sus raíces en la estructura del mundo medieval, o mejor dicho, en el concepto que el hombre medieval tiene de su mundo. La interpretación vigente era la de un mundo rígidamente estratificado, con lo inanimado en las capas inferiores, lo animado en las medias y lo espiritual en las superiores, hasta llegar a Dios. Cada ser de la creación se podía concebir, de esta manera, como un eslabón en una inmensa cadena —lo que Alexander Pope llamó *the chain of being* en su *Essay on Man,* y que Arthur O. Lovejoy consagró en el título de su obra ya clásica *The Great Chain of Being*—, con un puesto inmutable y preasignado por el plan divino. En el microcosmos del hombre, la sociedad reproducía este designio divino, con cada clase rígidamente estratificada, con cada oficio convertido en inamovible eslabón en la cadena humana que iba del siervo al rey. Se entiende así que la categorización social

---

[9] Edición de J. de M. Carriazo (Madrid, 1940), pág. 5. Sobre la idea de la fama en el *Victorial* y en la *Crónica de Don Álvaro de Luna,* vid. M. R. Lida de Malkiel, *La idea de la Fama en la Edad Media castellana* (México, 1952), págs. 232-51.

es parte del diseño de Dios, y, en consecuencia, el letrado no puede ser caballero, y las armas vivirán en sempiterna oposición con las letras.[10]

Pero en Italia ya estaban en juego las fuerzas que contribuirían a superar la oposición categórica entre armas y letras. El humanismo forja un nuevo tipo humano, el del *cortegiano*, que al resumir en sí esos opuestos, los armoniza, o sea que al vitalizar el tópico literario, éste queda superado. Pero esto ya no ocurre en vida de Pedro de Escavias. Para España, la hora del nuevo tipo humano que resuelve la dualidad la da el reinado de Carlos V, y su dechado será Garcilaso.[11] Pero, como ha demostrado Ernst Robert Curtius, los tópicos literarios suelen tener una vigencia extraordinaria, y éste de las armas y las letras no es excepción alguna, y ahí está el discurso de Don Quijote para demostrarlo. Y todavía algún ingenio, al plantear la oposición en el campo académico, hallaría que el problema era insoluble. Así le ocurre al Inca Garcilaso de la Vega, sin ocurrírsele que en su misma vida de capitán-humanista se resolvían los opuestos.[12]

La vida de Pedro de Escavias se halla a mitad de camino de esta trayectoria conceptual y vital. La categorización social absoluta que rige en la Edad Media, y de la que es fruto la oposición caballero-letrado, se ve minada por nuevas fuerzas, muy en particular la incipiente burguesía, con la que se identifican los conversos, y que allí mismo, en Jaén, recibe la amplia protección de Miguel Lucas de Iranzo.[13] Pero el concepto que el hombre tiene de las

---

[10] Como todo concepto de hondo arraigo en el Medioevo, este de la concatenación de lo creado penetra hasta bien entrada la Edad Moderna, como demuestran plenamente E. M. W. Tillyard, *The Elizabethan World Picture* (Nueva York, 1944), y C. S. Lewis, *The Discarded Image. An Introduction to Medieval and Renaissance Literature* (Cambridge, 1964).

[11] Para la consagración del nuevo tipo humano en España, *vid.* J. A. Maravall, *El humanismo de las armas en el "Quijote"* (Madrid, 1948); para su evolución, *vid.* B. Blanco-González, *Del cortesano al discreto. Examen de una "decadencia"*, I (Madrid, 1962). En ninguna de las dos obras, sin embargo, se plantea la cuestión en el terreno en que lo hago yo en el texto, y que no deja de tener su fertilidad.

[12] *Vid. Comentarios reales de los Incas*, libro VII, cap. VIII, en *Bib. Aut. Esp.*, CXXXIII, 255b-56a.

[13] Es tema que apenas si cabe mencionar, pero se obtiene una idea de las dimensiones del hecho al recordar que Miguel Lucas de Iranzo aumentó el número de caballeros en Jaén de 150 a 1.200 (*Hechos*, págs. 66-68). Es ésta una verdadera revolución social de la que la única clase que puede

formas tradicionales de vida muere con la misma dificultad que los tópicos literarios. Por ello, en esa Castilla del siglo XV en que la oposición armas y letras se resuelve vitalmente a cada paso (el Marqués de Santillana, Fernán Pérez de Guzmán, los Manrique, etc.), el debate intelectual acerca de su posición categórica mantiene plena vigencia. Y de esta manera Pedro de Escavias (como tantos otros) llega a las letras por el culto de las armas. Toda su obra en prosa es un monumento a la caballería. El alcaide Pedro de Escavias se hace historiador para perpetuar la fama de los buenos y proveer al mundo caballeresco de modelos de conducta.[14] Sólo en las postrimerías de la vida de Escavias empezaba a alborear el momento en que a través de un humanismo laico se llegaría a la concepción del nuevo tipo humano del *cortegiano*, en el que las armas y las letras se justifican y se apoyan mutuamente.

El hecho de que Pedro de Escavias llegue a las letras por un acendrado sentimiento caballeresco, es de capital importancia para la recta comprensión de su personalidad. Obsérvese que dos de sus tres obras en prosa (las *Coplas* y los *Hechos*) son un verdadero himno a la lealtad, y esto es de una evidencia palpable casi, o como dice Juan de Mata Carriazo: "La lealtad es la norma suprema y como la pauta sobre la que está escrita toda la crónica de Miguel Lucas" (*Hechos*, pág. xxvii). También debe recordarse que *lealtad* es un nombre que no se le cae de la pluma al rey Enrique IV al escribir a su "alcaide amigo Pedro de Escavias", al punto que el Rey piensa retribuir esa lealtad con el condado de La Higuera. Lealtad resuena en el breve texto de esa carta que el Condestable Miguel Lucas de Iranzo dirigió a Escavias, y que copié más arriba (*vide supra*, págs. 46-47). Es por lealtad que nuestro alcaide niega la fortaleza de Andújar a su propio rey (*vide supra*, págs. 75-84), en circunstancias en que demuestra poseer esa virtud en su grado más alto y puro, pues su lealtad va hacia el concepto de monarca y no hacia el hombre.

---

haber salido beneficiada es la nueva burguesía. Ch. V. Aubrun, "La chronique de Miguel Lucas de Iranzo", *Bulletin Hispanique*, XLIV (1942), 83, también menciona el hecho.

[14] En su raíz ésta es la viejísima justificación ética de la Historia, de la que ya dije bastante en la introducción a mi libro *El Inca Garcilaso en sus Comentarios* (Madrid, 1964).

Es evidente, hasta la saciedad, que la vida y la obra de Pedro de Escavias se apuntalan sobre el concepto de lealtad, y es no menos evidente que tal virtud es una de las cardinales de la caballería. Por eso es que se puede decir que Escavias infunde en su obra lo mejor de su vida, mientras que se esfuerza porque su vida refleje la virtud sin la cual no puede haber caballería —y sin la cual es impensable su obra—. Los ideales caballerescos de la baja Edad Media ilustran al parigual la vida y la obra de Pedro de Escavias, lo que constituye el dato más elocuente que poseemos acerca de su integridad y hombría de bien.

Cuando en el siglo XVII Don Francisco Pinel y Monroy escribió la vida de Don Andrés de Cabrera, primer Marqués de Moya, confidente de Enrique IV en sus últimos años, y más tarde de los Reyes Católicos, se preocupó por hacer resaltar el hecho de que el valor excepcional que Cabrera representó para el rey Enrique en las postrimerías de su reinado fue su lealtad.[15] Bien cierto es, y no pretendo rebajar los méritos del primer Marqués de Moya. Pero también es cierto que Pedro de Escavias fue un vasallo de acrisolada lealtad, reconocida por el propio Enrique IV, quien trató de recompensarla con un condado, lo que no se pudo hacer porque para este rey querer pocas veces fue poder. Recordemos, de pasada, que el marquesado de Moya fue creación de los Reyes Católicos. ¡Qué lástima que Pedro de Escavias no tuvo, hasta hoy día, su Pinel y Monroy! Pero si bien no se ha escrito un *retrato del buen vasallo* basado en su vida, basta leer su obra para tener ese retrato de cuerpo entero.

Para muchos nobles y magnates de la corte de Enrique IV la traición llegó a constituirse en una forma de vida. Pedro de Escavias, en cambio, se encontró con que su vida había adoptado la forma de la lealtad. Al compararle con tantas vidas mercenarias y venales de su época, bien se pueden poner en boca de Escavias aquellos sonoros versos de romance del Duque de Rivas:

> Llevándole de ventaja
> que nunca jamás marchó
> la traición mi noble sangre.

---

[15] *Retrato del buen vasallo, copiado de la vida y hechos de Don Andrés de Cabrera* (Madrid, 1677), págs. 69-70.

He llegado al último recodo del camino, buen momento para tender la vista hacia atrás para apreciar lo andado. No entonaré, sin embargo, los casi obligados ditirambos de la obra de mi autor, con los que se suelen cerrar trabajos de este tipo. Y eso que tengo conciencia de que de hoy en adelante la obra de Pedro de Escavias merece lugar no mezquino en la historia literaria de su siglo. Pero tengo conciencia aún más plena de que los valores humanos del alcaide de Andújar fueron superiores a sus valores literarios. Esto no es regatearle elogios, sino al contrario, pues yo lo considero el más claro justiprecio de su obra y de su circunstancia. Al pensar en la lealtad intachable de este nunca cantado escritor y guerrero castellano, no puedo por menos que decir:

¡Dios, qué buen vasallo! ¡Si oviesse buen señore!

APÉNDICES

APÉNDICE I

ÁRBOLES GENEALÓGICOS DE LOS ESCAVIAS

Reproduzco fielmente los dos árboles genealógicos de la familia del cronista que se hallan en la riquísima colección formada por Don Luis de Salazar y Castro, custodiada en la biblioteca de la Real Academia de la Historia. Los comentarios a estas genealogías y la ilustración de algunos de estos personajes los hallará el lector a lo largo del capítulo II de esta obra.

Colección Salazar D-26 (signatura moderna 9/301)

folio 265v

TABLA GENEALÓGICA DE LOS ESCABIAS DE ANDÚJAR

Juan González de Priego de Escabias, Señor de Aldeiuela, criado del Rey D. Alonso; era descendiente de la Casa de Priego y traía las armas de Carrillo.

Alonso González de Priego de Escabias casó con Blanca Núñez.

Juan González de Priego de Escabias, Capitán de la gente de Andújar. Año 1442. Argote, lib. 2, Cap. 244.

Guiomar Rodríguez de Escabias casó en Alcalá la Real con Juan Sánchez de Aranda.

Leonor Rodríguez de Escabias.

...de Escabias

Pedro de Escabias, alcaide y capitán de Andújar, casó con Teresa de Contreras, nombrada en la historia del Condestable D. Miguel Lucas.

...Lucas

...Lucas Lucas Lucas

El Condestable D. Miguel Lucas de Nieva.

Francisco de Escabias, Alcalde Mayor de Andújar. Año 1470.

D.ª Leonor de Escabias casó con el tesorero Fernán Lucas de Nieva, primo hermano del Condestable y quando casada ya el Alcaide Pedro de Escabias tenía hijos y nietos, como lo dice la historia del Condestable.

Pedro Lucas de Escabias casó con D.ª Isabel de Carbajal y Mendoza.

Luis de Escabias Carbajal casó con D.ª Beatriz Flores.

- Juan de Escabias Carbajal, rexidor de Baeza, con D.ª Isabel de Guzmán y Quesada, hija de Juan de Quesada y D.ª B. Salvago, señores de Niches.
  - Ruy Díaz de Carbajal casó en Cordoua con D.ª Mariana Manrique Manuel...
  - D. Gonzalo Flores Carbajal, arcediano de Castro en la... de Cordoua.
  - D.ª Inez de Carbajal con D. Hernando de Quesada..., hermano de su cuñada.

- D. Diego cc. D.ª Mencía de Mendoza y Carbajal, hija de D. Cristóbal de Carbajal y de D.ª Ana de Maldonado, su 1.ª mujer.
  - D.ª Isabel, Carmelita descalza.

- D. Luis de Carbajal c. en Osuna c. D.ª Baltasara de Valderrama sin s.

- D. Rodrigo de Carbajal c. c. D.ª Mencía de Navarrete s. s.

- D. Gonzalo 24 de Baeza y Capitán de la compañía de los ballesteros, c. D.ª Isabel Muñoz s. s.

- D. Alonso de Carbajal y Escabias c. D.ª Isabel de Molina, hija de Ruy Díaz Cordoua, rexidor de Ubeda, y de doña Francisca de Valencia.
  - D. Juan de Carbajal y Escabias es casado con D.ª ... de los Ríos, hija de D. Alonso de los Ríos y de D.ª Ana de los Ríos, señores condes de Fernán Núñez.
  - D. Diego de Carbajal, Canónigo y Maestrescuela de Sevilla.

- D.ª Beatriz c. c. don Diego de Rojas.

- D.ª Leonor c. Baltasar de Navarrete de la Cueva, rexidor de Baeza.

- D.ª Gerónima de Carbajal c. c. D. Gerónimo Maza s. s.

Colección Salazar D-27 (signatura moderna 9/302)

folio 1v

OTRA TABLA GENEALÓGICA DE LOS ESCAVIAS

Pedro Lucas de Escavias casó con D.ª Isabel de Carauajal y Mendoza, hija de Juan de Mendoza Carauajal y de D.ª Ana de Navarra, su segunda mujer (Haro, t. 1.º, p. 995).

Luis de Escauias Carauajal c. c. D.ª Beatriz Flores

Juan de Escauias Carauajal c. c. D.ª Isabel de Guzmán y Quesada, hermana de su cuñado, hijos de Juan de Quesada, señor del Castillo de Niches, y D.ª Beatriz Saluago y Bocanegra. Vivieron y fueron nl. de Baeza.

D.ª Inés de Carauajal casó con D. Gerónimo de Quesada y Guzmán 4 señor de Niches.

D. Luis

D. Diego

D. Gonzalo de Carauajal.

D. Rodrigo.

D. Alonso de Carauajal y Escauias, nl. de Baeza, casó con D.ª Isabel de Molina, natural de Ubeda, hija de Ruy Díaz de Molina y Córdoua y D.ª Francisca de Valencia, natural de Ubeda.

D. Juan de Carauajal y Escabias, señor del heredamiento de Ruy Sánchez, casó con D.ª ... de los Ríos, hija de D. Alonso y D.ª Ana de los Ríos, señores segundos condes de Fernán Núñez.

D. Diego de Carauajal y Escauias, Maestrescuela de Sevilla y Inquisidor del Tribunal de allí [lo demás es ilegible].

Apéndice II

DOCUMENTOS ACERCA DE PEDRO DE ESCAVIAS

Publico aquí los cuarenta y un documentos hallados por mí en la ya mencionada colección de Don Luis de Salazar y Castro, y sobre los cuales se ha estructurado gran parte de este libro. Las cartas están todas contenidas en el tomo D-64 (signatura moderna 9/337), folios 198 a 207; lo único que no se contiene en ese volumen son las treguas y convenios entre los bandos de Andújar (o sea, mis documentos 35, 36, 38 y 40), que figuran en el tomo K-37 (signatura moderna 9/662), folios 126-32. En ninguno de los dos tomos llevan los documentos un orden particular; por lo tanto, yo los he reunido en un solo cuerpo y los he enfilado en orden cronológico. La numeración de los documentos que he usado a lo largo de todo este libro es, en consecuencia, mía.

En el capítulo II de este libro comenté con mayor o menor extensión cada uno de estos documentos. Pero ciertas ilustraciones históricas a esos textos me parecieron poco pertinentes para dicho capítulo, por eso las he dejado para esta ocasión. Mi fin ha sido iluminar un poco más el ámbito vital de Pedro de Escavias, y decir algo sobre aquellas personas que he podido identificar y con quien él tuvo lazos de amistad u odio. Espero multiplicar así nuestras perspectivas sobre el mundo de Escavias, lo que debería de redundar en una mejor comprensión del mismo.

Los documentos que van incluidos en el tomo D-64 llevan este prefacio general, que no deja de tener interés: "Este es un traslado bien y fielmente sacado de unas cartas missibas que los señores reyes de Castilla Don Juan el Segundo, Don Enrrique Quarto, Don Fernando el Católico escribieron al alcayde Pedro de Escabias, y assimismo de otra que escribió el Condeestable de Castilla a la ciudad de Andújar, y otra quescribió el Infante Don Fernando a Juan de Quero de la Vega, de los quales dichos Pedro de Escabias y Juan de Quero de la Vega es decendiente Don Alonso de Quero Escabias, cavallero de la Orden de San Juan y Comendador de Almazán, que escribió ante mí el pressente escribano las dichas cartas originales, cuyo tenor de las quales, vna em pos de otra, es como se sigue".

Este Don Alonso de Quero Escavias, descendiente de nuestro protagonista, ingresó en la Orden de San Juan de Jerusalén el 3 de julio de 1594, y fue Comisario de Sanidad el 12 de agosto de 1612. Otro descendiente de nuestro cronista, Don Pedro de Quero Escavias, natural de Andújar, ingresó en la misma Orden el 10 de octubre de 1630. Varios miembros más de la familia Quero ingresaron en la Orden de San Juan para las mismas fechas.[1] Los Quero también tenían antiguo arraigo en Jaén, por lo menos desde mediados del siglo XV.[2]

Documento 1:

"Pedro de Escauias: sobre algunas cossas tocantes a mi serbicio y tocantes a la toma que yo mando facer de esa villa de Andújar de la mi corona real, yo ymbío allá a Diego de Arroyo, mi vasallo. Yo vos mando, si servicio me deseáredes facer, le deis fe y crédito de todas las cossas que de mi parte en esto ... vos dirá tocantes a lo sussodicho, y en ellas fagades y cumplades y pongades en ejecución por quanto lo es mui cumplidero a mi servicio. De la mi villa de Mayorga, a treinta días de junio del año de quarenta y seis. Yo el Rrey. Por mandado del Rey: Relator".

Este Relator fue Fernán Díaz de Toledo, famoso secretario de Juan II, personaje de simpática memoria como defensor de los conversos, sus hermanos de raza, y de quien dijo Don Diego Ortiz de

---

[1] *Vid.* Alfonso Pardo y Manuel de Villena, Marqués de Rafal, y Fernando Suárez de Tangil y de Angulo, *Índice de pruebas de los caballeros que han vestido el hábito de San Juan de Jerusalén* (Madrid, 1911), páginas 117-18.

[2] En 1456 Pedro de Quero era racionero de la iglesia de San Llorente en Jaén, *vid.* A. González Palencia, "Nuevos datos biográficos de Don Gonzalo de Zúñiga, Obispo de Jaén", *Boletín de la Biblioteca Menéndez Pelayo,* XI (1929), 38; además, *vide infra,* pág. 162.

Zúñiga que fue "sabio y desinteresado ... [y] esclarecido varón". En otra oportunidad he recogido bastantes datos sobre Fernán Díaz de Toledo.³

Documento 2:

"Pedro de Escauias, mi alcayde: Por quanto yo mandé estar en essa mi ciudad a Pedro de Cuéllar, mi corregidor, vos mando que si fuere a algunos rebatos y otras partes fuera de esa dicha mi ciudad, vos juntedes y conformedes con la justicia que él dejare en esa dicha mi ciudad, porque en todo se guarde lo que cumpla a mi seruicio, y assimismo vos conformad con el dicho Pedro de Cuéllar y consultad con él todas las cossas que entendiésedes ser cunplideras a mi servicio, porque en todo se guarde el pro y bien de esa dicha mi ciudad. Dada en la mi Ciudad Real, a veinte y seis de abril. Yo el Príncipe. Alvar García".

Alonso de Palencia se despacha a gusto contra el secretario real Alvar García. Dice así: "Cierto Alvar García de Villarreal [o Ciudad Real], hombre ignorante, necio, de oscuro origen y bajas inclinaciones, y a quien por esto mismo [Enrique IV] nombró su secretario apenas subió al trono, cual si el cargo y su ejercicio correspondiesen de derecho a persona imperita, oscura y de costumbres relajadas" (*Crónica de Enrique IV*, I, 167). En cuanto a Pedro de Cuéllar, todavía era corregidor de Jaén en 1456.⁴

Documento 3:

"Pedro de Escauias: Vi vuestra letra y yo creo bien como vos decides sigún vuestra discreción y lealtad que trabajades para pacificar esa ciudad y escusar los movimientos della, y yo sería ya partido para essa tierra, salbo porque me e sentido en estado de calenturas, de las quales, por la gracia de Dios, estoy mejor. En tanto que sea bien combalecido me partiré para procurar en las cosas de essa tierra. En tanto yo vos mando que miredes mucho por la guarda y defensión dessa ciudad para mi servicio y para la mi corona real de mis rreynos, como de vos confío, y non dedes

---

³ *Vid.* mi trabajo "Los herejes de Durango", *Homenaje a Rodríguez-Moñino*, I (Madrid, 1966), 43-44.
⁴ Mosén Diego de Valera, *Memorial de diversas hazañas*, ed. cit., página 38, quien lo califica de "hombre hijodalgo y buen cauallero".

lugar que ningún cauallero ni persona poderossa nin otras gentes estrañas entren en ella fasta que yo vaya, en lo qual mucho placer y servicio me fareis. De Segovia, a quatro días de avril de sessenta y dos. Yo el Rey. Por mandado del Rey, Joan de Oviedo."

Esta estancia en Segovia falta en el *Itinerario* de Torres Fontes (pág. 129), quien coloca a Enrique IV el 31 de marzo en Madrid y el 6 de abril en Alcalá de Henares. Por lo demás, el prometido viaje a Andalucía no se llegó a efectuar. Sobre el odiado Juan de Oviedo, *vide supra*, págs. 98 y 102.

Documento 4:

"Alcaide Pedro de Escauias, mi leal vasallo y amigo: La carta que me ynviastis con Juan de Valenzuela, vuestro sobrino, reciví. Decides que los vezinos de esa ciudad están alterados porque les an fecho sauer que yo la quiero enajenar de la mi corona real, la qual ynformación no es verdadera, y así les direys de mi parte que no tienen para qué tolerallo tal, porque mi voluntad siempre a sido y será que esa dicha mi ciudad siempre esté y permanezca mía en la mi corona real de mis reynos. Dios sea en vuestra guarda. De Segovia, a dos de enero año de sessenta y tres. Yo el Rey. Por mandado del Rey, Garzi Méndez de Vadajoz."

Este Garci Méndez de Badajoz suena más en las crónicas de la época como capitán que como secretario real. Evidentemente era tan audaz como cruel. El testimonio de Alonso de Palencia acerca de este capitán-secretario es muy interesante, aunque, como siempre, hay que tomarlo *cum mica salis*: "Garci Méndez de Badajoz, perverso partidario de D. Enrique y astuto emprendedor de robos y correrías tan destructoras que sin temor a nadie se entregaba al despojo de los caminantes y a la opresión de los labradores, llegando en su audacia hasta apoderarse de Villavaquerín, aldea fuerte y bien asegurada" (*Crónica de Enrique IV*, II, 122). Tuvo una dolorosa y extrañísima muerte, que Alonso de Palencia narra con evidente fruición (*ibidem*, II, 127-30).[5] Me pregunto si en los durísimos jui-

---

[5] La muerte de Garci Méndez de Badajoz es un verdadero cuadro de costumbres, tan bárbaro como imprescindible para apreciar el temple de la época de Pedro de Escavias. El valor sintomático de la anécdota es tan subido que no la quiero omitir. Cuenta Alonso de Palencia que Garci Méndez de Badajoz capitaneaba una cuadrilla de criminales en la comarca burgalesa, y un día que entró en la ciudad fue preso por la Santa Herman-

cios de Alonso de Palencia, secretario de cartas latinas del rey Enrique IV, acerca de otros secretarios reales, tales como Garci Méndez de Badajoz y Alvar García de Villarreal, no entrarían en juego los celos profesionales.

En cuanto a Juan de Valenzuela, sobrino de Pedro de Escavias, hay que distinguirle de Don Juan de Valenzuela, Prior de San Juan, de quien hablaré en las ilustraciones al documento 7. En los *Hechos del Condestable Don Miguel Lucas de Iranzo* el sobrino de Escavias aparece siempre a la vera de su tío, como una suerte de lugarteniente (*vid.* págs. 323, 330, 336, 400). Yo ya he mencionado el auxilio que dio Pedro de Escavias a su sobrino en el asalto de las aceñas de Casanueva, que pertenecían a Valenzuela, y que se las había tomado el Marqués de Villena (*vide supra*, págs. 52-53).

Documento 5:

"Pedro de Escabias: Vi vuestra letra, y en mucho servizio vos tengo la guarda y rrecaudo que en esa ciudad y fortaleça avedes puesto y poneis. En quanto a lo que decides que vos es dicho que entre el Maestre de Calatrava y el Marqués, su hermano, están conzertados conmigo, y de su llegada cerca de esa dicha ciudad, yo vos embié a mandar la manera que tengades. La verdad es que algunas fablas y acatos por parte suya y del dicho Marqués me son movidas cerca de su assiento en mi seruicio, pero fasta aquí no se a tomado en ello conclussión. Por ende, yo vos ruego y mando todavía fagades poner y pongades en essa ciudad y fortaleza muy grande guarda y rrecaudo, porque fasta aquí lo avedes fecho, que

---

dad, pero intervinieron en su favor Don Luis de Acuña, Obispo de Burgos, y el alcaide de la fortaleza: "Ya el pueblo confuso comenzaba a arrepentirse de lo hecho, y muchos para no ser vistos de los que acudían buscaban donde esconderse, cuando observándolo cierto García Nieto, infatigable perseguidor de los facinerosos a quien éstos [o sea la cuadrilla de Garci Méndez de Badajoz] habían cogido en una emboscada y cortádole los dedos de ambas manos, exclamó: 'Miserables ciudadanos, ¿no os atreveis a dar muerte a ese verdugo ahí agarrotado que si escapa de nuestro poder destruirá nuestra ciudad y os hará sufrir toda suerte de tormentos?' Dicho esto, apoyó contra el pecho con sus manos mutiladas el mango del puñal que no podían estrechar; dirigió la punta sobre el estómago del delincuente atado, y empujando con su cuerpo, le atravesó las entrañas. Ejecutada esta notable hazaña, se mezcló entre la multitud atónita, y marchó a buscar más seguro asilo" (*Crónica de Enrique IV*, II, 129). Esto ocurrió en Burgos, en marzo de 1468.

presto, placiendo a Dios, vos enviaré a mandar lo que fagades. De Segovia, a catorze días de febrero, año de sessenta y siete [sic]. Yo el Rey. Por mandado del Rey, Fernando de Vadaxóz."

El año de esta carta tiene que haber sido 1466, y no 1467, como transcribió Salazar y Castro, por los motivos que enumeré en las págs. 48-49. En cuanto al secretario real Fernando de Badajoz, la crónica de Diego Enríquez del Castillo lo recuerda como el emisario de Enrique IV a quien Don Alonso Carrillo, Arzobispo de Toledo, contestó: "Id y decid a vuestro rey que ya estó harto de él e de sus cosas; e que agora se verá quién es el verdadero Rey de Castilla" (*Bib. Aut. Esp.*, LXX, 143b-44a).

Documento 6:

"Alcayde Pedro de Escauias: Vien savedes que Pedro de Jaén, llevador de la presente, es mucho servidor mío; el qual a reciuido grandes daños de algunos de esa ciudad. Yo vos mando, si placer y seruicio me deseades facer, que lo ayades por encomendado en las cosas que menester ubiere como a servidor mío, lo qual vos tené [sic por *tendré*] en servicio. De Olmedo, quinze días de jullio de sessenta y seis. Yo el Rey. Juan de Oviedo."

Dos años después de escrita esta carta, en 1468, Pedro de Jaén se comploto para asesinar al Condestable Don Miguel Lucas de Iranzo con varios personajes de Jaén. Al fracasar estos planes, huyeron todos a Pegalajar, desde donde dieron mucha guerra a Escavias y a Iranzo, como ya noté con anterioridad (*supra*, págs. 63-65).

Documento 7:

"Alcayde: Yo vos avía scrito con el de Mayorga y otros, teniendo vos en servicio la graciosa manera que con el Prior de San Joan, mi criado, tuvistes en la estada suya en esa ciudad, y comoquier que vos sigún vuestra lealtad y lo ques de aquello y de vuestro desseo, el maestrescuela de Quenta [sic], mi capellán y secretario, me dijo que yo era y soy bien cierto grande placer me fecistis en ello. Y quanto toca a la guarda y defensa de esa ciudad yo bos ruego y mando, si placer y servicio me desseais facer, de aquí adelante lo continueis así como fasta aquí lo abeis fecho, certificando vos que por ello y lo del Prior me dareis caussa de os facer señaladas mercedes, y assí a essa dicha ciudad sigún por mi carta que le escribo vereis, por tanto decírselo bos así de mi parte, por tanto mirad que ellos y vos vos junteis y conformeis mucho en todas las cossas que a mi servicio cumplieren, pues que él por no estar aý sigún que dellos y de vos confío [y] espero. De la noble villa de Valladolid, a catorze días de agosto año de sessenta y seis. Yo el Rey. Por mandado de éste, yo Juan de Obiedo."

Don Juan de Valenzuela, que se vio encumbrado a la dignidad de Prior de San Juan, era de muy bajos orígenes, según Alonso de Palencia: "Valenzuela, hombre de bajo nacimiento, de más bajas acciones y de carácter reservadísimo. Su padre era calderero en Córdoba, donde con su mezquino trabajo proveía miserablemente a sus necesidades. La madre, María González, le ayudaba con su industria, servía a las señoras, desempeñaba cuantos encargos la encomendaban, y lavando y entendiendo en otros serviles menesteres vivía honradamente con su marido. El hijo, esperando de su figura, que la tenía agraciada, favorable fortuna, desdeñó la ocupación de su niñez que consistía en acarrear leña con sus asnos a la ciudad, y sirviendo ciegamente al Maestre de Calatrava, logró rápido valimiento, merced a su osadía. Esto le ganó el del Rey y la gracia de ser contado entre sus predilectos; pero el primero de todos en las torpezas, no sabía callar lo secreto, hacíase un mérito de la más baja abyección, y no sufría ser pospuesto a los ya avezados en ilícitos menesteres" (*Crónica de Enrique IV*, I, 202).

Fue un aspecto muy consecuente de la política de Enrique IV este de rodearse de gente de orígenes humildes, cuando no bajos: Miguel Lucas de Iranzo, Beltrán de la Cueva, Andrés de Cabrera, Juan de Valenzuela, Gómez de Cáceres, y tanto otros. Palencia, claro está, atribuye esto a las inclinaciones canallescas del Rey; pero con las perspectivas que ha impuesto la Historia se puede apreciar este encumbramiento de los menores como un claro esfuerzo para crear un nuevo núcleo social, en oposición y contrapeso de la vieja nobleza que detentaba el poder. Es una forma más en que Enrique IV anticipa lo que será la política estatal de los Reyes Católicos. Pero las medidas del rey Enrique no llegaron a cuajar, debido al estado endémico de guerra civil, que impedía cualquiera trabazón de partes.

Don Juan de Valenzuela, desde su empinado Priorazgo, tuvo vertiginosa caída, que habrá ilustrado para sus contemporáneos el tema favorito de la época del *casus Fortunae*. Porque después de la batalla de La Higuera, y de la ayuda que le prestó Pedro de Escavias (*vide supra*, págs. 48-50), Mosén Diego de Valera nos informa que "de allí el Prior de San Juan fue fuyendo con muy poca gente, andando de día e de noche, e con gran peligro pudo llegar al castillo de Consuegra, donde sostuvo grandes trabajos y entolerables necesidades, fasta que ovo de dar la fortaleza, quedando menospreciado de sus propios vasallos" (*Memorial de diversas hazañas*, pág. 121).

Como *requiem* al desastrado Don Juan de Valenzuela, copiaré lo que dice Diego Enríquez del Castillo: "E pues como leales se mostraron en servicio de su Rey aquestos, que con las armas iban contra el Maestre de Calatrava, justa cosa es que sean nombrados, porque gocen sus subcesores de la lealtad de sus padres, e se glorifiquen de su limpieza. El primero fue Don Juan de Valenzuela, Prior de San Juan, que se perdió por ser leal" (*Crónica del rey Don Enrique IV*, Bib. Aut. Esp., LXX, 147a).

Documento 8:

"Alcayde Pedro de Escauias, mi leal vasallo y amigo: Fernán Lucas, mi tesorero de la casa de la moneda de Jaén me a dicho lo mucho que me serbistes en la entrada que fiço en tierra de moros su primo el mi amado Condestable pocos días a, lo qual mucho vos agradezco. Yo vos ruego y mando, si placer me quereis hacer, que le ayudeis mucho al mi Condestable con todo lo que vos pidiere, e en facerlo assí mui grande placer y servicio me fareis. Dios sea con vos y vos guarde como yo desseo. Dada en Toledo, a catorze de agosto del año de sessenta y seis. Yo el Rey. Por mandado del Rey, Joan de Oviedo."

La casa de la moneda de Jaén había sido creación real de ese mismo año de 1466. Las monedas allí acuñadas debían ser llamadas *jahencianas* (*Hechos del Condestable Don Miguel Lucas de Iranzo*, pág. 310).

Documento 9:

"Pedro Descauias alcayde: Vi vuestra letra y carta y lo que el Comendador Pedro del Villar me dijo cerca de lo que decís que yo e dado lugar que el Condestable sea maltratado. Por cierto, nunca tal fue ni es mi propósito, antes de mirar por él y facerle mercedes como persona que muy bien y lealmente me a servido. Y porque yo supe que entre él y el alcaide Fernando de Quesada [el manuscrito dice *Casada*] avía algunas diuisiones, quisiera que sigún el deseruicio que de aquello se me podría siguir, que entre ellos vbiese paz y concordia para que mi servicio y del bien de aquella ciudad se mirase, y sobre ello ynbié a Barrasa y a otras personas de mi casa a sus vistas, que entendiesen entre ellos, pero non para que contra él se ficiesse cosa que non debiesse, porque dello avría enojo y sentimiento, sigún más largo fablo con el dicho Conde. Por ende yo vos ruego y mando que le veais, y cerca de la concordia dellos trabajeis que se faga, en lo qual me fareis gran placer. De Madrid, a diez y nueve de febrero de sessenta y siete. Yo el Rey. Por mandado del Rey, Juan de Obiedo".

Según Juan de Arquellada, *Sumario de prohezas y casos de guerra acontecidos en Jaén*, Biblioteca Nacional de Madrid, ms. 1859, quien escribía a fines del siglo XVI, el Condestable hizo asesinar, en marzo de 1473, a su cuñado Fernando de Quesada, hijo del alcaide homónimo, mencionado en esta carta, y en venganza los deudos de éste mataron a Miguel Lucas (*apud Hechos del Condestable*, pág. XXIII). Pero según Alonso de Palencia, Fernando de Quesada murió en los alborotos que precedieron inmediatamente a la muerte del Condestable, a quien había salido a defender (*Crónica de Enrique IV*, III, 119). El padre, sin embargo, sobrevivió a Miguel Lucas (*vid.* carta del rey Enrique IV al Comendador Fernando de Quesada, fecha en Segovia, 20 de enero de 1474, *apud* Torres Fontes, *Itinerario*, pág. 265).

Diego de Barrasa fue caballerizo y aposentador de Enrique IV, y se le vuelve a mencionar en los documentos 15, 24 y 29. Luchó valientemente en la segunda batalla de Olmedo (1467), en el bando enriqueño (Alonso de Palencia, *Crónica*, II, 72). Como favorito del Rey, Alonso de Palencia lo pinta con las tintas más negras: "Hombre abyecto, entregado a torpes manejos, al robo, a la violencia y a la embriaguez", y muchas más lindezas por el estilo (*Crónica*, I, 191-92). Sin embargo, Gonzalo Fernández de Oviedo cuenta una estupenda anécdota de este Barrasa, aunque le confunde con su hijo Alonso. Según Oviedo, Barrasa saltó con sólo su espada en la leonera que tenía Enrique IV en el alcázar de Segovia, donde había siete leones, y salvó al leonero, que estaba a punto de ser devorado. En premio, Enrique IV le dio siete leones para su escudo de armas. [6]

El Conde que se menciona en la carta tiene que ser el propio Condestable Miguel Lucas de Iranzo, creado Conde por Enrique IV en 1458 (*Hechos*, págs. 7-8).

Documento 10:

"Alcayde Pedro de Escauias, mi leal amigo y basallo: El Conde de Cabra me a dado quejas de vos. Ame fecho saber que por la enemiga que le teneis no quereis llevar con bos a el mi seruicio al Comendador Juan de Quero, su tío, y demás sus deudos que moran en essa ciudad en las entradas que faceis en tierra de moros. Vos ruego y mando que, dejadas todas cossas aparte, vos ayudeis de su persona pues en lo que yo le e encargado, el dicho Comendador Juan de Quero sienpre dio la buena quenta de su sangre. Espero que en facer lo que os digo muy gran placer y servicio me fareis; lo mismo escribo a esa ciudad, facedles sauer mi boluntad. De Segovia, quinze de marzo de sessenta y siete. Quien bien os dessea. Yo el Rey. Por mandado de nuestro señor, Fernando del Pulgar."

Don Diego Fernández de Córdoba, Conde de Cabra y Mariscal de Castilla, era uno de los primeros magnates cordobeses, y vivía en encarnizada lucha con Don Alonso de Aguilar, su pariente, por el predominio en dicha ciudad (*vide supra*, cap. II, nota 97). Se había mantenido neutral en la contienda entre Don Pedro Girón, Maestre de Calatrava, y el Condestable Miguel Lucas de Iranzo (*vid*. Mosén Diego de Valera, *Memorial de diversas hazañas*, página 108).

Sobre la familia de los Quero, con la que emparentarían los descendientes de Pedro de Escavias, *vide supra*, pág. 154.

El *Itinerario* de Torres Fontes, pág. 202, coloca a Enrique IV en Madrid en este mismo día (15 de marzo de 1467). El documento que él cita, o bien esta carta, tienen que haber sido cursados por secretaría.

---

[6] En sus inéditas *Quinquagenas de la nobleza de España*, tomo II, Biblioteca Nacional de Madrid, ms. 2218, fol. 30, obra cuya edición y comentario tengo casi listos para la imprenta, y donde consigno más datos sobre los Barrasa, padre e hijo.

Documento 11:

"Pedro de Escauias, mi alcayde y alcalde mayor de la muy noble y mui leal ciudad de Andújar, y del mi Consejo: Mi merced es que tomedes para mí fasta veinte lanças de personas que vos entendiéredes que son mis servidores e moradores de esa dicha ciudad de Andújar, para que vivan conmigo y tengan de mi persona ellas acostamiento. Y por la presente mando a mis contadores mayores que pongan y sienten en los mis libros de acostamientos las personas que vos les ynbiaredes a decir y nombrar por vuestra nómina, firmado de vuestro nombre y signado de escribano público. Y les libren los maravedís de los dichos acostamientos en cada vn año en las mis rentas de la dicha ciudad de Andújar, sigún y quando libraren a los otros mis vasallos que conmigo viven los acostamientos que de mí tienen. Y no fagades ende ál. Fecho en trece de junio de mil y quatrocientos y sesenta y siete años. Yo el Rey. Por mandado del Rey, Fernando del Pulgar."

Documento 12:

"Merced fecha al alcayde Pedro de Escauias para que pudiesse acrecentar a sus armas cuatro leones de las armas reales. El Rey. Yo el Rey, acatando la gran lealtad que vos, Pedro de Escauias, mi alcayde y alcalde mayor de la muy noble y mui leal ciudad de Andújar, y de mi Consejo, siempre aveis tenido y mantenido, y los grandes y señalados servicios que con grande animosidad abeis fecho y faceis de cada día a mí, e los de buestro linaje hizieron a los reyes de gloriosa memoria, mis progenitores, y porque quede memoria de vuestra gran lealtad para los que de aquí adelante fueren, porque siempre continúen en mi servicio y de los rreyes que después de mí fueren, por la presente bos doy licencia para que podades poner y pongades una orla blanca enrededor de buestro escudo de armas, en la qual pongades quatro leones de las mis armas, asentados en todas quatro partes de la dicha orla y cercadura del escudo de las otras armas que bos teneis. De lo qual mandé dar la presente ffirmada de mi nombre. Fecha a trece días del mes de junio, año del Nazimiento de Nuestro Señor Jesu Cristo de mil y quatrocientos y sessenta y siete años. Yo el Rey. Yo, Fernando del Pulgar, secretario de nuestro señor el Rrey, la fice escribir por su mandado. Registrada."

Documento 13:

"Pedro de Escabias, mi alcayde y alcalde mayor de la ciudad de Andújar, y del mi Consejo: Cerca de lo que me escribistes acerca de la libranza de los escuderos que conmigo viven en essa ciudad, por quanto no está aquí la nómina de las personas a quien a de ser librada, ni qué contías an de ser, yo os mando que me ymbieis la nómina de las personas que vos entendedes que deven ser libradas, y con qué cavallos y personas me pueden servir, y vuestro parecer cerca de todo, porque en la manera que me lo ymbiáredes a decir, así lo mandaré librar. De Segovia, veinte de junio de sessenta y siete. Yo el Rrey. Por mandado del Rey, Fernando del Pulgar."

Documento 14:

"Pedro de Escauias, mi alcayde de la ciudad de Andújar: Yo estoy en me conzertar con los caualleros de mis rreynos que están con el Ynfante mi hermano, por ende yo vos ruego y mando, si placer y servicio me deseais facer, que entre tanto que se da conclusión en los negocios, que vos tengais esa ciudad a buen recaudo y mucho a mi servicio, como siempre aveis bien fecho y de vos yo confío, y sed cierto que esa ciudad estará siempre por mí y a mi servicio, y que yo nunca la daré ni enaxenaré en qualquier manera que los fechos se asienten. Y decidlo assí a los caualleros de esa dicha ciudad de mi parte, en lo qual sed cierto agradable servicio dello reciviré. De Madrid, a diez y nueve días de octubre, año de sessenta y siete. Yo el Rey. Por mandado del Rey, Juan de Oviedo."

Documento 15:

"Alcayde Pedro de Escabias: Vi vuestra letra. Yo vos tengo en servicio lo que por ella me escrivistes, sobre lo qual yo mandé luego proveer sigún allá vereis, por ende a mi servicio cumple que vos conformeis con el Bachiller de la Serna y Barrasa, mis aposentadores, que yo sobre ello allá ynbío, en todas las cossas que a mi servicio cumplen, e yvitación de los dichos ynconvenientes, y trabaxeis con quanto vos pudiéredes como de gente de esa ciudad que en los dichos movimientos son ydos, cómo luego se vuelvan a essa ciudad y no vuelvan más a ellos. Lo qual vos tené [sic] en servicio.

De Madrid, a veinte y dos días del mes de diciembre, año de sessenta y siete. Yo el Rey. Por mandado del Rey, Alonso de Vadaxoz."

Sobre Barrasa ya queda noticia (*supra*, págs. 161-62). El otro aposentador mencionado en esta carta es el Bachiller Alonso de la Serna, quien hacia mayo de este mismo año de 1467 había capitaneado una asonada popular en Madrid (*vid*. Alonso de Palencia, *Crónica de Enrique IV*, II, 40; *cf*. Torres Fontes, *Estudio sobre la "Crónica de Enrique IV" del Dr. Galíndez de Carvajal*, pág. 289).

En cuanto al secretario real Alonso de Badajoz, en cierta época tuvo preso, de orden real, "en estrecha cárcel", al Arzobispo de Sevilla, Don Alonso de Fonseca el Mozo (Palencia, *Crónica*, I, 382). Mucho más tarde, en 1471, anduvo en tratos, asimismo por orden regia, para entregar al Marqués de Villena la villa de Sepúlveda (Torres Fontes, *Estudio sobre la "Crónica de Enrique IV"*, pág. 416).

Documento 16:

"Pedro de Escavias alcayde: Vi vuestra carta, y assimismo la que essa ciudad me escrive, y tengo vos en servicio el desseo que siempre aveis tenido y teneis a mi servicio de la rreparación de mis fechos, lo qual por cierto yo tengo bien en memoria para mirar por vos e faceros merzedes quando el caso lo ofrezca. Yo soy venido aquí a casa de León desde Plasencia, como a essa ciudad escribo, adonde fui muy bien reciuido de el Conde y de la Condessa, a los quales por cierto soy en mucho cargo, y se mostraron tan buenos en mis fechos que espero en Nuestro Señor que se farán mui bien, según los prinzipios, de manera que todos los que el mi servicio deseais ayais placer de lo ... por servicio mío que continuando lo que siempre aveis fecho, mireis por la guarda de essa ciudad, como de vos confío, y de las cossas de acá siempre que vos las fareis como es raçón, de las quales yo seré cierto que vos placerá. De Plasencia, a dieziseis de enero de sessenta y ocho. Yo el Rey. Y por mandado del Rey, Juan de Oviedo."

Don Álvaro de Zúñiga (Estúñiga) era Conde de Plasencia, y fue elevado por los Reyes Católicos, en 1476, a Duque de Plasencia, título que poco después permutó por el de Duque de Béjar (Julio de Atienza, *Nobiliario español*, s. n.). Estaba casado con Doña Leonor Pimentel, su sobrina, hija del Conde de Mayorga, cantado por Pedro de Escavias, como ya recordé (*vide supra*, pág. 35). Alonso de Palencia, con tanta escrupulosidad histórica como poca galantería, dice de la Condesa que era de "excesiva corpulencia" (*Crónica de Enrique IV*, II, 41).

Documento 17:

"Pedro de Escauias: Vi vuestra carta y la que essa ciudad me ynvía ... a las quales yo rrespondo sigún veréis. El estado de mis fechos aquello ... quando estos cavalleros sean juntos conmigo aquí, que será mucho presto luego, placiendo a Nuestro Señor ... al asiento y conclusión que de todos los míos y los que deseais mi servicio seais alegres y gozossos. Faced como quien soys, como siempre lo fezistes, y sigún de vos yo lo confío. De Plazencia, onze días de abril, año de sessenta y ocho. Yo el Rey. Por mandado del Rey, Fernando de Vadaxoz."

Documento 18:

"Pedro de Escauias: Por quanto el otro día os mandé escribir a vos y a esa ciudad del estado de las cosas de acá, y porque ahora yo ymbiaré luego mucho presto a esa tierra persona mía fiable, el qual favlará a esa ciudad y a vos el estado de mis fechos e otras cossas de mi servicio, non cunple alongar, sino que aquél será luego allá. De Plasencia, a veinte y uno de abril de sessenta y ocho. Yo el Rey. Por mandado del Rey, Fernando de Vadaxoz."

A juzgar por estas dos últimas cartas, la estancia de Enrique IV en Plasencia fue mucho más larga de lo que dejan entender los datos de Torres Fontes, *Itinerario*, pág. 212, quien sólo cita un documento fechado en Plasencia, del 6 de abril de 1468.

Documento 19:

"Alcayde amigo: Vi vuestra letra. Embío vos las questiones que ynviastis a demandar. Podeis creer que tengo memoria de vuestros travajos y servicios para los rremunerar cada que al casso se ofrezca. Por ende yo vos rruego y mando, si placer y servicio me desseais facer, que miredes por las cosas que cumplen a mi servicio en essa tierra, y vos conformeis con los cavalleros que están en mi servizio, de manera que se faga lo que cumple a mi servicio, cerca de lo qual todo yo favlé con el portador, sea creído. De Segovia, a doce de junio de sessenta y ocho años. Yo el Rey. Por mandado del Rey, Fernando del Pulgar."

Documento 20:

"Alcayde Pedro de Escauias: Pedro de Andújar, mi contador, va allá a essa ciudad y tierra a facer algunas cossas que le cumplen, y asimismo lleva a cargo algunos negozios del Deán de Vadajós, mi capellán, cerca de los veneficios que en esse ovispado tiene. Yo vos ruego y mando, si servicio y placer me deseais facer, que assí en lo que toca al dicho Deán, como al dicho Pedro de Andújar, en todas las cossas que os rrequiriese lo ayais mucho rrecommendado, porque son personas de quien mucho cargo tengo, e andan contino en mi servicio. De Toledo, a quatro de jullio de sessenta y ocho. Yo el Rey. Por mandado del Rey, Juan de Zamora".

Documento 21:

"Pedro de Escauias, mi alcayde de la noble y leal ciudad de Andújar: Ya sabéis cómo en la concordia ésta que mis rreynos fue capitulada y jurada por mí que todos y qualesquier maravedís que el mi bien amado Don Joan Pacheco, Maestre de Santiago, y los suyos le estuviessen envargados o tomados, les fuesen desenvargados y rrestituidos, entre los quales Gonzalo de Auila, mi maestresala, tiene en esa ciudad el portazgo, con el qual después de los movimientos acá no le a sido acudido, y por cumplir lo prometido y jurado por mí, yo se lo mando desenvargar y tornar sigún que él antes lo tenía, sobre lo qual yo escriuo a esa ciudad. Por tanto yo vos mando, si servicio y placer me deseais facer, se tenga manera cómo se torne, que no dedes dilación a otra cosa ninguna porque assí cunple a mi servicio. Fecha a doce días de noviembre, año de sessenta y ocho. Yo el Rey. Por mandado del Rey, Juan de Obiedo".

El propio Pedro de Escavias recuerda en su *Reportorio de príncipes* que Gonzalo de Ávila, a la sazón Corregidor de Jerez, tuvo participación muy destacada en la conquista de Gibraltar en 1462 (*vide infra*, pág. 216). Mosén Diego de Valera dice de él "que hera buen cauallero" (*Memorial de diversas hazañas*, pág. 76). Conservó todos sus títulos y emolumentos durante el reinado de los Reyes

Católicos, según nos informa el *Registro General del Sello* (*vid.*, por ejemplo, I, 368-69; II, 25).

Documento 22:

"Alcayde Pedro Descauias: Vi vuestra carta cerca de lo que me decides que yo e fecho merced del alguacilazgo de esa ciudad. Por cierto, fasta aora no a passado tal cosa, ni entiendo de lo facer, y quando algo de eso uviesse de ser, mirarseýa lo que vos decides, pues que la verdad, sigún los cargos que yo tengo a esa ciudad y naturales della, yo estoy de voluntad de mirar por ellos y facerles merzedes, faciéndoos al caso. De Ocaña, a diez y seis días de diciembre, año de sessenta y ocho. Yo el Rey. Por mandado del Rey, Juan de Oviedo."

Documento 23:

"Alcayde amigo: Reciuí la carta que con Juan Díaz me ynbiastis, por la qual me facíades sauer que yo mandaba entrar los desterrados de esa ciudad en ella, lo qual por cierto yo non sé qué declaren [?] para ello uviese mandado. Por ende yo vos ruego y mando, si servicio y placer me deseais facer, mireis por la guarda e pro e bien de esa ciudad como siempre lo abeis mirado, non esediendo aquello que el mi bien amado Condeestable en todas las cossas que de mi parte vos ynviare a decir y mandar, así como si yo mismo vos las dijese y mandasse. En las cosas a vos tocantes, dejad a mí algo, que yo las miraré y se farán como a vuestra onrra cumplan. De Ocaña, a veinte seis de abril de sessenta y nuebe. Yo el Rey. Por mandado del Rey, Juan de Obiedo."

Juan Díaz era criado y correo del Condestable Miguel Lucas, según nos informan sus *Hechos*, págs. 364-66.

Documento 24:

"Pedro de Escabias, alcayde: Vi vuestra carta, y la carta que ynviastis fecha mandé luego despachar, porque por cierto yo e auido enoxo de las faltas que essa ciudad a reciuido, y sentiría mucho las que de aý adelante reciuiesse, antes sigún los casos que della tengo y de vos, yo estoy de propósito y voluntad de mirar por ella y por vos, y por vuestras onrras, de manera que las pérdidas y daños que fasta aquí aveis reciuido los ayais de probecho y acrecentamiento en muy mayor cantidad, pues por la gracia de Nuestro Señor mis fechos están de manera que abrá lugar de lo facer como desseo y como es razón. Y cerca de las prendas ya escribo a Pareja que las faga luego uoluer, y de aquí adelante se escusse de facer daño a esa ciudad. Y porque yo voy allá a el Andalucía, aprouecharé yr de passada por esa tierra a la uer, y aý mandaré enmandar [sic] en todo como cumpla a mi servicio y al bien de esa ciudad, sobre lo qual ymbío a ella a Estevan de Villacreces, mi bassallo y mi capitán, y a Barrasa, mi aposentador, serán creýdos. De Ciudad Real, oy viernes cinco de mayo, año de sessenta y nueve. Yo el Rey. Por mandado del Rey, Juan de Oviedo."

El capitán Esteban de Villacreces era natural de Jerez de la Frontera; en 1456, al ser reconquistada la villa de Jimena, fue hecho alcaide de ella. Casó con una hermana de Don Beltrán de la Cueva, quien le dio la tenencia de Gibraltar, que en 1466 perdió ante las fuerzas de Don Enrique de Guzmán, hijo del Duque de Medinasidonia (Mosén Diego de Valera, *Memorial de diversas hazañas*, págs. 38 y 115-16). Con anterioridad, en 1458, Enrique IV le había nombrado Corregidor de Baeza (*Hechos del Condestable*, pág. xlii).

Acerca del Comendador Juan de Pareja, *vide supra*, pág. 66.

La fecha de esta carta (Ciudad Real, 5 de mayo de 1469) impone un pequeño reajuste en la cronología de Enrique IV. Desde la época de Alonso de Palencia (*Crónica de Enrique IV*, II, 222) se ha venido repitiendo que Enrique IV partió de Ocaña en su viaje a Andalucía el 7 de mayo. Así lo consignan, por ejemplo, Torres Fontes, *Itinerario*, pág. 222, y Suárez Fernández, *Historia de España*, XV, 292. Si Enrique IV estaba en Ciudad Real el 5 de mayo, como atestigua esta carta, constituye una perogrullada decir que tuvo que salir de Ocaña antes del 5 de mayo, no ya el 7 de ese mes.

Documento 25:

"Pedro de Escauias, alcayde: Ya sabeis como estotro día entre otras cosas vos escribí e embié a mandar que tubiéssedes manera como toda la gente de esa ciudad estubiesse aperciuida para quando yo lo escribiese, e ynviasse a mandar que viniessen para mí. Por ende yo vos mando y rruego que luego tengais manera que se ponga assí en obra el estar tan aperziuidos que luego que mi carta de llamamiento vean me ynvieis la gente que por ella ynbiare a demandar. En lo qual me fareis mayor servicio de lo que podeis pensar. De

Jaén, oy domingo catorze de mayo, año de sessenta y nuebe. Yo el Rey. Por mandado del Rey, Juan de Obiedo."

Documento 26:

"Pedro de Escavias: Ya sabeis como estotro día vos escribí ynviando vos a rogar que tuviéssedes toda la gente de esa ciudad aperciuida para quando yo vos escribiesse. Y por quanto yo me parto de aquí de Jaén, y me vo de camino la villa de Siuilla y de aquella tierra, por servicio mío que luego quésta veais la fagais partir y me la ynvieis toda la más que pudiéredes de caballo y de pie, con talegas de seis días al real de Guadaxoz, una legua devaxo de Castro, para el sáuado en todo casso, en lo qual creed que me fareis mayor servicio de lo que vos podeis pensar. De Jaén, miércoles a diecisiete días de mayo, año de sesenta y nueve. Yo el Rey. Por mandado del Rey, Juan de Obiedo."

La fecha de esta carta amplía la estancia en Jaén de Enrique IV, según la registra Torres Fontes, *Itinerario*, pág. 223.

Documento 27:

"Pedro de Escauias, alcayde: Yo entré en esta ciudad de Córdoua el sábado passado, donde fui mui bien y alegremente reziuido de todos los cavalleros y gente de dicha ciudad, sigún Juan de Valenzuela vos dirá. Y pues por la gracia de Dios, Nuestro Señor, esto se despachó como cumple a mi servicio, y también la ciudad de Sevilla y caualleros della me an ynviado la obedienzia, y non sería menester gente, yo mandé a la de esa ciudad que se buelba para sus cassas, teniéndoles mucho el servicio su venida acá conmigo. De Córdoua, a treinta días de mayo de sessenta y nueue. Yo el Rey. Por mandado del Rey, Juan de Oviedo."

El Juan de Valenzuela mencionado es el sobrino de Pedro de Escavias, de quien ya quedó nota en la ilustración al documento 4.

Documento 28:

"Pedro de Escauias: Por algunas cossas cunplideras a mi servicio y a la pacificación y sosiego de essa tierra, yo me voy la vía de Vaeça, e entiendo yr por essa ciudad. Ynbío mis aposentadores adelante para que dejen en él fecho mi aposentamiento, y se passen a aposentar a Baeça, y escribo a essa ciudad los reciban luego en ella y se lo dejen libremente facer, según vereis. Por ende yo vos ruego y mando tengades manera que lo así fagan, y que para ello diputen dos regidores que anden con ellos porque mejor y más prestamente lo puedan facer, en lo qual mucho placer y servicio me fareis. De Córdova, a doce días de mayo, año de sessenta y dos. Yo el Rey. Por mandado del Rey, Joan de Obiedo."

Ya he indicado con anterioridad (cap. II, nota 70) mis motivos para fechar esta carta y la siguiente en *1472*, y no *1462*, como por error transcribió Salazar y Castro en esta misiva.

Documento 29:

"Pedro de Escabias, alcayde amigo: Bi buestra carta e oý lo que Pedro de la Trinidad me dijo de vuestra parte, y tengo vos en servicio lo que con él me ymbiastis a decir de buestra boluntad a mi servicio, y por cierto tal confiança tengo de bos que espero en Nuestro Señor de vos facer por ella merzedes. Yo me boy, sigún Pedro de la Trinidad vos dirá, la vía de Vaeça, y me entiendo de yr por aý de passada, a do vós podeis más certificar de mi voluntad cerca de lo que toca a essa ciudad y a vos, que es de tenerla y confirmarla para mi seruicio, e non facer ningún mobimiento de como aora está. Y desto podeis estar muy cierto y siguro, por tanto por amor mío que hagais tener fecho mi aposentamiento y de los que conmigo fueren, sigún Varrassa y Pedro de la Trinidad vos dirán. De Córdoba, a trece de mayo. Yo el Rrey. Por mandado del Rrey, Joan de Obiedo."

El aposentador y caballerizo Diego de Barrasa ya es conocido nuestro (*vide supra*, págs. 161-62).

Documento 30:

"Yo, Pedro de Escauias, Guarda Mayor del Rrey nuestro señor, y del su consejo, y su alcayde y alcalde mayor en la muy noble y mui leal ciudad de Andújar: Por nuestro señor el Rrey mando a vos, el alcayde del castillo, y alcalde mayor, y alguazil del ... de la dicha ciudad, o a qualquier o qualesquier de vos que de la causa de la prisión de Garzi Pastor del alcayde Pedro Ruiz de Ualdiuia conozeis, que luego visto este mi mandamiento ynviedes presso y a buen recaudo en poder del dicho vuestro alguacil a la cárzel pública de la dicha ciudad al dicho Garci Pastor, con todos los bienes, ovejas y cosas que tiene, al qual mando que lo dé y entregue todo a ... de la dicha ciudad. Esto por quanto yo me quiero informar de el dicho García de algunas cosas que combienen, y non fagades ende ál. Fecha a veinte y tres de agosto, año de setenta y dos. Pedro de Escauias. Vartolomé de Alcaraz, secretario del Rey nuestro señor."

Documento 31:

"En la muy noble y mui leal ciudad de Andújar, a lunes cinco días del mes de octubre, año del Nazimiento de Nuestro Señor Salvador Jesucristo de mil y quatrocientos y setenta y dos años. Este día se juntaron a cauildo en las cassas del cauildo de la dicha ciudad los onrrados señores el señor Pedro de Escauias, Guarda Mayor del Rey nuestro señor, y de su Consejo, su alcayde y alcalde mayor en essa dicha ciudad, y Pedro de Luzena, y Joan Navarro, y Fernando de Parraga, alcaldes, y Vernaué Serrano, alguazil, y Pedro Jiménez de Córdoba, y Alonso Martínez de Ualdepeñas ... y Pedro García de las Verdejas, y Vernavé Franco, regidores, y Juan de Mercado, personero, y del consejo de los ofiziales del año passado Juan Suárez y Fernán Caro, y Juan de Messa, alcaldes, y Alonso Sánchez de Santiago, y Pedro Ruiz, y Alonso Sánchez de Andújar, y Bartolomé Rodríguez de Santa Marina, y Lope de Cañete, y Alonso Martínez de Valdepeñas, rexidores, en presencia de mí, Vartolomé de Alcaraz, scribano de cámara del dicho Rey, y scribano del conzejo de la dicha ciudad de Andújar, por nombramiento del dicho señor alcayde Pedro de Escauias, mi señor. Este día, en presencia de mí, el dicho Vartolomé de Alcaraz, scribano del dicho conzejo, el dicho señor alcayde y alcalde mayor dijo que por quanto el Rey nuestro señor le fizo merced del alcaydía e execución de la justicia de todas las caussas criminales para en todos los días de su uida, y que otra persona alguna no pudiesse conozer de las dichas caussas criminales sino él, y assimismo que en todos los autos de la justicia ziuiles fuese a ellos pressente, e no pudiessen los otros alcaldes conozer de ningunos pleitos ni tomar autos algunos dellos ni prozeder sin su persona, a los quales dichos ofizios e facultad y espedizión dellos él fue reziuido por toda la ciudad en concordia a campana repicada, sigún el vsso y costumbre antigua desta ciudad, y porque él está ocupado en otras cossas arduas y muy cumplideras al seruicio del dicho señor Rey nuestro señor, y al pro, guarda, y amparo, y rrecaudo desta dicha ciudad, no puede assí de todo conozer de las dichas causas criminales, ni ser presente a las ziuiles. Por ende dijo que daua y dio, otorgaba y otorgó, todo su poder cumplido sigún que por la ... general administración a Pedro de Lucena y a Fernando de Parraga y a Juan Nauarro, alcaldes de la dicha ciudad, especialmente para que los dichos alcaldes y cada uno dellos en su aussencia del dicho señor alcayde y alcalde mayor de la justicia criminal pueda reciuir y reciua qualesquier querellas y autos criminales dependientes de crimen, y manden prender a todos los malhechores y culpantes en ... las querellas, y procedan por el tenor de los prozessos criminales adelante, fasta la conclusión dellos, con tanto que no puedan en las dichas caussas criminales determinar ni dar sentencia ni sentenzias sin su presencia del dicho señor alcayde y alcalde mayor, o lo mandar y dar a ello su voto y consentimiento, ni puedan soltar ni dar en fiado los pressos que assí prendiere, o mandar emprender sin su mandamiento firmado de su nombre porque la justicia se faga cunplidamente sigún ... y orden y las leyes antiguas deste reyno lo disponen, y para que asimismo los dichos alcaldes y cada vno y qualquier dellos puedan conocer de todas las causas y pleito cibiles en presencia o en ausencia del dicho señor alcayde y alcalde mayor, y puedan en ellas conocer hasta las determinar sigún Dios les diere a entender y fallaren por derecho, y les fueren dado por consejo y valgan ... consejos, todos qualesquier contratos que ante los dichos alcaldes presentaren y los mandamientos y cartas que vieren y prometieren entre las partes sean cumplidos y llegados a devida execución, así y tan cunplidamente como si en su presencia passasse y a todo diesse su voto y consentimiento, para lo qual y cada vna cossa y parte dello el dicho señor alcayde y alcalde mayor les dio y otorgó poder cumplido sigún que él le a y tiene del dicho señor Rey nuestro señor, con las dichas cláussulas y condiciones y con todas sus yncidencias y dependencias, anexsidades y conexsidades, y manda a mí el dicho scribano que desto diesse vna sentencia y carta de poder cunplido, sigún que ella lo requiere, la qual el dicho señor alcayde y alcalde mayor dijo que otorgaba y otorgó, sigún justicia firmada y signada de mí el dicho scribano. Y luego los dichos alcaldes y cada vno dellos dijeron que acetauan y acetaron el dicho poder que el dicho señor alcayde y alcalde mayor les dava y otorgaba, y dio y otorgó en la forma y manera sigún que en el dicho poder se contiene."

Documento 32:

"Pedro de Escauias, mi Guarda Mayor y del mi Consejo: Mui en memoria tengo los serbicios que con grande ánimosidad me abeis fecho, y los que hicieron los de buestro linaje a los rreyes mis progenitores. Yo desseo acrecentaros y remunerarvos conforme a vuestra calidad y lealtad que siempre abeis tenido. Tengo escrito al Condestable, mi amado, que vos faré Conde del lugar de La Figuera, y porque aora el Maestre de Calatrava me a escrito ques a la dicha Orden, se sigue daño de daros el dicho lugar de La Figuera por ser pertenecente a ella. E embiado mi carta de autoridad al Obispo y Condestavle para que vean los papeles que el Maestre dice, y me los ymvíen con su parezer cerca de lo dicho, venidos que sean. Yo entiendo faceros muchas y mayores merzedes de las que vos podeis pensar. Dios vos guarde como yo desseo. De Segovia, en siete de marzo, año de setenta y tres. Yo el Rrey. Por mandado del Rrey, Joan de Obiedo, secretario."

Documento 33:

"Carta del Condestable de Castilla a la ciudad de Andújar.— A los onrados mis muy speciales y buenos amigos el honrado alcayde y alcalde mayor, alcaldes, alguazil, rregidores, personero, cavalleros, escuderos, ofiziales y hombres buenos de la muy noble y mui leal ciudad de Andújar: Honrados señores alcayde y alcalde mayor, alcaldes, alguacil, rregidores, personero, cavalleros, escuderos, ofiziales y onbres buenos de la muy noble y mui leal ciudad de Andújar, mis muy especiales y buenos amigos, por relación de algunas personas que de allá an venido e sauido certificado del movimiento y escándalo que ayer sáuado en esa ciudad ubo. Y comoquier que esta nación de conbersos es de tal calidad y condición en su uiuir y formas, de que no dudo ayan dado causa a lo que fecistis. Y comoquier que sea si para ello mi acuerdo tomásedes, sin duda no quisiera que de tal manera vos enojáredes con ellos, porque sigún vuestra gran lealtad al servicio del Rrey mi señor y a la buena quenta que siempre aveis dado en las cossas de su servicio, y bien, y onrra de esa ciudad, y de todos vosotros en este caso de agora, más justo y onesto y mejor pareciera si alguno o algunos avía de la dicha generación que vivían mal y contra buena conciencia y ley, que los tales fueran acusados y por justicia punidos y castigados, que no facer generalmente lo que contra todos se fiço, que no fue cossa bien mirada, sigún quien vosotros soys. De un tal casso quando en ello pienso, creo que fue por permissión de Dios, Nuestro Señor, porque la pena que essos reziuieron fuesse castigo a ellos y a otros ejemplo en lo uenidero. Demás desto, y como en enmienda dellos se a sabido otra cossa que me a muy bien parecido, y es que después de aquello fecho, en todas las cossas que mi tío, el alcayde Pedro de Escauias, Guarda Mayor del Rrey nuestro señor, y del su Consejo, vos a mandado, le aveis muy bien obedecido, y acatado, y estado por lo que él a ordenado, y mandado, y assimismo los alcaldes y justicia de esa ciudad, de lo qual e avido muy gran placer, porque en ello abeis mostrado el amor y buen desseo que teneis de siempre permanecer en buestra gran lealtad, porque sin duda esto es cosa muy bien fecha, y tal que por ello ganareis grande onrra y corona a vossotros y vuestros decendientes, y dello viene muy gran pro y vien a essa ciudad, acordé a bueltas de lo sobredicho loaros mucho, como es rrazón, vuestra buena obediencia y acatamiento a la justicia, lo qual bos mucho agradezco y ruego lo siempre continueis, porque aliende de facer buestro deber, y como leales que soys, y en ello servir a Dios y al Dicho Rey nuestro muy mucho. Ya sabeis con quanto amor y buena boluntad el dicho alcayde, mi tío y señor, procura el bien y onrra de esa ciudad y de todos vosotros, y se conforma a la lealtad en que siempre abeis permanezido, y quanto por esto y otras consideraciones debe ser de vosotros obedecido y mucho acatado, como lo faceis. Y porque sigún buestra discreción lo dicho basta, cesa ésta desseando que Dios Nuestro Señor en buestra especial guarda os aya. De Jaén, oy domingo veinte y uno de marzo de setenta y tres años. Y por ser día oy día que yo no libro, ba sellada con mi sello y rrefrendada de mi secretario. Yo, Juan de Olid, secretario del Condestable mi señor, la escribí por su mandado, y porque su Señoría no libra, y la sello con su sello."

Acerca de esta piadosa costumbre, de que el Condestable "no libraba" los domingos, dicen los *Hechos*: "De las biésperas del sábado en adelante fasta el lunes que auía oydo misa, no leya carta, ni escriuía, ni vsaua de otros negocios, saluo oyr deuotamente sus oras y aver onestos placeres" (pág. 53).

Pascual de Gayangos, en su edición de los *Hechos*, supuso que Juan de Olid, secretario del Condestable Miguel Lucas, fue el autor de la crónica (*Memorial Histórico Español*, VIII, "Introducción"). Pero no hacía más que repetir una antigua noticia que, evidentemente, no le produjo mayor convicción, porque en el apéndice E (*ibidem*, págs. 517-18) trató de sustentar su opinión de que el autor era Diego de Gámez. Por lo demás, en los *Hechos* se narran las bodas de Juan de Olid con una doncella de la mujer de Miguel Lucas de Iranzo, llamada Rendeler [= ¿Reine de l'air?] (pág. 453).

Documento 34:

"Alcayde Pedro de Escauias amigo: Yo enbío allá a Sancho de la Peña, mi criado y mi alcayde la Puente de Sant Martín de Toledo, con el qual fablé largamente algunas cossas ... que de mi parte vos dirá, cumplideras a mi servicio y a la pacificación y sosiego de esa ciudad, de fe y crehencia a ello. Vos ruego y mando todas cossas dejadas, pongades en obra como si yo por mi persona a bos lo dijesse y mandasse, en lo qual mucho placer y seruicio me fareis. De Segouia, a quinze días de mayo de setenta y tres. Quien bien os dessea. El Rey. Por mandado del Rrey, Juan de Obiedo."

Abundan las noticias acerca de Sancho de la Peña, que fue Corregidor de Jaén en el reinado de los Reyes Católicos, en el *Registro General del Sello,* I (v. índice).

Documento 35:

"Los caualleros de Andújar del vando del alcaide Pedro de Escauias conuienen en que Don Alfonso, Señor de Aguilar, tenga el gouierno de aquella. Original Archivo de Priego. Conoscida cosa sea como nos, Pedro Descavias, alcayde y alcalde mayor de la cibdad de Andújar, y Pero Sánchez de Santa Marina, y Alfon de Vargas, y el bachiller Fernando de Deza, y Diego de Barajas, y Pero Serrano, y Alfonso de Albarrazín, y Alfon Serrano, y Pedro de Parraga, y Gómez Suárez, y Juan González Descauias, y Antonio Sayavedra, y Francisco de Lucena, por nos y en nombre de los otros nuestros parientes y criados y amigos, vecinos de la dicha cibdad. Por quanto vos, el Señor Don Alfon, Señor de la Casa de Aguilar, por seruicio del Rey nuestro señor y a nuestro ruego y ystancia venistes aquí a esta cibdad a entender en ciertos debates y questiones que entre nos de la vna parte, y Juan de Cárdenas y los otros sus parientes y amigos y criados hauían y estauan pendientes, de los quales se hauían recrescido grandes robos y muertes de hombres, y males, y daños, y estauan aparejados de se seguir muchos más, y por los escusar y atajar, y por la paz y bien y sosiego desta dicha cibdad, pusimos y cometimos en vuestro poder y manos los dichos nuestros debates y questiones, para que los vos viéssedes y determinásedes. E entre otras cosas juramos y prometimos que si vos entendiéssedes ser conplidero a seruicio del Rey nuestro señor, que porníamos y posimos en vuestro poder los castillos y torres y puertas desta dicha cibdad y su tierra, y los oficios de justicia della, y el regimiento y gouernación desta dicha cibdad, para que vos los pusiésedes en poder de tales personas quales entendiéssedes que cumplían a seruicio del dicho señor Rey, y bien y paz y sosiego desta dicha cibdad. E agora, por quanto vos el dicho señor Don Alfon, entendiendo ser conplidero a seruicio del dicho señor Rey, y a la paz y sosiego de la dicha cibdad, posistes el alcázar della en poder de [en blanco], y las puertas y torres en poder de otras ciertas personas. Y otrosý encomandastes los oficios de la justicia y el regimiento de la dicha cibdad a los honrrados caualleros Pero Méndez de Sotomayor y Alfon Martínez de Angulo, vasallos del dicho señor Rey, y Veinte y cuatros de la cibdad de Córdoua, para que los sobredichos touiesen el dicho alcázar, y torres, y puertas, y justicia, y gouernación de la dicha cibdad, segúnd dicho es, fasta tanto quel dicho señor Rey proueiesse, y cerca dello por vos nos embiase mandar lo que cumplía a su servicio que se ficiesse. Por ende nos, los sobredichos alcaide Pedro Descauias, y los otros dichos sus parientes y amigos suso declarados, por nos y en nombre de los otros nuestros parientes, y amigos, y criados, vezinos de la dicha cibdad y su tierra, prometemos y seguramos que de agora fasta entonces y de estonces fasta agora ternemos y acataremos a vos los dichos Pero Méndez de Sotomaior y Alfon Martínez de Angulo por justicia y gouernadores desta dicha cibdad y de su tierra, y faremos y compliremos cerca dello buestras cartas y mandamientos, y los obedeceremos y daremos todo el fauor y aiuda que nos demandáredes y ouierdes menester para guarda y execución de la dicha justicia y para todas las otras cosas que vosotros entendierdes ser complideras a seruicio de dicho señor Rey, y a la paz y sosiego de la dicha cibdad. Y otrosí guardaremos vuestras personas, y honores, y demás, que no seremos en dicho ni en fecho ni en consejo nos ni alguno de nos para quel dicho alcázar y torres y puertas y fortalezas sean tomados ni ocupados a aquellos en cuio poder vos el dicho señor Don Alfon los dexais; antes les daremos fauor y aiuda el que les cumpliere y menester fuere para los defender y amparar por el dicho señor Rey y por vos contra qualesquier personas que quieran atemptar de los tomar y ocupar fasta tanto quel dicho señor Rey por vos el dicho señor Don Alfon embíe mandar lo que más a su seruicio cumple que se faga cerca de todo lo susodicho. Y otrosí que nos ni en alguno de nos, ni otro por nos, no procuraremos ni tentaremos de tomar ni ocupar el dicho alcázar, y torres, y puertas, y castillos durante el dicho [sic] tregua; antes si supiéremos o entendiéremos que alguna cosa se trata en perjuicio o daño de los dichos Pero Méndez y Alfon Martínez de Angulo y del dicho alcayde [en blanco] y de las otras personas que tienen las puertas y torres desta dicha cibdad, que lo arredraremos y desuiaremos a todo nuestro poder, y lo notificaremos y faremos saber al dicho señor Don Alfon y a los sobredichos, o a qualquier dellos para que se remedie y prouea. Y juramos a Dios y a Santa María y a esta señal de † en que pusimos nuestras manos derechas, y a las palabras de los Santos Euangelios doquiera que están escritas. Y faremos pleito y omenage nos y cada vno de nos en manos de vos el dicho Alfon Martínez de Angulo, ome fijodalgo, vna y dos y tres veces al fuero y costumbre Despaña, como omes fijosdalgo, que ternemos y guardaremos bien y fiel y verdaderamente, sin arte y sin engaño, y sin otra afección y simulación alguna, todo lo suso dicho y cada cosa y parte dello, por quanto entendemos ser así complidero al seruicio del dicho señor Rey y al bien y paz y sosiego desta dicha cibdad. So pena de 20 doblas de oro castellanas para la cámara del dicho señor Rey, que sobre nos y sobre cada vno de nos que lo contrario ficiéremos imponemos. De la qual dicha pena, si en ella caiéremos, facemos mero exsecutor a vos el dicho señor Don Alfon, y vos damos poder complido para lo esecutar y leuar. Y prometemos y juramos en la forma sobredicha de no demandar ni procurar absolución ni relajación deste dicho juramento y pleito y omenage, nos ni alguno de nos del nuestro Santo Padre, ni del dicho señor Rey, ni de otra persona alguna. Y puesto que nos sea dado *propio motuo* [sic], o en otra manera, que no usaremos ni nos aprouecharemos dél. Por firmeza de lo qual firmamos en esta escriptura nuestros nombres, y otorgámosla antel escriuano y testigos de iuso escriptos, ques fecho en la dicha cibdad de Andújar, a 5 días del mes [de] agosto, año del Nascimiento del Nuestro Saluador Jesu Christo de 1473 años. Testigos que fueron presentes, llamados y rogados: Garci Méndez de Sotomaior, y Gonzalo de Villalta, alcaide de los alcázares de Baeza, y el contador Alfon de Córdoua. [Sigue la copia de las firmas de los interesados] Pedro de Escauias, Pedro Sánchez de Santa Marina, Francisco Descauias, Diego Mesía, Alfonso Aluaracín, Aluaro de Forrendo, Francisco de V ... [sic], Fernando de Santa Marina, Gómez Suárez, Pedro de Parraga, Fernando de Lucena, Rodrigo Suárez, Pedro de Lucena, Juan de Valenzuela."

Garci Méndez de Sotomayor fue también capitán mayor de Carmona, y quizá ya había muerto para 1477 (*Registro General del Sello*, I, 430), cuando los Reyes Católicos confirman ese título en su hijo. Alfonso Martínez de Angulo es mencionado como confidente de Don Alonso de Aguilar en los *Hechos del Condestable*, pág. 434. Por el *Registro General del Sello* (I, 407) sabemos que en 1477 era Corregidor de Andújar. En cuanto a Gonzalo de Villalta, aparte de alcaide de los alcázares de Baeza, también fue regidor de la misma ciudad. El resto de los firmantes constituyen, evidentemente, el estado mayor del bando de los Escavias, pero aun así no reviste mayor interés dedicarles notas particulares. Pero como botón de muestra diré que Pedro de Lucena se querelló en 1477 contra Juan de Cárdenas y los demás de su bando (o sea los Palominos), y los Reyes Católicos comisionaron a nuestro conocido Sancho de la Peña, Corregidor de Jaén (*vide supra*, pág. 176), para que entendiese en ella.

Documento 36:

"Los caualleros de Andújar del vando de Juan de Cárdenas convienen en lo mesmo que los del vando del alcaide Pedro de Escauias. Original *ibidem* [i. e. Archivo de Priego]. Conocida cosa es como nos, Juan de Cárdenas, y Pedro Palomino, y Bernabé Serrano, y Juan Pastor, y Fernando de Parraga, y Alfon Palomino, y Bertolomé [sic] Franco, y Juan de Morales, y Juan Palomino, y Pedro de Aluarez, y Gonzalo Palomino, y Luis Nauarro, y Pedro de Parraga, y Rodrigo Palomino, y Juan de la Fuente-Caliente, y el Garzo, y Juan de Burgos, y Diego Palomino, y Diego de Parraga, por nos y en nombre de los otros nuestros parientes, y amigos, y criados, vezinos de la dicha cibdad, por quanto vos el dicho señor Don Alfon, Señor de la Casa de Aguilar, por seruicio del Rey nuestro señor, y a nuestro ruego y instancia venistes aquí a esta cibdad a entender en ciertos debates y questiones que entre nos, de la vna parte, y Pedro de Escauias y los otros sus parientes, y amigos, y criados, hauía y estauan pendientes, de las quales se hauían recrescido grandes robos, y muertes, y males, dapños, y estauan aparejados de se seguir muchos males, y por escusar y atajar, y por la paz, y bien, y sosiego desta cibdad, posimos y cometimos en vuestro poder y manos los dichos nuestros debates y questiones, para que vos los viésedes y determinásedes, y entre las otras cosas juramos y prometimos que si vos entendiésedes ser cumplidero a seruicio del Rey nuestro señor, que porníamos y posimos en vuestro poder los castillos, y torres, y puertas de la dicha cibdad y su tierra, y los oficios de justicia della, e el regimiento y gouernación desta dicha cibdad para que vos los posiésedes en poder de tales personas con quales entendiésedes que cumplía a seruicio del dicho señor Rey, y al bien y sosiego desta dicha cibdad. E agora, por quanto vos, el dicho señor Don Alonso, entendiendo ser cumplidero a seruicio del dicho señor Rey, y a la paz y sosiego de la dicha cibdad posistes el alcázar della en poder de [en blanco], y las puertas y torres en poder de otras ciertas personas. E otrosí encomendastes los oficios de la justicia y el regimiento de la dicha cibdad a los honrrados caualleros Pero Méndez de Sotomaior y Alfon Martínez de Angulo, vasallos del dicho señor Rey, y Veinte y quatros de la cibdad de Córdoua, para que los sobredichos touiessen los dichos alcázar, y torres, y puertas, y gouernación de la dicha cibdad, segúnd dicho es, fasta tanto quel dicho señor Rey proueiesse, y cerca dello por vos nos embiase mandar lo que cumplía a su seruicio que se ficiesse. Por ende, nos, los sobredichos Juan de Cárdenas, y los otros dichos sus parientes y amigos de suso declarados, por nos y en nombre de los otros nuestros parientes, y amigos, y criados, vezinos de la dicha cibdad y su tierra, prometemos y seguramos que de agora fasta entonces, y de entonces fasta agora ternemos y acataremos a vos los dichos Pero Méndez de Sotomaior y Alfon Martínez de Angulo por justicia y gouernadores desta dicha cibdad y de su tierra, y faremos y compliremos cerca della vuestras cartas y mandamientos, y los obedeceremos y daremos todo el fauor y aiuda que nos demandardes y ouierdes menester para guarda y exsecución de la dicha justicia, y para todas las otras cosas que vosotros entendierdes ser cumplideras a seruicio del dicho señor Rey, y a la paz y sosiego de la dicha cibdad. E otrosí guardaremos vuestras personas, y honores, y demás, que no seremos en dicho, ni en fecho, ni en consejo, para quel dicho alcázar, y torres, y puertas, y fortalezas, sean tomados, ni ocupados a aquéllos en cuio poder vos, el dicho señor Don Alonso, los dejais, antes les daremos fauor y aiuda, el que les cumpliere y más, para los defender y amparar por el dicho señor Rey y por vos contra qualesquier personas que quieran atentar de los tomar y ocupar, fasta tanto quel dicho señor Rey por vos, el dicho señor Don Alonso, embíe mandar lo que más a su seruicio cumple que se faga cerca de todo lo suso dicho. E otrosí que nos ni algunos de nos, ni otro por nos, no procuraremos ni tentaremos de tomar ni ocupar el dicho alcázar, y torres, y puertas, y castillo, durante el dicho tiempo; antes si sopiéremos que alguna cosa se trata en perjuicio o dapño de los dichos Pero Méndez y Alfon de Angulo, y del dicho alcaide [en blanco], y de las otras personas que tienen las puertas y torres desta dicha cibdad, lo arredraremos y desuiaremos a todo nuestro poder, y lo notificaremos al dicho señor Don Alonso y a los sobredichos, o a qualquier dellos, para que se remedie y prouea. Y juramos a Dios y a Santa María, y esta señal de cruz † que con nuestras manos tocamos, y a las palabras de los Santos Euangelios doquier que son escriptas. Y facemos pleito y omenage, nos y cada vno de nos en manos de vos, el dicho Alonso de Angulo, ome fijo de algo, vna y dos y tres veces, al fuero y costumbre de España, que ternemos y guardaremos bien y fiel y verdaderamente, sin arte y sin engaño, y sin otra afición y simulación alguna todo lo suso dicho, y cada cosa y parte dello, por quanto entendemos ser así complidero a seruicio del dicho señor Rey, y al bien, y paz, y sosiego desta dicha cibdad, so pena de 20 doblas de oro castellanas para la cámara del dicho señor Rey, que sobre nos y sobre cada vno de nos que lo contrario ficiéremos imponemos. De la qual dicha pena, si en ella caiéremos, facemos y costituimos mero esecutor a vos, el dicho señor Don Alfon, y vos damos poder complido para las esecutar y leuar. Y prometemos y juramos en la forma susodicha de no pedir ni demandar absolución, ni relaxación deste dicho juramento y pleito y omenage, nos, ni alguno de nos, del Santo Padre, ni del Rey nuestro señor, ni de otra persona alguna, y puesto que nos sea dado *propio motu*, o en otra manera, que no vsaremos ni nos aprouecharemos dél. Por firmeza de lo qual firmamos esta escriptura de nuestros nombres, y otorgamos antel escriuano y testigos de iuso escriptos, que es fecha en la dicha cibdad de Andúxar, 5 días de agosto, año del Nascimiento de Nuestro Señor Jesu Christo de 1473 años. Testigos que a esto fueron presentes, llamados y rogados: Garci Méndez de Sotomaior, Gonzalo de Villalta, alcaide de los alcázares de Baeza, y el contador Alfon de Córdoua. E las otras personas que aquí firmamos nuestros nombres de demás de los de suso nombrados, otorgamos y prometemos todo lo contenido en esta escriptura, porque somos dello certificados, y fecimos el dicho pleito y omenage y juramento en ella contenido. [Sigue la copia de las firmas de los interesados] Juan de Cárdenas, Pedro Palomino, Fernando de Parraga, Bernaué Serrano, Gonzalo Palomino, Fernando Palomino, Alonso Palomino, Juan Palomino, Diego Palomino, Juan de Burgos, Çarco, Pedro de Parraga, Juan de Varajas, Bartolomé Serrano, Juan Pastor, Fernando Alonso Jurado, Juan Alonso Jurado, a ruego de Diego de Parraga, Alonso Palomino, Juan de Morales."

A lo largo de este libro han quedado desperdigadas noticias acerca de Juan de Cárdenas, cabecilla del bando de los Palominos y archienemigo, en consecuencia, de Pedro de Escavias. Creo que se trata del mismo que llegó a ser alcaide de Montoro (*Registro General del Sello*, II, 210). En cuanto a los demás nombres, es evidente que nos hallamos ante un "pleno" de la cuadrilla de los Palominos.

Documento 37:

"Pedro de Escauias, amigo: Reciuí vuestra carta por la qual me fecistis sauer del estado de las cossas de essa ciudad. Yo, si place a Dios, ynviaré allá presto vna persona mía con el qual vos escribiré largo la forma que sea de tener en todo. De Segovia, diez y seis de agosto, año de setenta y tres. Yo el Rey. Por mandado del Rrey, Joan de Obiedo."

Documento 38:

"Tregua que D. Alonso, Señor de la Casa de Aguilar, puso en nombre del Rey entre los caualleros de Andújar. Original Archivo de Priego. En la muy noble y muy leal cibdad de Andújar, martes 14 días del mes de diziembre, año del Nascimiento del nuestro Saluador Jesuchristo de 1473 años, estando el magnífico y muy virtuoso señor, el señor Don Alfonso, Señor de la Casa de Aguilar, del Consejo del Rey nuestro señor, en la dicha cibdad de Andújar, dixo que por quanto entre Pedro Descauias, del Consejo del dicho señor Rey, y Pero Sánchez de Santa Marina, vezinos de la dicha cibdad, de la vna parte, e Juan de Cárdenas, regidor, y Pedro Palomino, otrosí vezinos en la dicha cibdad, de la otra parte, eran y esperauan ser muchos ruidos y daños entre ellos y sus parientes por las enemigas y diferencias del tiempo pasado, de ocho años a esta parte, que él, como Justicia Maior desta cibdad, y por virtud de los poderes que del Rey nuestro señor tiene en esta parte, de los quales, por euitar prolixidad, y por su notoriedad, no se inxieren, que ponía y puso tregua y seguro entre los sobredichos y sus parientes, amigos y valedores, de fecho y de derecho, y de consejo cerca de sus personas y bienes, desde primero día de año nueuo primero que verná del Señor de 1474, por todo el dicho año de 74 fasta ser fenecido. Y mandóles que lo touiessen y guardasen so las penas escriptas en derecho contra los que quebrantan tregua y seguro puesta por su Rey y por su juez. Y mandóles so la dicha pena que la otorguen, en la qual dixo que condenaua y condenó a los que contra ello fuessen y viniessen de agora por entonces y de entonces por agora. E luego todos los sobredichos Pedro Descauias, y Pero Sánchez de Santa Marina, de la vna parte, y de la otra parte Juan de Cárdenas y Pedro Palomino, dixieron que les plácía de lo otorgar, según y en la manera y por el tiempo quel dicho señor Don Alfonso gelo mandaua, lo qual otorgaron en la manera que se sigue: Conoscida cosa sea a todos los que la presente vieren cómo yo, Pedro Descauias, del Consejo del Rey nuestro señor, y yo, Pedro Sánchez de Santa Marina, vezino de la muy noble y mui leal cibdad de Andúxar, por nos y en nombre de nuestros fijos, y amigos, y valedores, y criados, de la una parte, e yo, Juan de Cárdenas, regidor, e yo Pedro Palomino, vezino de la dicha cibdad, por nos mesmos y nuestros fijos, y parientes, y valedores, de la otra parte, e nos, amas las dichas partes, por todos los que por nos han de facer, por los quales y por cada vno dellos cada vno de nos nos obligamos de les facer estar, y tener, y guardar, y hauer por firme todo lo contenido en esta escriptura, y cada vna cosa y parte dello. Conocemos y decimos que por razón de las diferencias entre nos pasadas ouimos otorgado los vnos a los otros, y a los otros a los otros tregua y siguro, y que estaríamos en todo paz y sosiego, y que no nos ofenderíamos de fecho ni de derecho, ni de consejo en nuestras personas ni bienes. Lo qual prometimos y otorgamos de tener y guardar desdel día que por nos fue otorgado fasta el día de año nueuo primero que verná de 74, segúnd más largamente esto con otras cosas se contiene y face mención en la escriptura que sobresto otorgamos. E porque nuestra entinción [*sic*] ha sido y es de alargar la dicha tregua y siguro, y que aya de permanecer en nos y que nos ayamos de estar por ella desdel dicho día de año nueuo primero que verná fasta vn año en adelante primero siguiente. Por ende prometemos y otorgamos de estar en la dicha tregua y siguro, y de la tener y guardar todo el dicho tiempo del dicho año, y que no yremos ni vernemos de fecho, ni de derecho, ni consejo por la quebrantar, ni quebrantaremos en manera alguna nos ni alguno de nos, ni las personas por nos de suso declaradas, ni nos ofenderemos nuestras personas ny bienes, ni nos faremos otro mal, ni daño, ni desaguisado alguno, so las penas en que caen los ommes fijosdalgo que quebrantan y ban contra su fe y contra la tregua y siguro por ellos asentado, e porque más seguros seamos los vnos y los otros que lo así ternemos y guardaremos, y que no yremos ni vernemos contra lo suso dicho, ni contra parte dello, facemos pleito omenage en manos de Pedro de Angulo, ome fijodalgo, que de nos resciuió vna y dos y tres veces, segúnd vso, fuero y costumbre de Spaña, que ternemos y guardaremos la dicha paz, tregua y siguro de suso declarada, por el tiempo por nos de suso declarado, bien y lealmente, sin colusión alguna, so pena de caer en el caso en que caen los fijosdalgo que quebrantan pleito omenage. [Copia de las firmas] Juan de Cárdenas, Pedro Palomino, Pedro Sánchez, y Pedro de Escauias. E juramos por el nombre de Dios y de Santa María, y por las palabras de los Sanctos Euangelios, y por la señal de la Cruz en que ponemos nuestras manos derechas como buenos y fieles christianos, que ternemos por nos y los de suso nombrados, por quien facemos la dicha cabción, la dicha tregua y siguro, y que no la quebrantaremos en cosa alguna, segúnd y por el tiempo por nos de suso dicho y declarado. En firmeza de lo qual firmamos nuestros nombres, y rogamos y pedimos al escriuano público presente que firmase y signase esta escriptura faciendo dos escripturas por vn tenor, y dando a cada vna de las dichas partes vna escriptura dellas que tenga. Ques fecha y otorgada en la dicha cibdad de Andújar, del dicho día, mes y año suso dicho del Señor de 1473 años. [Copia de las firmas] Pedro Palomino, Juan de Cárdenas, Pedro Sánchez, Pedro de Escavias. Yo, Bartolomé de Alcaraz, escriuano del Rey nuestro señor, en vno con los suso dichos que aquí firmaron sus nombres al otorgamiento desta escriptura, presente fuý, y la escreuí, y so testigo, y fiz aquí este mío signo en testimonio."

Documento 39:

"Alcayde amigo: Moriana me dijo como por algunas cossas le auíades quitado su acostamiento. Y porque dél se buelbe a essa ciudad a facer algunas cossas que cumplen a mi seruizio, yo vos ruego e mando, si placer y seruizio me deseais facer, le fagais acoxer en essa ciudad en su casa, y le fagais acudir con su acostamiento como solía, que así cumple a mi seruicio. De Madrid, a quatro días de junio. Quien bien os desea. Yo el Rey. Por mandado del Rrey, Joan de Obiedo."

Documento 40:

"La ciudad de Andújar se obliga a estar con Don Alonso, Señor de la Casa de Aguilar, en los sucesos que por la muerte del rey Don Enrique 4 se temían. Original Archivo de Priego. Conoscida cosa sea a todos los que la presente vieren cómo nos, el concejo y corregidor, regidores y personero, caualleros, escuderos, oficiales y hombres honrrados de la muy noble y muy leal cibdad de Andúxar, que en fin firmamos nuestros nombres, por nos y por nuestros parientes, y amigos, y valedores, y por todos los que por nos han de facer, decimos: Que por quanto agora nueuamente es venido a nuestra noticia el fallecimiento del muy alto y esclarecido príncipe el Rey nuestro señor Don Enrique, de gloriosa memoria (cuia ánima Dios aya), y porque la sucesión destos reynos de Castilla y de León no sabemos a quién vernà. Y considerando la buena gouernación y justicia en que vos, el muy virtuoso señor Don Alfonso, Señor de la Casa de Aguilar, a cuio cargo esta dicha cibdad está, nos haueis tenido y teneis, y las mercedes y buenas obras que de vuestra merced hauemos receuido y cada día receuimos, y la grand fidelidad y lealtad que siempre vos, el dicho señor Don Alfonso, y vuestros progenitores haueis tenido a la corona real destos reynos. Y porque en la elección de aquéllos se espera hauer algunos escándalos y inconuinientes, lo qual no plega a Nuestro Señor Dios por su infinita clemencia. Por ende, acatando los suso dichos, demás de las cosas que con vuestra merced tenemos capituladas y asentadas, por la presente otorgamos y prometemos, por nos y por las personas de suso dichas, que somos y seremos unánimes y conformes y conjuntos, y cada vno de nos con vos, el dicho señor Don Alfonso, y con la justicia y alcaide y otras personas que por vuestra merced en esta cibdad están e estouieren en la gouernación della para vos aiudar, y que vos aiudaremos con nuestras personas, gente y armas, y con todo que pudiéremos, para defender y amparar esta dicha cibdad, y sus lugares y términos, contra qualquier o qualesquier personas que contra vuestra voluntad la quisieren entrar y tomar y ocupar, y que seremos conformes con vos, sin ninguno discrepar, para lo que dicho es, para que podais tener y gouernar esta dicha cibdad y los dichos sus lugares y términos y fortalezas en toda paz y sosiego, e en buena gouernación y administración de justicia, e que seremos juntos con vos para que la obidiencia se dé a quien con derecho se deba dar, mandando primeramente confirmar y guardar los preuillegios de mercedes, y liuertades, y franquezas, buenos vsos y costumbres que esta dicha cibdad tiene, y para todo lo que de suso se face mención, y cada cosa y parte dello, seremos con vos, el dicho señor Don Alfonso, conformes como cada vno de nos lo faría por su propia vida, honrra y facienda, e sobrello pornemos a todo riesgo y peligro nuestras personas y bienes y cada vno de nos. E yo, el dicho Don Alfonso, prometo a vos los sobredichos, y a cada vno de vos, de guardar vuestras personas y honrras como la propia mía, y que así faré por vos como por mí mismo, y quando dar ouiere la obidiencia a quien deba, la daré con acuerdo y consentimiento del regimiento de la dicha cibdad y de los cauallleros y escuderos della, o los que dellos se fallaren presentes. E porque los vnos de los otros y los otros de los otros seamos ciertos y seguros que faremos y conpliremos lo suso dicho y cada vna cosa dello, juramos por Dios y Santa María, y por los Santos Euangelios, y por esta señal de cruz † en que cada vno de nos su mano derecha puso, y facemos pleito y omenage vna y dos y tres veces, vna y dos y tres veces, vna y dos y tres veces, segúnd fuero y costumbre Despaña, en manos de Diego López de Angulo, fijo de Juan de Angulo, y hombre fijodalgo, que es presente, y de nos y de cada vno de nos lo reciue, de lo así tener y facer guardar y complir, y de no ir ni venir contra ello ni contra parte dello, en ningúnd tiempo ni por ninguna cabsa, razón ni color que sea, *directe* ni *indirecte*. E so cargo del dicho juramento y pleito omenage prometemos de no pedir absolución, relaxación ni comutación del dicho juramento y pleyto omenage a quien la pueda dar, e aunque nos sea otorgada *propio motu* a instancia de otra persona no vsaremos della para yr ni venir contra lo sobredicho ni contra cosa alguna ni parte dello. En testimonio de lo qual otorgamos dos escripturas fechas en vn tenor ante los escriuanos públicos suso escriptos, para que cada vna de nos las dichas partes tenga la suia, e qualquier dellas que paresciere vala y faga fe. En las quales firmamos nuestros nombres, que es fecha en la dicha cibdad de Andúxar, 22 días del mes de diziembre del Nascimiento del Nuestra Saluador Jesuchristo de 1474 años. [Copia de las firmas] D. Alonso, Gonzalo Palomino, Pedro Palomino, Jorge Serrano, Alonso de Angulo, Juan de Cárdenas, Pedro Descauias, Pedro Sánchez, Pedro de Gragera, personero, Juan de Valenzuela, Gómez Suárez, Francisco Descauias, Pedro de Lucena, Pedro de Aluarez, Aluaro de Monferrado, Diego Mesía, Juan Palomino, rexidor, Fernando Caxo, Láçaro Cano, Reynoso, Pedro Serrano, rexidor, Diego de Varajas, Juan de Burgos, Moriana, Rodrigo Suárez, Pedro de Montoro, Juan Suárez, Diego Mesía [*sic*: está repetido], Gonzalo Suárez de Mestanza [una rúbrica], Juan de Mercado, Mateo de Sauriaga, Bartolomé Nauarro, Juan Serrano, Alonso Aluaracín. Yo, Bartolomé de Alcaraz, escriuano de cámara del Rey nuestro señor, y escriuano del concejo de la dicha cibdad lo firmé por mandado del dicho concejo y a ruego de Luis Nauarro y de Alonso Pérez de Amarguello, rexidores, y de Gonzalo Rodríguez de Caso y ... Cano, y Diego de Parraga, y Alonso de Parraga, y Juan García Blanco, que no saben escriuir. Fernando de Parraga, Çarco."

Documento 41:

"Pedro de Escauias: Vi vuestra carta y tengo vos en servicio lo que por ella me escrivís, y porque, como sabeis, es menester que esto de la provisión de Alma [*sic* por Alhama] parta luego yo, vos mando que por servicio mío travajeis cómo luego se dé rrecaudo de las bestias que esa ciudad de Andújar a de dar a las personas que allá e ynviado a mandar que se den, y todas las otras cosas que a esto tocan. Dad la priesa y rrecaudo que es menester. De Córdoba, diez y nuebe de avril de ochenta y dos. Yo el Rey. Por mandado de el Rey, Luis González."

Luis González había sido secretario de Don Fernando desde antes que éste ascendiese al trono de Castilla, y en cierta ocasión, en 1474, acompañó a Alonso de Palencia, quien estaba en Aragón como embajador castellano, a llevar un mensaje de Don Fernando a su padre, el rey Don Juan II de Aragón (Palencia, *Crónica de Enrique IV*, III, 278).

Respecto al socorro de Alhama, escribe Fernando del Pulgar: "Hera el principio del mes de mayo, el qual se pasaría en la entrada que el Rey quería facer a bastecer a Alhama; y era menester más tiempo, asý para juntar las gentes, como para aver las prouisiones que fuesen necesarias de traer de Castilla, porque en el Andaluzía aquel año avía avido mengua de mantenimientos" (*Crónica de los Reyes Católicos*, II, 22). Andrés Bernáldez puntualiza: "A catorce días del mes de mayo del dicho año de mill e cuatrocientos e ochenta e dos, fue el rey Don Fernando a ver a Alhama con muy grand hueste de gente" (*Memorias del reinado de los Reyes Católicos*, ed. M. Gómez-Moreno y J. de M. Carriazo [Madrid, 1962], pág. 120).

Apéndice III

REPORTORIO DE PRÍNCIPES, CAPS. CXLVI Y CXLVII

Publico aquí, sin alteraciones, los dos últimos capítulos del *Reportorio de príncipes de España,* manuscrito que se custodia en la Biblioteca del Real Monasterio del Escorial (ms. X-II-1). Sólo resuelvo las abreviaturas. El primer capítulo que publico (el CXLVI, correspondiente al reinado de Juan II de Castilla) está estrictamente inédito. El segundo (CXLVII, correspondiente al reinado de Enrique IV de Castilla) fue publicado por J. B. Sitges, como ya dije, en su obra *Enrique IV y la Excelente Señora, llamada vulgarmente Doña Juana la Beltraneja. 1425-1530* (Madrid, 1912), apéndice I, aunque con tantos errores de transcripción y de omisión que a menudo el texto es ilegible.

Capítulo CXLVI. *Como luego que murió el rey Don Enrique alçaron por Rey al príncipe Don Juan, su fijo, y de las batallas que ovo con christianos y moros, y de las otras cosas que en su tiempo acaecieron.*

Después que el rey Don Enrrique murió, el ynfante Don Fernando, su hermano, que fue después Rrey de Aragón, e todos los otros grandes del rreyno que allí se hallaron, alçaron por Rrey a su fijo el ynfante Don Juan el Segundo, que así ovo nombre, de los rreynos de Castilla e de León, el qual començó a rreynar en edad de vn año e nueve meses e diez e siete días, en el año del Señor de MCCCCVI años. E por quedar niño de tan poca hedad le fueron dado [*sic*] tutores a la rreyna Doña Catalina, su madre, e al ynfante Don Fernando, su tío, hermano del rrey Don Enrrique, su padre. El qual, por acuerdo e consejo de la Rreyna e de todos los Grandes del rreyno, ajuntó muchas gentes de los rreynos de Castilla e de León, e fue a facer guerra a los moros, e cercó luego a Çahara, e tan rrezio la mandó conbatir que los moros se ovieron de dar. E cercó a Setenil, e non le pudo tomar, pero estando sobre ella diéronsele Ayamonte, e la Torre del Alfaquín, e Pliego, e Cañete, e Ortexícar, e Las Cuevas. E quando el ynfante Don Fernando con los moros esta guerra començó leuó de Sevilla el espada que avía sido del noble e bien aventurado rrey Don Fernando. Otro año siguiente fue sobre la villa de Antequera, e teniéndola cercada faziéndola conbatir cada día, dos ynfantes moros con cinco mill de a cavallo e setenta mill peones vinieron a socorrer e descercar la dicha villa. E el ynfante Don Fernando hordenó sus batallas e pelearon ellos, e plogo a Dios que los moros fueron vencidos e murieron dellos fasta quince mill moros, e los otros que de allí escaparon se fueron a la cibdad de Granada, e valió el despojo de aquella batalla diez quentos e más. E después de muchos conbates e peleas que en la dicha cerca pasavan, entró e ganó la dicha villa de Antequera, martes diez días de setiembre de MCCCC e X años.

Este rey Don Juan casó con la ynfanta Doña María, fija deste ynfante Don Fernando, su tío, hermano de su padre, que fue después Rrey de Aragón. E ovo en ella vn fijo que llamaron Don Enrrique, el qual fue yntitulado Príncipe de Asturias. Y en tanto quel Rrey fue niño crióse por diez años continos o más en la villa de Valladolid, en poder de la rreyna Doña Catalina, su madre, sin salir a otras partes. E desque fue de hedad de doze años salió de allí y andubo por algunos lugares de la comarca en poder de Juan Furtado de Mendoça, que ya era su ayo. El qual Juan Furtado era casado con Doña María de Luna, y ella truxo de Aragón a vn sobrino suyo que llamavan Álvaro de Luna, y a causa suya el dicho Juan Furtado le puso en la cámara del Rrey. El qual tomó tanto amor con él, y fue tan grande privado que comoquier que el ynfante Don Juan, que fue Rrey de Navarra e después de Aragón, e el ynfante Don Enrrique, su hermano, Maestre de Santiago, primos del Rrey y hermanos de la rreyna Doña María, su muger, y otros grandes del rreyno, le fizieron desterrar de la corte por dos o tres vezes, tan grande privança fue la suya que no lo pudieron escusar que el Rrey no le fiziese el mayor honbre de sus rreynos. Estando en la villa de Tordesillas recreciéronse algunos movimientos y ayuntamientos de gentes, de causa que el rrey Don Juan tenía vna hermana que llemavan la ynfanta Doña Catalina, y el ynfante Don Juan, su primo, tratava de casar con ella. Y en este casamiento eran Don Sancho de Rrojas, Arçobispo de Toledo, y otros cavalleros que seguían al Ynfante. De la otra parte el ynfante Don Henrrique, su hermano, tratava para sí este mismo casamiento, y era en ello Don Rrui López de Avalos, Condestable de Castilla, y Pedro de Velasco, y otros cavalleros. Sobre lo qual cada vna de las partes juntaron muchas gentes de armas en la cibdad de Ávila y en El Espinar, y por las comarcas. Y de allí a pocos días derramaron las gentes, y el Rrey pasó los puertos y fuese a Talavera. Y de allí se fizo el desposorio del ynfante Don Enrrique con la ynfanta Doña Catalina, su prima, porque a ella plogo más este casamiento que el otro. E estando el Rrey allí, so la gracia de Don García Fernández Manrrique, que por el dicho ynfante Don Henrrique lo tenía en cargo, vn día salió a caça, e como fazía niebla, e tenía trato con algunos cavalleros que eran de la parte del ynfante Don Juan, que por entonces favorecía al ya dicho Álvaro de Luna, alexóse de la villa quanto pudo e pasó la varca de Malpica e fuese a la fortaleza de Montalván. E como se sopo en Talavera que el Rrey era ydo ovo grande alteración. E luego el ynfante Don Enrrique e los otros cavalleros de su opinión cavalgaron e fueron en pos dél, e asentaron su rreal sobre Montalván, do estovieron algunos días con grandes aguas e fríos, e fue fama que por mengua de viandas el Rrey y los que allí estavan comieron algunos cavallos. Pero al fin moviéronse algunos tratos de concordia entre los dichos Ynfantes a los otros cavalleros que le [sic] seguían, e cada vna de las partes trabajava por traer al Rrey a su poder e governar el rreyno.

El Rrey salió de allí e vínose para la villa de Madrid. El ynfante Don Enrrique, con la ynfanta Doña Catalina, su muger, fuese para su villa de Ocaña. Y dende a pocos días, estando el Rrey en Madrid, y con él el Arçobispo de Toledo Don Sancho de Rrojas, e otros cavalleros y grandes señores del rreyno, tratóse quel ynfante Don Enrrique viniese a la corte para entender en el seruicio del Rrey y al bien de sus rreynos. Y el día que llegó fue preso en el palacio del Rrey, y llevado al castillo de Mora, que es cerca de Toledo, y entregado a vn cavallero que se llamava Lope García de Oyos, de lo qual pesó a muchos del rreyno porque el Ynfante era muy amado de todas las gentes. La ynfanta Doña Catalina, hermana del Rrey, como supo la prisión del ynfante Don Enrrique, su marido, por rrecelo que ovo de ser detenida partió de la villa de Ocaña e fuese al castillo de Segura, y dende a pocos días fuese para Aragón, al rrey Don Alonso, que era hermano del Ynfante su marido, y casado con la rreyna Doña María, hermana de la dicha Ynfanta. Asimesmo se fue para allá Don Rrui López de Avalos, Condestable de Castilla, con el mismo rrecelo, y estando en Aragón adoleció e falleció, y luego que fue muerto el Rrey fizo su Condestable de Castilla a Álvaro de Luna, su privado, y heredólo de muchos vasallos y rrentas en sus rreynos, y de cada día se fazía más poderoso, tanto que luego casó con Doña Juana Pimentel, parienta del Rrey, fija de Don Rrodrigo Alonso Pimentel, Conde de Benavente, sobrina del Almirante Don Fadrique y del Adelantado Pedro Manrrique, fija de su hermana.

E luego quel ynfante Don Enrrique fue preso, el Rrey mandó secrestar todas sus villas e lugares de su patrimonio en poder del ynfante Don Juan, su hermano. E así pararon los fechos del rreyno algún tiempo, fasta que a grande ynstancia del Rrey de Aragón, y por escusar escándalos que sesperavan, que de cada día se aparejavan para entrar poderosamente en Castilla con ayuda de otros grandes señores del rreyno que querían librar al ynfante Don Enrrique, el Rrey lo mandó soltar, en fin de tres años y tres meses y tres días que auía estado preso en el dicho castillo de Mora. Y según fama, no yría él media legua de allí quando se dixo que el Rrey avía enbiado a mandar a Lope García de Hoyos, que lo tenía en cargo, que lo detoviese. El ynfante Don Enrrique, como fue delibrado de la prisión, fuese a Ocaña, e dende continuó su camino para el Rrey de Aragón, su hermano, a le fazer rreverencia y dar gracias por su deliberación, y a ver a la ynfanta Doña Catalina, su muger, que allá estava. Y dende bolvióse a Castilla, y vino a facer rreverencia al Rrey, el qual lo rrezibió bien y alegremente, ca le amaba naturalmente, e se holgava mucho con él, pero el amor que avía al Condestable, que era su contrario, precedía a todas las otras afiziones, y luego mandó alçar la secrestación de sus villas y lugares, y entregárgelos libremente. E así pareció estar en sosiego por algún tiempo las cosas del rreyno. Pero como la privança del Condestable Don Álvaro de Luna era tan ecesiua y tan grande, y cada día se fazía más poderoso en el rreyno, y el Rrey le daua mayor lugar a todo lo que quería, así el Rrey de Aragón como el ynfante Don

Juan, que ya era Rrey de Navarra, por casamiento que fizo con Doña Blanca, Rreyna de Navarra, y el ynfante Don Enrrique, sus hermanos, y otros muchos señores grandes de Castilla eran muy descontentos dello. El Rrey de Aragón entró poderosamente en el rreyno de Castilla, y luego se juntaron con él el rrey Don Juan de Navarra y el ynfante Don Enrrique, sus hermanos, y llegaron con su gente hasta Santa María de Sopetrán, que es cerca de la villa e fortaleza de Hita, a fuzia de otros señores e cavalleros que se dezía se avían de juntar con ellos. La yntención de los Rreyes de Aragón e de Navarra e del ynfante Don Enrrique era apartar del Rrey al condestable Don Alvaro de Luna, y dar otra horden en la governación de sus rreynos. Pero como el rrey Don Juan oviese tanto amor al Condestable, y él fuese ya fecho tan grande y estoviese enparentado en el rreyno, por causa de ser casado con fija del Conde de Benavente, el Rrey mandó llamar todas sus gentes y vasallos, y allegó vna muy grand hueste de gentes darmas y peones. Y en tanto que rrecogía su egército en la comarca de la cibdad de Palencia, enbió al condestable Don Alvaro de Luna con quatro mill lanças de muy buenos cavalleros la vía por donde el Rrey de Aragón y sus hermanos venían. El qual asentó su rreal en vn cerro alto questava a dos leguas del rreal del Rrey de Aragón, que llamavan el Cerro de los Ynfantes. Los quales como supieron la venida del Condestable, luego levantaron su rreal y movieron sus batallas hordenadas contra donde estava, y pensando que aquel día se diera la batalla los vnos y los otros se confesaron. Pero el Condestable no descendió del cerro ni de la ventaja que tenía. El Rrey de Aragón asentó su rreal en lo llano, cerca del cerro, y de ora en ora llegava mucha gente al Condestable, y el rrey Don Juan venía en pos della con toda su gente. E quando el Rrey de Aragón conoció que los cavalleros de Castilla, en quien tenía fuzia que se avían de juntar con él, non le acudieron, antes se fueron al Rrey, y moviéronse tratos esa noche que el Rrey de Aragón saliese de Castilla y se fuese para su rreyno de Aragón. E así lo fizo, ca luego otro día se levantó de do estava y tomó su camino para Aragón. Y llegando a Aguasbiuas, que es el mojón de los rreynos, el ynfante Don Enrrique, su hermano, bolvióse con su gente para Ocaña. Y el Condestable con la gente que tenía fuese al rrey Don Juan, questava en el rreal de Benamaçán. Y allí llegó estonce Don Fadrique, Duque de Arjona, tío del Rrey, con gente. Y luego esa noche que llegó fue preso en la' tienda del Rrey, diziendo que avía sido en el trato del Rrey de Aragón. Y luego otro día Don Luis de Guzmán, Maestre de Calatrava, por mandado del Rrey lo levó a Almaçán, y lo entregó a Mendoça, Señor de aquella villa, para que lo touiese en la fortaleça della, do estouo algunos días fasta que el Rrey hordenó dél en otra manera, pero sienpre estovo preso fasta que murió.

E esto fecho, el Rrey se partió con fasta quince mill lanças, honbres darmas, y ginetes, y mucha gente de pie de Vizcaya y de las Montañas, que serían hasta ochenta mill peones, y entró por el rreyno de Aragón, y conbatió el castillo de Hariça. Y estando allí, llegó la Rreyna de Aragón, su hermana, y trabaxó mucho por ponellos en paz, y no pudo, pero fizo tanto que el Rrey de Castilla, su hermano, no pasó adelante, como lo tenía en voluntad, y boluióse para su rreyno y proveyó las fronteras de Aragón y de Navarra, y la otra gente mandóla derramar, con que al año siguiente estoviesen aparejados quando los mandase llamar. Y vínose a Valladolid y a Medina del Canpo, y mandó rrepartir las villas y lugares del Rrey de Navarra y del ynfante Don Enrrique, su hermano, que tenían de sus rreynos, e entonces fizo a Pedro de Velasco Conde de Aro, y dio a Alva de Tormes a Don García de Toledo, Obispo de Palencia, que fue después Arçobispo de Toledo, y él diola a Fernán Alvarez, Señor de Valdecorneja, su sobrino, que fue Conde de Alva, y al Adelantado Pedro Manrrique dio Paredes de Nava, que eran del Rrey de Navarra, e a Pedro de Astúñiga fizo Conde de Ledesma, y a Don Pero Ponce de León Conde de Medellín, y al maestre de Calatrava Don Luis de Guzmán dio Andújar, que eran del ynfante Don Enrrique, e así se rrapartieron [sic] todas las otras sus villas, salvo algunas que el Rrey rretubo para sí. E al condestable Don Alvaro de Luna fue dado la administración del Maestrazgo de Santiago.

El año siguiente, que fue de MCCCCXXX años, el Rrey mandó llamar todas sus gentes para entrar en los rreynos de Aragón e de Navarra. Estando en el rreal de Garray con muy grande egército, ques allende de la cibdad de Soria, la Rreyna de Aragón, su hermana, trató pazes e treguas entre los Rreyes por cierto tienpo, las quales asentadas e pregonadas luego yncontinente mandó pregonar la guerra contra los moros en presencia de ciertos cavalleros moros, mensageros del Rrey de Granada, que allí estavan tratando paces entre el rrey Don Juan y el Rrey de Granada. Los quales viendo al Rrey necesitado y ocupado en aquella guerra de Aragón y de Navarra sestendían a demandar las treguas con partidos y condiciones desaguisados, y desque bieron de sorpresa fechas las paces con Aragón y Navarra, y la guerra buelta y pregonada contra ellos, fueron muy tristes. Y luego se boluió el Rrey para sus rreynos, y mandó proveer de gentes y capitanes las fronteras de los moros, y la gente demasiada despedilla para sus casas. Y así pasó aquel año, pero como quiera que las paces e treguas de los Rreyes de Castilla y de Aragón y Navarra se asentaron, el Rrey de Navarra quedó en su rreyno, y el ynfante Don Enrrique, su hermano, como se bolvió desde Aguasbiuas y se fue a Ocaña, según ya dicho es, partió luego de allí. Y el Conde de Benavente con gentes del Rrey e suyas siguiéronlo fasta la villa y castillo de Segura, y dexó allí la ynfanta Doña Catalina, su muger, y fuese para Alburquerque, que era suya. Y estando allí, y con él el ynfante Don Pedro, su hermano, y Don Juan de Sotomayor, Maestre de Alcántara, que era criança y fechura del rrey Don Fernando de Aragón, su padre, el Rrey fue sobre ellos y estovo allí algunos días, y desque no pudo ál facer bolvióse y dejó sus fronteros. Pero en este tiempo Don Gutierre de Sotomayor, sobrino del Maestre de Alcántara, que era Comendador de Lares, por trato que tenía con el rrey Don Juan y con el condestable Don Alvaro de Luna, prendió al ynfante Don Pedro, su hermano, de pura necesidad, en el castillo del convento de Alcántara, fiándose dél. Por la deliberación del qual, el ynfante Don Enrrique, de pura necesidad, ovo de entregar al Rrey la villa e castillo de Alburquerque y el castillo de Segura y todas las otras fortalezas que en Castilla tenían. Y los Ynfantes y el dicho Maestre de Alcántara fuéronse a Portugal al rrey Don Duarte, que era casado con la rreyna Doña Leonor, hermana de los dichos Ynfantes. Y el Rrey dio el Maestrazgo de Alcántara a Don Gutierre de Sotomayor, sobrino del Maestre, que lo avía criado y fecho Comendador de Lares y fiava dél como de verdadero hijo.

En el año siguiente de MCCCCXXXI el Rrey mandó llamar todas sus gentes para la guerra de los moros, y fue a la cibdad de Córdova. Y en tanto que las gentes se llegavan, el condestable Don Alvaro de Luna entró por Alcalá la Rreal con fasta quatro mill lanças a tierra de moros. Y dejando la vega de Granada a la mano yzquierda fue a Taxara y a Loxa y salió por Archidona a Antequera, talando y destruyendo todo quanto falló. El rrey Don Juan partió de Córdova y fue a Alcalá la Rreal con fasta cinco mill de a cavallo y diez mill peones, y allí esperó la gente que venía en pos dél. Estovo quatro días, y en tanto Fernán López de Saldaña y Alonso Pérez de Biuero y el rrelator Fernando Díaz de Toledo dieron horden para que el rreal buese bien proveydo, rrepartiendo a la cibdad de Córdova y su tierra, a todas las otras villas y lugares de Guadalquivir allende contra Granada, y a las cibdades de Jahén, y Uveda, y Baeça, y Andújar, y al Adelantamiento de Caçorla, y al Arçobispado de Sevilla, con las dos sierras de Fregenal fasta Guadalcanal, y a todos los otros lugares de su Arçobispado, y al Arçobispo de Toledo, con la villa de Ocaña y los Canpos de Montiel y de Calatrava, y Cibdad Rreal, que llevasen pan cocido, y farina, y cevada, y vacas, y carneros, y vinos, a cada villa o lugar aquello que le pertenecía. Para lo qual enbiaron bachilleres y personas diligentes y discretas con cartas del Rrey y con grandes premios y penas. E así fue el rreal bien proveydo.

En estos quatro días quel Rrey estovo en Alcalá llegó toda la gente, y otro día partió de allí con fasta doze mill lanças de honbres darmas, y ginetes, y muy muchos peonajes, y gran carretería, y fardaje de petrechos, y fue [a] asentar rreal a la Cabeça de los Ginetes. Y allí estovieron otro día, dando horden cómo avían de yr las batallas, y que el Conde Don Pero Ponce de León con quinientos de a cavallo y quinientos peones quedase aposentado en vn cerro questá junto con Moclín, que es el primer lugar de los moros, porque las rrecuas y mantenimientos pudiesen pasar seguramente al rreal de la vega de Granada, sin temor de Yllora y de Moclín. Otro día partió el Rrey de la Cabeça de los Ginetes, y pasó por el Puerto Lope y fue [a] asentar rreal cerca de Velillos. Y en el avanguardan [sic] yva Diego de Rribera, Adelantado Mayor de la frontera, con mill y quinientos cavallos de la gineta, el qual tenía cargo de aguardar al Condestable. E luego yva el Condestable con tres mill honbres darmas en su batalla, el qual se apartó aquel día, y con él el Conde Don Pedro Niño y Don Juan Rramírez de Guzmán, Comendador Mayor de Calatrava, que dezían Carne de Cabra, con fasta sesenta ginetes, todos honbres destado y escogidos, por aver fabla con el alcayde de Moclín. El qual, dando fucia que saldría, detóvolos ora y media en palabras, yendo y viniendo lo tratando, en tanto quel Rrey con toda la hueste pasava el Puerto Lope. Y en este espacio salieron escondidamente de noche cinquenta vallesteros moros, y pusiéronse en el cabo de aquella sierra del Puerto Lope, porque no se concertaron en la fabla. Y desque el alcayde de Moclín conoció que los vallesteros estavan en el lugar do les mandó poner, fizo tirar truenos y lonbardas al Condestable. El qual, por no rrodear cerca de vna legua, acordó de tomar vna vereda que atravesava por en somo de la sierra, y decendiendo la sierra abaxo dieron los moros con ellos, de manera que se vieron en gran peligro, y mataron diez o doze cavalleros. Y fizieran mayor daño si no fuera por vnos seys vallesteros de cavallo que el Condestable llevava, que como los moros estavan desarmados fazían daño con ellos, y fiziéronlos apartar del camino. Y así ovieron lugar de pasar y alcançaron al Rrey en el Llano, y asentaron aquel día el rreal en la sierra de Velillos, según dicho es. Otro día fue [a] asentar el rreal al rrío de la Puente de Pinos, media legua encima, a la mano yzquierda. Y de allí fue Fernán Lope [sic] de Saldaña con dozientos honbres darmas, e llevó dos lonbardas, e conbatieron la torre de la dicha puente, porque diez moros questavan en ella nunca se quisieron dar a pleytesía. Y al fin la torre cayó en el suelo con ellos, e murieron allí. Otro día siguiente se levantó el rreal de allí y fueron en la delantera el Adelantado Diego de Rribera e el Comendador Mayor de Calatrava, Carne de Cabra, con mill e quinientos ginetes a ver donde asentarían el rreal sobre la cibdad de Granada. E aquel día salieron al canpo dos mill de a cavallo moros, e entre ellos e los christianos grandes escaramuças [¿hubo?], tanto que se fizo gran rrebato e [sic] la hueste, que ovo de correr allá con su batalla Don Pedro de Velasco, Conde de Haro, e ansí se movieron todas las otras batallas en buena horden. Y aquel día se asentó el rreal cerca de vna sierra alta questá a ... de Granada. E luego fue puesto el palenque en torno de madera, e vna casa asimismo de madera. En vna de las tiendas del Rrey, en que dormía e tenía su cama, y cerca de sus tiendas, junto con Guadalgenil, mandó aposentar al rrey Abenalmau, que el Rrey quería facer Rrey de Granada. E con él otros fasta quinientos cavalleros moros que a él se avían pasado. Y en espacio de beynte días que se fazían las talas, cadaldía cabía la guarda del erbaje a vn cavallero de los grandes. Y de cada día ansimesmo entravan en Granada los alcaydes, caudillos y cabeceras de las cibdades e villas del rreyno de Granada, con gentes y cavalleros al llamamiento del Rrey de Granada El Yzquierdo. A causa de lo qual el rrey Don Juan, creyendo que todas las gentes de los moros se juntavan que querían pelear y la batalla se daría, no consentía que de su rreal saliese gente ninguna a fazer daño a otras partes del rreyno de Granada. Y de contino entre moros y christianos avía escaramuças, y se prendían y matavan vnos a otros. Estavan con el rrey Abenalmau, entre otros cavalleros, dos muy principales, que dezían al vno Abenámar, al otro Rrau, los quales rreprendían mucho al Condestable y a los otros señores que se juntavan en su consejo, diziendo que davan muy mala orden en la guarda de la gente, porque los más de los días llevavan a Granada cien cativos. Y de aquel día en adelante todas las cosas de la guerra se fazían con consejo de aquellos dos cavalleros. Quando el Rrey de Granada y los moros entendieron que tenían gente asaz de cavallo y de pie para dar la batalla, salieron de Granada con vn · Ynfante sobrino del Rrey, porque él era viejo, y asentaron su rreal en los olivares y viñas questavan entre Granada y el rreal del rrey Don Juan. Y vn domingo por la mañana, teniendo la guarda el Maestre de Calatrava Don Luis de Guzmán, salieron los moros con toda la más gente de cavallo y de pie que pudieron aver. E sus batallas travaron con el dicho Maestre muy grand escaramuça, y en tan grand estrecho le pusieron que ovo de enbiar a pedir socorro al Rrey. Y luego prestamente salió a le socorrer el Adelantado Diego de Rribera con mill de a cavallo, mas de la gineta, y encontynente todo el rreal se armó, y salieron las batallas en la horden que se sigue: Yva la batalla del condestable Don Alvaro de Luna en ... con tres mill honbres darmas, y aguardavan a su vandera beynte y dos estandartes; hordenavan la frente de su batalla el Conde Don Pero Niño y el alférez Juan de Silva, que fue después Conde de Zifuentes. E el ala derecha llevava el Obispo Don Juan de Cereçuela, hermano del Condestable, que fue después Arçobispo de Toledo, y Alonso Téllez Girón, Señor de Belmonte. Levaban el ala yzquierda Rrui Díaz de Mendoça, Mayordomo Mayor del Rrey, y Fernán López de Saldaña. Y a la parte derecha de la batalla del Obispo y de Alfonso Téllez, yva la batalla de Don García Fernández Manrrique, Conde de Castañeda, y en par della, vn poco apartado, yva la batalla de Don Enrrique de Guzmán, Conde de Niebla. Y cerca y en par della yba la batalla de Don Pedro de Astúñiga, Conde de Ledesma, que después fue Conde de Plasencia. Aquel día, antes que se diese la batalla, estos dos Condes de Niebla y de Ledesma se fizieron amigos, que fasta entonces no lo eran. Y a la parte yzquierda yva la batalla de Don Pedro de Velasco, Conde de Aro, y la batalla de Don Luis de Guzmán, Maestre de Calatrava. Y cerca della yvan los cavalleros moros que andavan con el rrey Abenalmau. El peonaje yva hordenado en los lugares do convenía, y cada cavallero llevava lo suyo que era de su casa e de su tierra. En la batalla del rrey Don Juan yva el Conde de Benavente, y el Adelantado de Galicia, y Don Gonçalo de Astúñiga, Obispo de Jaén, hermano del Conde Don Pedro, y otros cavalleros de grandes linajes y buenos estados, que serían tres mill lanças y mucha gente de pie. Todas estas batallas yvan vnas en par de otras, salvo la del Rrey que venía en la rreguardia. Las batallas de los moros parezía que duravan vna legua en largo, y muy espesa en ancho. Y tan cerca estavan los vnos de los otros que en todas las batallas de los christianos alcançavan las vallestas de los moros. Y duró más de media hora que no fue acometida la batalla, porque a cada capitán era mandado que sin mandado del Rrey, o fasta que la batalla del Condestable acometiese, todos se estubiesen quedos y bien hordenados. El Condestable embió al Comendador Mayor de Calatrava, y al Conde de Aro, y a García Sánchez de Alvarado, y así cada vno de los otros capitanes envió vn cavallero al Rrey, a saber dél si mandava que se diese la batalla, porque los christianos rrezibían mucho daño de los truenos y vallestas de los moros. El Rrey rremitiólo al Condestable, y bueltos a él, entre los vnos y los otros avían diversos botos, ca vnos dezían que no se devía dar la batalla, porque ya era tarde para ello. Otros dezían que se diese luego. En fin, Don Rodrigo de Luna, Prior de San Juan, tío del Condestable, que pues el fecho era a él rremitido por el Rrey, que en todo caso se diese luego la batalla ca de otra manera, si la gente al rreal se boluiese sin pelear, los moros tomarían grand esfuerço, y avn los christianos cobrarían flaqueza, y él rrecibiría mucha mengua. Y luego se determinó se diese la batalla, y que cada cavallero de aquéllos se bolviese a su señor, y como oyesen las tronpetas y atabales del Condestable y la boz de "Señor Santiago", que todos acometiesen y diesen en los moros.

Luego fue començada la batalla. Finalmente plugo a Nuestro Señor Dios que los moros fueron vencidos, y los christianos siguieron el alcance fasta las puertas de Granada, do murieron beynte mill moros y fueron muchos presos. E por la parte que fueron los

Condes de Niebla y de Ledesma ovo mucho daño en los moros, y ellos y sus gentes lo rrezibieron. Y al Conde de Castañeda, Garci Fernández Manrrique, copo en suerte las viñas y vna figuera grande donde muchos moros se rretrajeron, y allí rrezibió asaz gran daño, pero al cabo murieron en derredor de aquella figuera más de mill moros. Después de seguido el alcance, el Rrey rrecogió sus gentes y algunos muertos y feridos. Bolvióse a su rreal muy alegre por la vitoria que Dios le avía dado contra sus enemigos.

El lunes siguiente rreposó la gente, y otro día el Rrey con todas sus batallas llegó fasta las puertas de la cibdad de Granada, atalando y quemando panes, y huertas, y alquerías. Y con el Abenalmau, que se llamava Rrey de Granada, en vna batalla con quinientos de a cavallo y con vna vandera con la divisa del Rrey. Y non salió persona de Granada, y algunas batallas pasaron allende del Alcáçar Xenil fasta las faldas de la Sierra Nevada. Y todo aquel día se gastó en talar y quemar, y boluióse el Rrey a su rreal en poniéndose el sol.

Dende a seis o siete días, estando la cibdad de Granada para se dar, por algunas divisiones que rrecrezieron, y estavan nacidas entre los cavalleros y el Condestable, e por nuestros pecados, que no quiso Dios dar lugar a ello, de súpito se levantó el rreal y el Rrey se vino para Alcalá la Rreal, y dende para la cibdad de Córdova. Y proveyó las fronteras de gentes y capitanes, y boluióse para Castilla. Y esta guerra se continuó con los moros seis o siete años, faziendo los capitanes de los fronteros las talas cada año en la vega de Granada, y a Baça, y a Guadix, y a Málaga, y a todas las otras partes del rreyno, y haziendo muchas cavalgadas, por manera que los moros estavan en grande aprieto para se dar y entregar al Rrey. E muchos lugares de moros se ganaron por combate y algunos por trato, desde Lorca a Tarifa. Son los siguientes: Vélez el Rruvio, Vélez el Blanco, Ticieza, Chiquera, Orze, el Boxalborox, Cortes, Bençalema, Benamaurel, Castril, Arenas, Huesca, Galera, Castilleja, Cúllar, Huelma, Colera, Bexix, Cantoya, Ximena, Castellar, Biémez, y otros lugares y castillos, avnque con las discordias y guerras que entre los naturales de Castilla se levantaron ovo de cesar la guerra de los moros, y muchos destos lugares se tornaron a perder.

La causa desto fue que el rrey Don Juan, por consejo y subjeción del condestable Don Alvaro de Luna, mandó prender al

Adelantado Pero Manrrique, hermano del Almirante Don Fadrique. Y estando preso en poder de Gómez Carrillo de Albornoz, que dezían El Feo, en el castillo y fortaleza de Fuentidueña, soltóse de la prisión y fuese a donde stava el Almirante, su hermano. Y como eran grandes señores y enparentados en el rreyno de Castilla, y todos casi stavan enojados de la privança del Condestable, así los parientes de su muger como los otros, ovo gran movimiento en el rreyno. E luego el Rrey, y los vnos y los otros començaron de llamar y ajuntar gentes. Y al fabor y ayuda de los dichos Almirante e Adelantado rrespondieron y se llegaron muchos de los cavalleros deste rreyno, por manera que cada vna de las partes por esforçar más su partido ... eran la vna el Condestable y sus valedores, y la otra los dichos Almirante y Adelantado y sus valedores, parientes y amigos, salvo que el Rrey ayudava y sostenía al Condestable. Enbiaron llamar al Rrey de Navarra y al ynfante Don Enrrique para que viniesen y entrasen en Castilla, que avía buen tienpo questavan fuera della. Los quales luego vinieron, y el Rrey de Navarra se vino para el Rrey a Medina del Canpo, donde stava rrecogiendo las gentes. Y el ynfante Don Enrrique se vino a Valladolid, donde staban el Almirante y el Adelantado Pero Manrrique, y Don Rodrigo Alonso, Conde de Benavente, y Don Pedro de Astúñiga, Conde de Ledesma, y otros muchos cavalleros y grandes señores. El Rrey luego mandó tornar al Rrey de Navarra sus villas y lugares, y muchas de las del ynfante Don Enrrique se levantaron y alçaron por él. Y la cibdad de Toledo y otras cibdades del rreyno tomaron la boz y opinión del dicho Ynfante. Y de los cavalleros y honbres destado que vivían con el Condestable y avían dél acostamiento, se le enbiaron a despedir y se juntaron con los otros. Y andando las cosas tan rrotas entre los vnos y los otros, el Rrey de Navarra se tornó a juntar con el ynfante Don Henrrique, su hermano, e asimesmo la rreyna Doña María, su hermana, muger del rrey Don Juan, y el príncipe Don Enrrique, su fijo, que era ya casado con la princesa Doña Blanca, fija del dicho Rrey de Navarra, y fueron [a] asentar rreal sobre Medina del Canpo, donde el rrey Don Juan estava. Y la boz y demanda que levavan era que el Rrey apartase de sí al Condestable e lo prendiese. Y estando sobre la dicha villa, o por trato que por algunos de los de dentro tenían, o por escalas, el Rrey de Navarra y el ynfante Don Enrrique, su hermano, y todos los otros cavalleros y sus gentes entraron en

Medina. Y luego el Condestable y el Arçobispo de Toledo, su hermano, y Don Gutierre de Sotomayor, Maestre de Alcántara, y otros cavalleros, se armaron y cavalgaron a cavallo, y se rretrayeron a La Mota. Y a la puerta della, cerca de San Francisco, pelearon vn rrato, pero al fin el Condestable y los que con él estavan entraron en La Mota y salieron por otra puerta, y fuéronse fuyendo a Ávila, y dende a la villa Descalona, que era suya. El Rrey estava armado a cavallo, con su gente y su pendón rreal en la plaça, delante de su palacio. Y como el Rrey de Navarra y el Ynfante, su hermano, y los otros cavalleros llegaron y lo vieron, luego mandaron tener sus gentes y omillaron sus estandartes al pendón rreal del Rrey, y le fueron a fazer rreverencia. Y luego llegó allí la Rreyna llorando, y el Rrey se rretruxo a su palacio, pero en la ... tanbién se puso a sacomano fasta su cámara, por algunos que curavan más de rrobar que de pelear, sin que por aquellos señores se pudiese rremediar. Y ansí quedó el Rrey en poder de la Rreyna y del Príncipe, su fijo, y del Rrey de Navarra, y del ynfante Don Enrrique, y de los señores que siguían aquella opinión. Y luego començaron de dar horden en la governación de la casa del Rrey y del rreyno. E como quel Rrey quedase en poder de los dichos señores, y él firmava y librava todo lo que por ellos se acordava, y el Condestable estava fuera de la corte, en la su villa Descalona, siempre avía entre él y el Rrey tratos de secreto. Y en lo quel Rrey podía, mirava por él y fazía lo que podía. Y sobrestas diferencias, antes y después, pasaron grandes fechos darmas y rroturas, así como la de Varajas, do pelearon a vanderas desplegadas de la vna parte Don Fray Fernando de Padilla, Clavero de Calatrava, y sus hermanos, y parientes, y otros cavalleros, y gentes de Don Luis de Guzmán, Maestre de Calatrava, y de la otra Don Frey Juan Rramírez de Guzmán, Comendador Mayor de la dicha Horden, y sus fijos, y hermanos, y parientes, y otros cavalleros de la Casa del ynfante Don Henrrique. Y el dicho Comendador Mayor fue vencido y desbaratado, y preso él y sus hermanos y fijos, y muertos otros muchos. Asimesmo cerca de Torote pelearon el Marqués de Santillana, Don Yñigo López de Mendoça de la vna parte, y el Adelantado Juan Carrillo y gentes del condestable Don Álvaro de Luna de la otra, do ovo muy gran daño de muertos, de honbres y cavalleros. Allí perdió el Adelantado vn fijo que le mataron, solo que tenía. Después non fue de menos sangre derramada quando cerca de Cercedón, ques entre Andújar y Arjona, pelearon en canpo Don Rrodrigo Manrrique, Conde de Paredes, que fue después Maestre de Santiago, y Don Día Sánchez de Benavides, que fue Conde de Santisteban, de la vna parte, y Juan de Guzmán, fijo de Don Luis, Maestre de Calatrava, y Juan de Merlo, y otros cavalleros, a la otra, do murieron de amas partes ciento y quarenta honbres y docientos y cinquenta cavalleros, entre los quales murió Juan de Merlo, y otros cavalleros de buenos linajes. Ansimesmo pasaron otros muchos rrencuentros de vnos con otros.

El rrey Don Juan estando en la villa de Portillo, y en la guarda dél Don Diego de Sandoval, Conde de Castro, que por el Rrey de Navarra y por el ynfante Don Enrrique tenía cargo della, y el Rrey de Navarra andando por Castilla, y el Ynfante estando en el Andalucía por la asosegar e tener de su parte, en especial a Sevilla, como el Rrey estava a su desplazer en no tener cerca de sí al Condestable, siempre tratava con el Príncipe, su fijo, y con otros cavalleros del rreyno por se delibrar y andar a su plazer. Y teniendo sus tratos concertados, el príncipe Don Enrrique partió de Segouia con la más gente que pudo, y vino a la cibdad de Ávila, y allí se juntaron con él el condestable Don Álvaro de Luna, y el Marqués Don Iñigo López de Mendoça, y Don Fernán Álvarez de Toledo, Conde de Alva, y otros cavalleros. Y partieron de allí y fueron la vía de Burgos, y allá se juntaron con el Príncipe, Don Pedro de Velasco, Conde de Haro, y Don Pedro de Astúñiga, Conde que ya era de Plazencia, y otros cavalleros. Y partieron de allí y fueron la vía de Panpliega, y el Conde de Benavente, y otros cavalleros, y el Rrey de Navarra, y el Almirante. Y estando los vnos y los otros en el canpo a vista con sus batallas, moviéronse tratos. Y començando a capitular, y andando los tratos de la vna parte a la otra, acaeció que García de Ferrera venía con cien lanças a juntarse con el Rrey de Navarra. Y como él supo que venía enbió a Fernán López de Saldaña y a Don Fernando de Rrojas con dos batallas a los rrezibir y pasar en salvo. El Príncipe y los que con él estavan, como vieron salir aquellas dos batallas de las otras, y no sabían nada de la benida de García de Ferrera, pensaron que yvan a dar en su fardaje, y rrompiéronse los tratos y el capitular. Y enbiaron al Conde Don Alvar y a otros cavalleros allá, y pelearon parte de aquellas batallas. Y Don Fernando de Rrojas, fijo del Conde de Castro, y Fernán López de Saldaña fueron desbaratados, y

García de Ferrera fue preso y destroçado. Y cada vna de las partes rrecogió su gente y asentaron su alojamiento media legua los vnos de los otros. Y a la media noche fue dicho al Príncipe cómo el Rrey de Navarra era partido y se yva, y luego movieron de allí, siguiendo la vía que levava. El Príncipe llegó a Peñafiel, que era del Rrey de Navarra, y entró en la villa por fuerça. Y estando allí llegó el rrey Don Juan, que se avía delibrado de la villa de Portillo, porque como quier que el Conde de Castro tenía cargo de la guarda dél, e como el Rrey cavalgava y salía a caçar quando le plazía, y no le avía de facer otra premia, partióse de la dicha villa de Portillo vn día que lo tenía concertado, sin enpacho ninguno, y fuese al Príncipe, su fijo, y a los cavalleros que con él estavan. E como llegó a Peñafiel, luego se le dio la fortaleza, que la tenía Mosén Juan de Puelles y otros criados del Rrey por tratos, y luego que se la entregaron mandóla derribar.

El ynfante Don Enrrique, estando en la cibdad de Córdoua, sabido todas estas cosas, vínose a la cibdad de Toledo, a llamamiento de Pero López de Ayala, que la tenía. Mas según pareze por aventajar y dar conclusión en vn trato que tenía pendiente con el Rrey, él tovo manera quel Ynfante saliese de Toledo a su desplazer. Y fuese a Ocaña, y dende tomó su camino para Lorca, do le acogió Alonso Fajardo que la tenía. Y luego fue sobre él el príncipe Don Enrrique y el condestable Don Álvaro de Luna, y estovieron dende algunos días, y no le podieron enpecer y bolviéronse.

El Rrey de Navarra después que partió de Panpliega, de jornada en jornada no paró fasta Navarra. Y al año siguiente, que fue de MCCCCXLV años, el Rrey de Navarra tornó a entrar en Castilla, y juntó consigo a Don Luis de la Cerda, Conde de Medinaceli, y Fernán López de Saldaña, y otros cavalleros. Y el ynfante Don Enrrique partió de Lorca, y fuéronse a juntar en Corpa y en Santorcaz. Y fueron a dar vista al Rrey y al Príncipe, su fijo, a Alcalá de Henares. Y de allí pasaron los puertos y fuéronse a la villa de Olmedo, que era del Rrey de Navarra. Y allí se juntaron con ellos el almirante Don Fadrique, y los Condes de Benavente, y de Castro, y de Paredes, y Pedro de Quiñones, y otros muchos cavalleros. El rrey Don Juan partió luego de Alcalá con mucha gente que le vino, ca yvan con él el Príncipe, su fijo, y el condestable Don Álvaro de Luna, y el Conde de Aro, y el Conde de Placencia, y el Conde de Alva, y el Marqués de Santillana, y el Maestre de Alcántara, y otros muchos cavalleros. Y fue [a] asentar su rreal a vna legua de Olmedo. En esta sazón murió la rreyna Doña María, muger del rrey Don Juan, y fue fama que le fueron dadas yervas por parte del dicho Condestable. Y dende a poco tienpo casó el Rrey con la ynfanta Doña Ysabel de Portugal, a trato del dicho Condestable, por aver de su parte al ynfante Don Pedro, rregiente [sic] de Portugal, su tío. En la qual ovo al ynfante Don Alonso y a la ynfante Doña Ysabel, de quien adelante se fará mención.

El rrey Don Juan estando en el su rreal sobre Olmedo, y cadaldía tenía muchas escaramuças entre los vnos y los otros, porque los más de los días se veyan en canpo las batallas. Finalmente, miércoles XIX de mayo MCCCCXLV, sobre un rrebato que se fizo, salieron todas las batallas del vn cabo y del otro al canpo, y como quiera que era muy tarde, las batallas enbistieron vnas con otras y la pelea fue muy grande. En especial fue la batalla del ynfante Don Enrrique con la batalla del condestable Don Álvaro de Luna en gran debate, y estovo la cosa en peso, salvo porque la batalla del Marqués Don Yñigo López y la del Conde Dalva dieron por el través en la batalla del Ynfante, y desbaratáronla. Y así fueron desbaratadas todas las otras batallas del Rrey de Navarra, y de los cavalleros de su partido. Y el ynfante Don Enrrique salió ferido en la mano derecha de vna punta despada, la qual fue fama que le dio Carlos de Arellano, y el Ynfante firió a Carlos por el rrostro de otra punta despada. Y la batalla vencida el rrey Don Juan con sus gentes se boluió a su rreal. Y el Rey de Navarra y el ynfante Don Enrrique y los otros se bolvieron a Olmedo, y luego esa noche se partieron de allí y se fueron a Aragón. Y dende a muy pocos días el ynfante Don Enrrique murió en Calatayud de la ferida. E por la muerte del qual ovo el Maestrazgo de Santiago el condestable Don Álvaro de Luna por bula del Santo Padre. Y dio el Rrey el Marquesado de Villena, que era del Rrey de Navarra, a Juan Pacheco, fijo de Alonso Téllez Girón, Señor de Belmonte, a suplicación del Príncipe, que era muy gran privado suyo. Y dio a Pedro Girón, su hermano, el Maestrazgo de Calatrava, que era de Don Alonso, fijo del Rrey de Navarra. Y así fenecieron estonces estos debates, como quiera que no tardó mucho que entre el Rrey y el Príncipe no pareciese aver divisiones, agora por causa de los privados que cada vno dellos tenían [sic], questo era lo más cierto. Agora por otras causas muchas veces el vno y el otro fizieron grandes ayuntamientos de gentes, y los cavalleros del rreyno se fizieron dos partes: los vnos se juntavan con el Rrey, y los otros con el Príncipe, y cada vno tomava al otro lo que podía, tanto que vna vez estovieron el padre y el hijo para pelear en canpo cerca de ... a cavallo y las armaduras puestas en las cabeças, y las lanças o espadas en las manos, salvo por algunos perlados que aý se acaecieron que gelo estorvaron.

La principal causa desto fue que aviendo el rrey Don Juan dado el alcáçar y la cibdad de Toledo en cargo a Pero Sarmiento, y seyendo su alcayde y alcalde mayor della, nació gran división en la dicha cibdad de christianos contra conversos, tanto que vino el fecho a las armas. De la vna parte el dicho Pero Sarmiento con el pendón rreal de las armas del Rrey, y con muchos cavalleros y otras gentes de los christianos, en la plaça de Çocodouer, y de la otra vn converso que se llamava Juan de Cibdad, honbre muy cabdaloso que arrendava todo el rreyno, con mucha gente de conversos y de otros que avía allegado a sueldo por dineros. Los vnos trayan por voz "¡Mueran los erejes!", los otros "¡A ellos, que son contra el Rrey!" Y en llegando cerca de las quatro calles lançaron vn almirez desde vna bentana y dieron con él a Juan de Cibdad encima de la armadura de la cabeça, y matáronlo. Y luego fueron todos los otros desbaratados y fuyeron. Y toda aquella governación fue totalmente rrobada, y muchos dellos muertos y sus casas quemadas. De lo qual el Rrey ovo enojo, y por temor del Pero Sarmiento dio la cibdad al Príncipe, y él encargóse della, y sostuvo y favoreció al dicho Pero Sarmiento. Y en Cibdad Rreal aconteció luego otro tanto, donde el dicho Juan de Cibdad hera natural.

El rrey Don Juan, y con él el condestable Don Álvaro de Luna, vino [a] asentar rreal sobre la cibdad de Toledo y estovo sobre ella, y desque no la pudo cobrar, levantó su rreal y fuese a la villa de Ocaña. A todo esto se avían otra vez concertado, y prendieron en vnas vistas que se hordenaron cerca de Tordesillas a Don Alonso, Conde de Benavente, hermano de la muger del Condestable, y a Don Henrrique, Conde de Alva de Tormes, y a Pedro de Quiñones, y a Suero de Quiñones, su hermano. Las quales vistas y prisión trató en Toledo entre el Rrey y el Príncipe Don Alonso de Fonseca, Arçobispo de Sevilla.

Pero dexando de fablar más en esto, lo qual ... su corónica, donde más largamente se fallará escrito. Después ... el rrey Don Juan, sintiéndose enojado de la privança y subjeción del Maestre de Santiago Don Álvaro de Luna, su Condestable de Castilla, y según por fama se divulgó, a consejo y afincamiento de la rreyna Doña Ysabel, que el Rrey amava mucho, y al Condestable no le avía buena voluntad, mandóle prender estando el Rrey en la cibdad de Burgos, y llevar a la villa de Portillo. Y fue hecho cierto proceso contra él. En fin, mandólo traer a Diego López de Astúñiga a Valladolid, y allí mandó fazer justicia dél, y fue degollado públicamente con pregones y verdugo, encima de vn cadalso de madera, que para esto en la plaça de Valladolid se mandó facer, y su cabeça fue puesta en vn clavo, fija en vn palo alto que en el cadalso estava. El tenor de los pregones se deja descriuir por su onestidad y acatamiento, ca era el mayor honbre sin corona que por estonces se fallava. Su muerte del qual, por ser honbre de tan gran estado y fecha de tal manera, puso espanto a quantos lo vieron, porque se puede bien dezir ... Murió con buen senblante y buen esfuerço, como cavallero y como fiel christiano. Dios le perdone que asaz negocio es y asunto cruel en el tienpo de su privança.

El Rrey, como le mandó prender, fue luego sobre Escalona, donde la Condesa, su muger, y el Conde Don Juan, su fijo, estavan. Y comoquier que algunos días se detubieron, pero óvose de dar por pleytesía, y ovo la mayor parte de sus joyas ... se dezía ser cosa ynnumerable. Después desto el Rrey adoleció y estubo quartanario, y a poco más de vn año murió en Valladolid, lunes XX días de julio de MCCCCLIIII años, a los quarenta y nueve de su rreynado. Y enterráronlo luego en el monesterio de San Pablo de Valladolid, en manera de depósito, y después fue levado a enterrar en el monesterio de Miraflores, cerca de Burgos, que él mandó facer. Por el qual fueron fechos grandes llantos. E fue este rrey Don Juan grande de cuerpo, blanco y rrubio, y de muy rreal presencia, esforçado y franco, y muy católico christiano. Dio muchas cibdades y villas a los cavalleros de Castilla; engrandeció mucho sus casas, y títulos y rrenonbres. Y dezíase que si biuiera, que a la justicia que mandó facer del Maestre de Santiago Don Álvaro de Luna, diera conpañeros, en especial de algunos privados del Príncipe, su fijo, de quien tenía quexa crónica. Dios le ponga en su santa gloria, amén.

Capítulo CXLVII. *Cómo después quel Rey Don Juan murió, el Príncipe Don Henrrique el IIII, su fijo, fue rrezibido por Rrey, y cómo algunos de los más principales de sus criados le pusieron en estrecho de perder el rreyno, y de otras cosas que pasaron en su tienpo.*

Luego que el rrey Don Juan fallezió, fechos los llantos y las osequias que por tanto alto príncipe se rrequerían, luego este día todos los perlados y grandes señores que allí se hallaron alzaron por rrey al príncipe Don Enrrique el Quarto, su fijo, que ende era presente. E fizieron grandes alegrías por el Rrey nuevo, como es de costunbre. El qual era de hedad de treinta años, y comenzó a rreynar en el dicho año de MCCCCLIIII (1454) años, y luego mandó soltar al Conde de Alva, y a Pedro de Quiñones, que ya los Condes de Benavente y de Alva de Liste antes de aquello se avían delibrado de las prisiones por tratos que tovieron con algunas personas que los guardavan. Y mandó entrar al almirante Don Fadrique, que entró en Castilla, el qual, después de la prisión destos cavalleros, sienpre estovo avsentado en el rreyno de Aragón con el rrey Don Juan de Aragón, su yerno. Y mandóle tornar todas sus villas y lugares que les estaban tomados.

Y partió de Valladolid y vínose a Segovia, y de allí fuese a vn monesterio que se llama El Armedilla, que es cerca de Cuéllar. E allí vinieron a él todos los más de los grandes señores y medianos del rreyno, y los alcaydes de los castillos y fortaleças, y procuradores de todas las cibdades e villas, lugares del rreyno, a le dar la obedencia [sic] y fazelle el omenage que en tal caso se acostumbra. El Rrey estovo en el dicho monesterio, y los cavalleros y otras gentes por esa comarca algunos días, y después fuese a Arévalo, donde estaba la rreyna Doña Ysabel, su madrastra, y los Ynfantes, sus hermanos. Y lo que quedó deste año pasó en confirmar mercedes y previlegios a yglesias, y monesterios, y señores, y cibdades, y otras personas de sus rreynos, y en dar orden en la governación y procurar las cosas necesarias para la guerra de los moros. Y toda la governación de la casa del Rrey y de los fechos del rreyno estaba en poder de Don Juan Pacheco, Marqués de Villena, Mayordomo Mayor del Rrey, y de Don Pedro Girón, Maestre de Calatrava, su Camarero Mayor, hermano del dicho Marqués, que eran muy grandes privados y estavan muy apoderados, y todo pasava por su mano.

E el año siguiente de LV el Rrey pasó los puertos para el Andalucía, y fuese a la cibdad de Córdova, y mandó llamar todos los grandes señores y otras gentes de sus rreynos para la guerra de los moros. Y en tanto que se alegavan, por la Cuaresma entró a la vega de Granada con esa gente que trajo y con los caballeros del Andaluzía, y estovo en ella cinco o seis días destruyendo y faciendo mucho daño en todo lo que falló, do pasaron algunas escaramuças, pero los moros no quisieron la batalla y bolvióse. Después tornó poderosamente a facer la tala de Málaga, y taló y quemó los panes, y huertas, y alquerías, y destruyó toda aquella comarca, y en todas cosas se fizo mucho daño. Y bolvióse a la cibdad de Córdova, y dende a pocos días entró a la vega de Granada, do fueron con él el Marqués de Villena y el Maestre de Calatrava, Don Pedro Girón, su hermano, el Marqués Don Iñigo López de Mendoça y sus hermanos, y fijos, el Conde Don Álvaro Destúñiga, Conde de Placencia, el Conde de Santistevan, Don Juan de Luna, fijo del Maestre de Santiago Don Álvaro de Luna, el almirante Don Fadrique, el Conde de Benavente, el Conde de Alva, el Conde de Paredes, el Conde de Castañeda, el Conde de Osorno, su hermano, y Don Pedro, Condestable de Portugal, hermano de la Rreyna de Portugal, y otros muchos cavalleros de Castilla y del Andalucía. Y estovo en la vega delante de Granada treynta días e más, por San Juan, talando y quemando y destruyendo todos los panes, y viñas, y huertas, y olivares, y todos los lugares y alquerías dentorno. Y la cavallería y peonaje de los moros tenían asentado su rreal fuera de la cibdad entre sus huertos y viñas, y cada día venían con sus batallas por muchas partes a travar escaramuças con los christianos que andavan en la guarda de los erveros y de la tala como ellos lo saben bien facer, y pasavan muchas cavallerías.

E como esto así pasase cada día, y los moros lo levasen de costumbre, el rrey Don Enrrique hordenó un día todas sus batallas saliesen al canpo puestas en horden para dar la batalla si los moros la quisiesen rrecibir, y si no, quando estubiesen en el mayor encendimiento de la escaramuça, como los días pasados se fazía, arremetiesen contra ellos. Y aviendo estado los vnos y los otros lo más del día escaramuçando, los vnos decían que era rrazón de començar la batalla, y otros que era ya tarde para ello. Acaeció que un cavallero de los moros andando en la escaramuça, cayó el cavallo con él, y los christianos que más cerca se fallaron por matallo y los moros por defendello, travóse la pelea, y como la batalla de la guarda del Rrey estaba delantera, de la qual era capitán Don Graviel Manrrique, Conde de Osorno, Comendador Mayor de Castilla, sin acuerdo ni mandamiento suyo se movió y arremetió contra los moros, y todas las otras batallas se movieron según estava acordado, y dieron en los moros llamando "Santiago". Y plugo a Nuestro Señor que los moros fueron vencidos y desbaratados, y dieron a fuir y los christianos fueron en pos dellos siguiendo en el alcance fasta los meter por las puertas de Granada, do murieron asaz dellos. Pero como los peones dellos estavan escarmentados de la batalla que el rrey Don Juan ovo con ellos en la vega de Granada, según antes desto es ya contado, aquel día no se atrevieron de salir al canpo ni alejarse de los valladares de sus huertas junto con la cibdad, y por tanto no murieron tantos moros como en la batalla del rrey Don Juan.

E fecho el bencimiento, el rrey Don Enrrique se bolvió muy alegre con todas sus gentes al rreal, donde a dos días moviéronse algunos tratos, y Abdilbar, Alguacil Mayor de Granada, que era el mayor cavallero del rreyno, con fasta quatrocientos cavalleros moros muy enjaheçados vino junto al palenque del rreal con seguro del Rrey. Y allí le ficieron rreverencia y fablaron con él y con algunos de los del su Consejo, y trugéronle presente de muchas cosas por alcançar paz o alguna tregua dél, pero al fin no se concertaron y los moros se bolvieron. El Rrey se levantó de allí y fue sobre Yllora y mandóla conbatir, y desque no pudo tomar la fortaleza mandó rrobar y quemar la villa, y vínose para Montefrío, do mandó facer otro tanto, y salió por Alcalá la Rreal, y fuese a la cibdad de Jahén, y mandó proveer las fronteras de gentes y capitanes.

A esta sazón andava con el Rrey el ynfante Albulahazén, fijo del rrey Adiça, que después fue Rrey de Granada, y el alcaide Mofarraz, y otros cavalleros, fasta ciento de a cavallo. Pero quando entró a la vega no los levó consigo, antes los dexó en la cibdad de Andújar fasta que salió. Otro año siguiente salió a facer la tala de Granada y de Baça y de Guadix. Esta guerra de los moros se siguió cinco o seis años, faziendo cada año las talas con su persona en la vega y rreyno de Granada, y su gente y capitanes por otra parte sacando muchas y grandes cavalgadas, continuando quatro o cinco meses cada año en la cibdad de Jahén y en las otras cibdades del Andaluzía que estavan más cercanas a los moros, en manera que los moros estavan en gran aprieto y necesidad.

Durante esta guerra se ganó Gibraltar de los moros, y la causa cómo y por qué adelante se dirá. Asímesmo se ganó Alicante [*sic* por "Alecum" = Alicún] por fuerza, el cual ganó Fernando de Villafañe, vn cavallero que fue criado de la rreyna Doña María, madre del rrey Don Enrrique, que estando por Corregidor de la cibdad de Baeza y Vbeda este mismo ganó a Bélmez, teniendo el dicho corregimiento en vida del rrey Don Juan, seyendo el rrey Don Enrrique príncipe, avnque Alecum después se tornó a perder por un mal christiano que en el castillo con otros estava, no sé si echadiço o de los moros, o si rreynó el diablo en él, el qual secretamente dañó la pólvora, cortó las cuerdas a las vallestas y furtó las nueces de las curreñas, y fízolo saber a los moros, y luego vinieron sobre el castillo poderosamente, y como los de dentro non tenían con qué lo defender, tomáronlo por conbate.

E ansimesmo estando Don Juan Manrrique, Conde de Castañeda, por frontero de los moros en la cibdad de Jahén por mandado del rrey Don Enrrique con cierta gente de armas y ginetes, el Rrey de Granada poderosamente con quatro mill de a cavallo y treynta mill honbres de pie entró a correr tierra de Jahén, día de Santa Clara, y el Conde salió con toda la gente al rrebato, y llegando en pos dél los corredores a la mata que dicen de Baía, cerca de Cambil, salieron celadas del Rrey de Granada y cercáronlos y tomáronlos en medio, y como quier que pelearon y se defendieron, como la gente de los moros eran muchas, los christianos no los podieron sofrir y ovieron de vencer, y murieron asaz dellos, y el Conde fue preso con otros cavalleros. Y así entró el Rrey de Granada en ella con los prisioneros y con la cavalgada, muy alegre del vencimiento que ovo. Avnque después este mismo Rrey de Granada entró a correr a tierra de christianos a la comarca de Ecija y Estepa, y pelearon con él Don Rrodrigo de León, Marqués que fue de Cádiz, y el alcayde Luis de Pernia, y otros cavalleros en la del Madroño, y salió desbaratado, y tornó a topar con el Conde de Cabra, que salía al mesmo rrevato, y fizo en los moros mucho daño. Y así bolvió a su tierra su rrey Albalahacen, fuyendo con arta pérdida de su gente. Después tornó poderosamente en tierra de christianos, domingo día de San Miguel de MCCCCLXXI años. Antes del día dio sobre la Figuera de Martos, y entróla y púsola a sacomano, y mató quatrocientas personas, y llevó más de otras tantas cativas de allí y de Santiago, entre honbres y mugeres e niños.

Esta guerra de los moros que el Rrey proseguía ovo de cesar a causa que la cibdad de Barcelona y toda Catalunia y parte de Aragón y todo lo más de Navarra se levantaron contra el rrey Don Juan de Aragón, y le desobedecieron y fizieron guerra. La causa desto fue, segúnd por fama se divulgó, la prisión y muerte del príncipe Don Carlos, su fijo, a quien los catalanes y navarros y gran parte de Aragón eran muy afezionados. Y los catalanes y todos los otros rrebeldes enbiaron sus cartas y embaxadores al Rrey, profeciéndose de ser suyos, y tomaron su boz, y armas y moneda. A causa de lo qual el rrey Don Enrrique ovo de enbiar gentes y capitanes a Cataluña y a Navarra, y a los otros lugares de Aragón que estavan por él y tenían su boz. Y él en persona ovo de yr allá, y entró poderosamente por el rreyno de Navarra fasta Panplona, y diéronsele Viana, y Los Arcos, y Lerín y Larraga, y otros lugares y castillos del rreyno de Navarra.

Al comienço desta división se trataron vistas entre el rrey Don Enrrique y el Rrey de Francia, que tanbién era contrario al Rrey de Aragón. Las quales vistas se fizieron entre Fuenterrabía y Vayona, donde el Rrey y todos los cavalleros que le aconpañaron fueron con muy rricos atavíos de rropas, y guarniciones, y baxillas de oro y de plata, y algunos dellos llevavan los rreposteros de sus acémilas de finos brocados y los garrotes de plata. De manera que precedían en mucho grado de rriquezas y atavíos al Rrey de Francia y a los cavalleros y gentiles honbres de su corte que con él vinieron. Los Rreyes se vieron y ovieron mucho plazer, y asentaron sus ligas, y los vnos de los otros y los otros de los otros rrezibieron sus dádivas, y de allí cada vno de los Rreyes se bolbió a su rreyno, estando pendiente la guerra entre el rrey Don Enrrique y el rrey Don Juan de Aragón por lo que dicho es.

El Rrey dexó en Navarra y en Aragón sus gentes y capitanes, y sobre todo en Larraga, que es del rreyno de Navarra, a Don Alonso Carrillo, Arçobispo de Toledo, y a Don Juan Pacheco, Marqués de Villena, para entender en ciertos tratos con el Rrey de Aragón cerca destas diferencias, y él vínose para Segouia. Avnque ya el Marqués de Villena, que mucho cavía en todo, no estaba tan entero en la privanza del Rrey como solía, que hartas cosas fazía el Rrey fuera de su voluntad, siguiendo más el querer y voluntad de Don Beltrán de la Cueva, Conde de Ledesma, como quier que desde niñez del rrey Don Enrrique el Marqués de Villena fue sienpre muy gran privado suyo, y en pos dél Don Pedro Girón, Maestre de Calatrava, su hermano, a los quales avía puesto y sublimado en tan grandes estados, que eran los mayores honbres del rreyno, y todos los negocios y libranças dél se facían y pasaban por su mano y cómo les plazía.

Después, como fue creziendo y entrando en mayor hedad, tovo otros privados, vnos en pos de otros, y a todos fizo grandes mercedes y puso en altos estados, sin a ninguno quitar ni menguar cosa alguna de lo qual oviese dado, antes a todos ellos, no como Rrey y señor que los havía criado y fecho casi de no nada, mas como padre los tratava. Y el primer privado que tubo después del Marqués y Maestre fue Rrodrigo Portocarrero, hermano bastardo de la Marquesa de Villena, mujer del dicho Marqués, al qual de muy bajo estado fizo Conde de Medellín. Y por sosegar algunas alteraciones y dicisiones que por la privança deste se rrecrecieron entre el rrey Don Enrrique y el Marqués y el Maestre, fue tratado casamiento del dicho Conde de Medellín con vna fija bastarda del dicho Marqués de Villena que fue Condesa de Medellín, y así se apaciguó este bollicio. Fizo luego a Juan de Valençuela Prior de San Juan, y a Gómez de Cáceres Maestre de Alcántara, los quales tornó en estado de sendas mercedes. Después enpeçó a querer bien a Miguel Lucas, que lo avía criado, y tanto lo amó que le fizo Condestable de Castilla, y diole las tenencias de Alcalá la Rreal y de los alcáçares de Jahén, y estava en voluntad de dalle el Maestrazgo de Santiago y fazello vno de los mayores de su rreyno. De la privança déste, el Marqués y el Maestre ovieron celos e enbidia, en especial porque el Marqués deseava mucho el Maestrazgo de Santiago, el qual estava baco desde que el Maestre Don Álvaro de Luna murió, y el Rrey tenía la administración dél por bula del Santo Padre. Y el Marqués y el Maestre éranle muy contrario, y començaron de ayudar y favorecer a Beltrán de la Cueva, que ya seruía de Mayordomo al Rrey, y le començaba a querer bien. Y tanto ynsistieron en esto, y tales maneras tovieron, que el condestable Don Miguel Lucas, viendo al Rrey enbaraçado de los enojos que le daban, y que por esta cavsa no le dava tan presto el Maestrazgo de Santiago que le avía prometido, y temiendo que se le rrecrecería algún peligro de parte del Marqués y de su hermano, como estavan tan apoderados y aconpañados, partiéndose el rrey Don Enrrique de Segovia para Ayllón, quando prendió a Juan de Luna, fingió que estava malo y no fue con él, y como vido al Rrey partido, cavalgó y fuese a Aragón.

Quando el Rrey supo de su partida, pesóle muy mucho, y como quiera que le enbió muchos mensageros para que volbiese, prometiéndole cunplir con él, e nunca lo quiso facer, poniendo sus escusas y temiéndose de aquellos señores, antes era su voluntad de yrse al Rrey de Francia, fasta que por mandado del Rrey, Don Lope de Barrientos, Obispo de Cuenca, fue por él con grandes promesas, y lo traxo. Pero no quiso bolver a la corte, salvo quedó asentado que él se fuese a Jahén, donde estava desposado con la Condesa Señora de la Casa de Torres, y allí quería servir al Rrey en la guerra de los moros fasta que oviese de conplir con él y fenchille aquel estado que se rrequería y le avía prometido, pues le avía fecho su Condestable, y diese otra horden en la governación de su casa. Y luego fue a Jahén y velóse con su esposa, y desde allí fizo muchas cosas buenas en tierra de moros. Y luego entró a correr a Yllora, que es cinco leguas de la cibdad de Granada, y mató cinquenta moros y traxo otros tantos presos y cavtiuos, los quales rrepartió en la cibdad de Jahén por los parientes de muchos naturales della que estavan catiuos en tierra de moros, para los rredimir y sacar de cativerio en questavan.

Dende a poco bolvió con dos mill y quinientas lanças, o pocas más, y con tres mill peones del Obispado de Jahén y del Adelantamiento de Caçorla a correr vnos lugares que son allende de la cibdad de Guadix, al pie de vna sierra que es llamada Cecenet [sic], el vno de los quales dicen Aldeira y al otro la Calahora, muy poblados de gente y muy rricos de todas alajas y joyas de oro y de plata, y de seda, y de lana, más que otros lugares semejantes de todo el rreyno de Granada. La cavsa de su abundancia y rriqueza era porque todas las guerras pasadas siempre estovieron seguros, porque allí nunca llegaron christianos, por estar tan metidos en el centro de su defensa. Y al alva del día dio sobre los dichos lugares y entrólos por fuerça, do murieron muchos moros, y otros muchos, con sus mugeres y fijos traxo presos. Y los dichos lugares fueron de todo punto rrobados y puestos a sacomano, y apenas, avnque el fardaje era mucho, fue bastante de traer el despojo de allí. Y así aquel día pasó con toda la presa por delante de las puertas de la cibdad de Guadix, do se talaron las viñas y panes, y pasaron algunas escaramuças, y bolvió con todo ello a la cibdad de Jahén. Y del trabaxo del camino, y de los grandes soles, que era por julio, y del no dormir, perdieron muchos en esta jornada el seso por algunos días, que no tornaron en sí.

Dende a beynte días tornó a la bega de Granada con dos mill de a caballo y tres mill honbres de pie, y al quarto del alva dio sobre otros dos lugares, llamados al vno Armilla y el otro Acuriena, que están en somo de la cibdad de Granada, y tan cerca della que las mugeres y niños se van a pie, casi por deporte, a librar sus negocios. Y sin enbargo de la dura rresistencia que en ellos falló, los lugares fueron entrados y rrobados, y muchos moros muertos, y otros, con las mugeres y fijos, cativos y presos, ca fasta los niños de teta acaeció sacar en cevaderas. E como quiera que por ser tan cerca de Granada salieron al rrebato fasta mill y quinientos de cavallo, y muchos peones, el Condestable bolvió por la vega de Granada, y a vista della, con toda la cavalgada, quemando y destruyendo quanto alcançar podía, sin que los moros osasen pelear con él. Y así salió por Alcalá la Rreal, y se bolvió a la cibdad de Jahén.

Por estos daños y males, y por otros muchos que del Condestable rrezibían, que se dexan descreuir, el común de Granada se levantó contra su rrey Adiça, diziendo que no tenían ellos Rrey sino para los despachar [*sic* por *despechar*], mas no para los defender y anparar de los christianos, que cada día los destruían y corrían la tierra, y que avían pechado las parias que avían de dar al Rrey de Castilla, y se las avían tomado y comido, y no gelas avían pagado, por lo qual les fazían guerra. Y rrespondió que él no era Rrey de Granada, salvo el alcalde Monfarrás, Alguacil Mayor, y los Abencerrajes, que éstos avían tomado las parias que pecharon, y no le dieron lugar que las pagase al Rrey de Castilla. Los moros le rrespondieron que fiziese justicia dellos, que ellos lo ayudarían, y si no que buscarían Rrey que los defendiese. El rrey Adiça, desque vido tienpo dispuesto para ello, enbió a llamar al alcalde Monfarrás, su Alguacil Mayor, y a Adi [¿Cidi?] Yuçaf, abencerraje, que eran los más principales, para tener consejo con ellos. Y como entraron en el Alanbra, mandólos degollar. Sabida la nueva desto en Granada, luego Mahomad y Alí, abencerrajes, y el Valencí, y el Cabçaní, y el Alatar, y otros cavalleros principales de la casa de Granada fuyeron y fuéronse a Málaga, y temiendo que el Rrey yría sobre ellos, enbiaron a llamar a todos sus amigos y valedores, entre los quales vinieron y les acudieron los cavalleros y peones de Gibraltar. Y acaeció que a la sazón, entrando ciertos cavalleros christianos de aquella frontera a correr a tierra de moros, tomaron lengua y supieron cómo Gibraltar quedava desanparado de gente, que todos los cavalleros y peones eran ydos a Málaga. Fiziéronlo saber a la cibdad de Jerez, y a los otros lugares comarcanos de aquella frontera, asimismo a Don Juan de Guzmán, Duque de Medinasidonia, Conde de Niebla. Y luego los más cercanos fueron allá, en especial vn cavallero que se llamaua Gonzalo de Ávila, Maestresala del Rrey, que era Corregidor de Gerez, con la gente della y otras gentes. Entraron por fuerça en la villa y conbatieron el castillo. Los moros questavan en la fortaleça, viéndose muy aquejados, dixeron que no se querían dar, salvo al Duque, y en esto llegó con su gente, y diéronsele sobre cierta pleytesía. Y desta manera se ganó Gibraltar, ques maravilloso puerto de mar para guarda de los rreynos de Castilla y para pasar allende.

Esto dexando agora, el rrey Don Enrrique siendo moço, en vida del rrey Don Juan, su padre, casó con la princesa Doña Blanca, fija del rrey Don Juan de Navarra, según dicho es, con la qual fizo vida por algún tiempo, pero porque no ovo generación ni heredero en ella óvola de apartar de sí, y fuese al Rrey su padre. Y después que el rrey Don Enrrique rreynó, casó luego con la ynfanta Doña Juana, fija del rrey Don Duarte de Portugal, su prima, fijos de hermanos, tanbién como la otra, y según se publicó fue por avtoridad y bula del Sumo Pontífice, a rrelación que por quanto en la dicha princesa Doña Blanca no avía generación que eredasen los rreynos de Castilla y de León, pudiese casar con la dicha rreyna Doña Juana, a condición que si dende en cierto tiempo, que fue limitado, oviese en ella generación, se ficiese divorzio del primero matrimonio, y si no la oviese que aquél permaneciese y el segundo no valiese. La rreyna Doña Juana parió después vna fija, la qual el rrey Don Enrrique mandó bautiçar por su fija, y llamáronla Doña Juana, como a la Rreyna su madre, y mandóla jurar y fue jurada e yntitulada por Princesa primogénita, heredera en todos sus rreynos, por todos los perlados e grandes señores y cibdades dellos.

Tornando a nuestro propósito, como el Condestable Miguel Lucas fue salido de la corte, creció tanto la privança de Beltrán de la Cueva, con el favor y ayuda que el Marqués de Villena y el Maestre de Calatrava, su hermano, le davan, por dañar al Condestable y porque el Rrey le olvidase y apartase dél el amor que le avía, que en poco tiempo le fizo el Rrey Conde de Ledesma y le dio las tenencias de Gibraltar, y de Carmona, y Cartagena, con otras muchas mercedes, y fízole tan grande que alcançó a casar con fija[1] de Don Diego Furtado de Mendoça, Duque del Ynfantazgo, Marqués de Santillana, Conde del Rreal. Y con el amor que el Rrey le avía, y con la gran parentela de los Mendoça con quien avía adevdado, ya el Rrey no andava tanto a voluntad del Marqués de Villena, ni del Maestre de Calatrava, su hermano, ni seguía su consejo en muchas cosas, salvo la voluntad del Conde de Ledesma, de lo qual estavan ya bien arrepentidos porque tanto lugar le avían dado, y quisieran tornar al Condestable a la corte y hechar de allí al Conde de Ledesma. Y tratávanlo con el Rrey, y avn el Rrey asimesmo con ellos, porque sienpre avía amor y buena voluntad al Condestable. Y con este trato el rrey Don Enrrique pasó al Andaluzía, y fue a la cibdad de Córdova, y entró a tierra de moros y a la salida fue a la cibdad de Sevilla y estovo en ella algunos días y fue a Gibraltar, que no la había bisto después que se ganó, con asiento que avían dado con el Marqués de Villena y el Maestre, su hermano, de benir a la buelta por Jahén y levar consigo al Condestable y apartar de sí al Conde de Ledesma. Pero desqués que estovo en Gibraltar vino aý a bistas con el rrey Don Enrrique el rrey Don Alonso de Portugal, su primo, hermano de la rreyna Doña Juana, su muger, a cavsa del dicho Conde de Ledesma que lo tratava porque era dél ayudado y favorecido. Y estovo allí vnos ocho días, corriendo montes y aviendo plazer, y allí se asentaron otros tratos y cosas en favor del Conde, por manera que avnque el rrey Don Enrrique bolvió por Jahén no levó consigo al Condestable, comoquier que le fizo algunas mercedes, antes pareció el Conde de Ledesma estar más metido en su privança que nunca. Y bolvióse para Castilla, y fuese a Madrid.

El Marqués de Villena y el Maestre de Calatrava, su hermano, quedaron desagradados porquel Rrey no levó consigo al Condestable, como con ellos lo tenía asentado, pero luego rrezibieron otro mayor descontentamiento, que como el Rrey llegó a Madrid, luego se partió para Guadalupe a vistas con el Rrey de Portugal, que desde Gibraltar quedaron concertados, y llevó consigo a la rreyna

Doña Juana, su muger, y a su fija, y a la ynfanta Doña Ysabel, su hermana. Y allí vino el Rrey de Portugal, y estovieron algunos días aviendo mucho plazer, y sonóse que se tratava casamiento del Rrey de Portugal, que estava biudo, con la dicha ynfanta Doña Ysabel. Otros dezían que con la princesa Doña Juana, e como en todos estos negocios, que eran de gran ynportancia, se fazían por consejo de la rreyna Doña Juana y del Conde de Ledesma, y del Marqués ni del Maestre non se fazía mención ni les metían en ello, como solían, estavan muy descontentos y avn temían de sus estados, e ya de cada día trayan sus tratos y fablas con muchos grandes del rreyno contra el Rrey, mayormente que dende a poco se publicaron y vinieron las bulas del Santo Padre del Maestrazgo de Santiago, que el Rrey secretamente avía procurado para el Conde de Ledesma, Don Beltrán de la Cueva. Estonces el Marqués de Villena y el Maestre de Calatrava, su hermano, y otros muchos cavalleros con ellos se descubrieron y se mostraron públicamente por contrarios del Rrey, y los vnos y los otros començaron de llamar y llegar gentes. La boz que los cavalleros tomaron era que los ynfantes Don Alfonso y Doña Ysabel, fijos del rrey Don Juan y hermanos del rrey Don Enrrique, que después murió, se criavan y andavan en el palacio del Rrey con la rreyna Doña Juana, fuesen delibrados y dados y entregados a ciertos cavalleros fiables que los toviesen en cargo fasta que fuesen de hedad, y que el Maestrazgo de Santiago se diese en administración al dicho ynfante Don Alfonso, como el rrey Don Juan, su padre, lo avía dexado hordenado en su testamento. Pero la verdad otra era, que si el Maestrazgo de Santiago se diera al Marqués de Villena, que tanto lo deseaua, todas las otras demandas cesaran.

Estando el rrey Don Enrrique en la cibdad de Segovia trataron de vistas entre él y el Marqués de Villena y el Maestre de Calatrava, su hermano, y los Condes de Benavente y Paredes de Nava, y otros cavalleros cerca del monesterio de San Pedro. Y el Rrey yendo a ellas, y el Maestre de Santiago Don Beltrán de la Cueva con él, y otros cavalleros de su guarda, llegando muy cerca del lugar donde se avían de ver, fue dicho al Rrey que estava hordenado de lo prender en las vistas, y desta causa se bolvió, y los cavalleros fueron vna pieça en pos dél con sus gentes y no lo alcançaron. Y bolvióse a Segovia, y así començaron a yr las cosas muy rrotas, de manera que los dichos Marqués y Maestre, y Don Diego Núñez de Cáceres,

Maestre de Alcántara, y otros a quien el Rrey avía fecho grandes mercedes y puesto en magníficos estados, no sólo le desobedecieron, mas se levantaron contra él toda la mayor parte de los cavalleros y cibdades del rreyno, con muchos ynducimientos. E yendo las cosas de cada día de mal en peor, ayuntándose muchas gentes y faziendo muchos rrobos, y tomas de lugares, y villas, y fortalezas, los vnos a los otros y los otros a los otros, y por no dilatar tanto la cosa, movieron al rrey Don Enrrique tratos de concordia, mas por engañallo. Pero él, por escusar toda rrotura e ynconvinientes, y con deseo de la paz de sus rreynos, sienpre estuvo aparejado a la paz. Y vinieron a capitular con él que el Maestre de Santiago, Don Beltrán de la Cueva, dexase el Maestrazgo de Santiago para que el ynfante Don Alfonso lo toviese en administración, y que al dicho Maestre el Rrey le fiziese Duque de Alburquerque, y le diese a Cuéllar, y a Rroa, y Atiença, y a Molina, y a otros lugares, y que el dicho ynfante Don Alonso fuese entregado a los cavalleros para que lo toviesen en su poder y fuese yntitulado y jurado por Príncipe heredero de sus rreynos, todo lo qual el Marqués de Villena trataua y rrodeava por aver el Maestrazgo de Santiago, como después lo ovo. Y a todo ello vino el Rrey, y fue luego así cunplido, y juraron los dichos señores y cavalleros que con todo su leal poder procurarían y trabaxarían y serían en que el príncipe Don Alonso casase con la princesa Doña Juana, que dezían que era fija del rrey Don Enrrique y de la rreyna Doña Juana, su muger, y que todos servirían y acatarían al Rrey así como a su señor y Rrey natural.

E como quiera que el Rrey vino a todo esto que los cavalleros le demandaron, no bastó para que los males y escándalos questavan comencados y promovidos se atajasen, antes, según lo que pareció, el trato y la convenencia fue cavtelosa a fin de sacar al ynfante Don Alonso de poder y manos del Rrey, y tomallo ellos en sí, y que fuese yntitulado y jurado por Príncipe heredero destos rreynos, y asimesmo por sacar el Maestrazgo de Santiago de poder de Don Beltrán de la Cueva para el Marqués de Villena, que tanto lo deseava, a cuyo consejo y governación todos los cavalleros estavan.

Esto fecho y acabado y avido el Príncipe en su poder, ovieron nuevos pensamientos y consejos, començaron a entender en mayores cosas. De nuevo fizieron grandes ayuntamientos de gentes; tomavan al Rrey sus cibdades y fortalezas, y todo lo que podían; la desobedencia y codicia se acrecentava; la lealtad se olvidava, así que de día en día yvan las cosas a todo mal, fasta que ya vinieron a lo peor y cometer vn fecho muy terrible. Ca estando en la cibdad de Avila el príncipe Don Alonso, y con él Don Alonso Carrillo, Arçobispo de Toledo, y Don Juan Pacheco, Marqués de Villena, y Don Gómez de Cáceres, Maestre de Alcántara, y Don Rrodrigo Pimentel, Conde de Benavente, y Don Rrodrigo Manrrique, Conde de Paredes, que ese día tomó allí título de Condestable, y Don Yñigo Manrrique, Obispo de Coria, y Don Hernando de Saavedra, Comendador Mayor de Montalván, y otros, por sí y en nombre de todos los otros que eran de su opinión y confederación y estaban ausentes, miércoles seis días de junio, año de MCCCCLXV años, fizieron vn cadaalso de madera bien alto fuera de la cibdad, y pusieron encima dél en vna silla vna estatua de madera a semejança del rrey Don Enrrique, y a vista de muy ynfinita gente que para ver tan nuevo y terrible acto se avían congregado, fechos ciertos avtos contra él, el vno de aquellos señores que presentes eran le quitó el bastón de la mano, el otro le quitó la espada, el Conde de Placencia le quitó la corona de la cabeça, y ansí le fueron quitadas todas las otras ynsinias rreales, y al fin, según por fama se devulgó, vno de los más principales de sus criados, a que él avía fecho y puesto y sublimado en magníffico estado y dinidad, diole con el pie y derribólo del cadaalso abajo, y asentaron luego en la silla al príncipe Don Alonso, que era niño, con todas las cerimonias rreales, y tocando muchas tronpetas, los vnos con grande alegría, otros muchos llorando por el avto tan orrible y tan estraño que vían, alçaron pendones diziendo a grandes boces: "Castilla, Castilla, por el rrey Don Alonso". Y así bolvieron con él a la cibdad de Avila, y como la condición de la mayor parte de los mortales se yncline mucho a placelles mudanças y cosas nuevas, luego quel rrey Don Alonso y los perlados y cavalleros lo publicaron por sus cartas y fue sabido por el rreyno, casi toda la mayor parte dél tomaron la boz del rrey Don Alonso, y alçaron pendones por él. E con el rrey Don Enrrique no quedaron, avnque algunos de presente no permanecieron, sino muy pocos de los cavalleros de Castilla, Don Diego Furtado de Mendoça, Marqués de Santillana, que fue después Duque del Ynfantazgo, Don Pero Gonçález, su hermano, Obispo de Sigüença, que fue después Cardenal Despaña y Arçobispo de Sevilla, e sus hermanos, Don Beltrán de la Cueva, Duque de Alburquerque, Don Pedro de Velasco, Conde de Haro, Don Pero Alvarez de Osorio,

Marqués de Astorga, el Prior de San Juan, Don Frey Juan de Valençuela, avnque todo lo más y lo mejor del Priorazgo se le alçó en el Andalucía, Don Miguel Lucas, Condestable de Castilla, Don Diego Fernández de Córdoua, Conde de Cabra, sus fijos, Martín Alonso de Montemayor, Señor de Alcavdete, Pero Vanegas, Señor de Luque. De las cibdades del título de sus rreynos otra no quedó sino la cibdad de Jahén, y la cibdad de Andújar con ella, que las tenía en cargo y governación el condestable Don Miguel Lucas, y la cibdad de Alcalá la Rreal, y Gibraltar, y Segovia, y otros asaz pocos lugares y cavalleros según la grandeça de sus rreynos, y avn algunos destos se perdieron y se los tomaron.

Después desta mudança y novedad tan grande rresultó tanto escándalo y bollicio en el rreyno a que non solamente los grandes cavalleros y medianos y menores, mas todos los pueblos, cibdadanos y plebeos, fasta los rreligiosos de las Hórdenes se metieron en aficiones, los vnos a vna parte y los otros a otra, y cada cavallero tenía en su tierra casa de moneda, diversas leyes de monedas, y todas corrían y se tratavan.

El rrey Don Alonso y aquellos señores que con él estavan en Avila, por esforçar su fecho llamaron todas las más gentes que pudieron, y fueron [a] asentar su rreal en la rribera junto con Simancas, y allí se ayuntaron con ellos el almirante Don Fadrique, y Don Henrrique, su hermano, Conde de Alva de Liste, y Don Diego de Stúñiga, Conde de Miranda, y Don Diego de Quiñones, Conde de Luna, y otros cavalleros, y quinientas lanças.

El rrey Don Enrrique, quando estas cosas pasaran, andava por tierra de Salamanca, y fue a Çamora y andubo por esa comarca asimesmo allegando las más gentes que podía. Y juntáronse con él el Obispo de Sigüença, el Duque de Alburquerque, el Duque de Alva, Don García Alvarez de Toledo, Pero Alvarez Osorio, Marqués de Astorga, y las gentes de sus guardas y la gente darmas de Salamanca, y Çamora, y Toro, y Cibdad Rrodrigo, y Medina, y de otras partes, que serían fasta cinco mill lanças, y movió de allí con su exército y fue do estava el rrey Don Alfonso, su hermano, y quando los cavalleros que con él estavan sopieron que venía levantaron su rreal de Simancas y fuéronse a meter en Valladolid.

El rrey Don Enrrique vino [a] asentar rreal donde los otros lo tenían, cerca de Simancas, y así estubieron algunos días los vnos de los otros a dos leguas, y poniendo cada vna de las partes sus guardas y aviendo algunos rrecuentros y topamientos. Pero como el Marqués de Villena estava tanto abituado en tratos y negociaciones, y conocía mucho la condición del rrey Don Enrrique, sabía cómo le avía de atraer a lo que le cunpliese, movíale tantas concordias por entretenelle, porque le sobrava de gente. E como el rrey Don Enrrique era sano y bueno, luego se creýa. Y en tanto que los tratos andavan el Marqués y los cavalleros que en Valladolid estavan cadaldía embiavan cartas y mensageros al Maestre de Calatrava, su hermano, que tenía rreal asentado sobre el condestable Don Miguel Lucas, questava en la cibdad de Xaén, y guarniciones puestas sobre la cibdad de Andújar, que dexadas todas cosas luego se partiese con la más gente que levar pudiese y se fuese para doquier que el rrey Don Alfonso estoviese. Y el Maestre de Calatrava quisiera mucho yr allá, y no es duda sino que si fuera él pudiera levar tanta gente que esforçara mucho el partido del rrey Don Alfonso y de los cavalleros, y el estado del rrey Don Enrrique se viera en mayor peligro del que se vido. Pero el Condestable, conociendo quanto en esto yva al rrey Don Enrrique, que tan asido y enbaraçado tenía al Maestre, y tan gran guerra le fazía a su tierra y a todas las comarcas questavan contra el rrey Don Enrrique desde las cibdades de Jaén y Andújar, que a toda la tierra tenía asombrada, y de quarenta leguas traýan sus almogávares las cavalgadas, en manera que el Maestre non osó dexar ni desmanparar [sic] su tierra por temor de perdella, ni del Condestable pudo alcançar paz ni tregua, puesto que muchas vezes ge lo demandó moviéndole otros promesas de promesas y juramentos. Pero siempre le falló más firme, y así del Condestable y destas cibdades de Jahén y Andújar el rrey Don Enrrique rrezibió tan grandes servicios en sus necesidades que por él y por ellas no salió del rreyno y bolvió a cobrar su corona rreal. Los privillegios que por esto les dio son buenos testigos.

Así que por esta causa se detouo el Maestre Don Pedro Girón que no pudo yr allá ni juntarse con el rrey Don Alfonso ni con los cavalleros, fasta tanto que los Rreyes asentaron treguas por cierto tienpo e deputaron juezes para entender en la concordia dellos y en la paz del rreyno. E así pasaron por algunos días de treguas en treguas y de capitulaciones en capitulaciones mal guardadas. Pero entre lo vno y lo otro cada vno tomava al otro lo que podía. E sienpre el rrey Don Enrrique quedava engañado. E pasando los tienpos día ante día, por abreviar, el condestable Don Miguel Lucas partió de la cibdad de Jahén con ochocientos de a cavallo y tres mill peones, y fue [a] asentar esa noche a la Torre Gil de Olid. Y de la cibdad de Andújar partió ese mesmo día Don Frey Juan de Valençuela, Prior de San Juan, y ciertos capitanes de la guarda del rrey Don Enrrique que a la sazón avían aportado allí, y el alcayde y alcalde mayor de la dicha cibdad con la gente della, que serían todos quinientas lanças y setecientos hombres de pie. Y fueron esa noche a rreposar [a] Cazlona, y otro día por la mañana ajuntáronse todos con el Condestable en la cuesta de Baeça, questava por el rrey Don Alfonso, y más por el Maestre de Santiago Don Juan Pacheco. Y él yva so fiuzia de trato que tenía con algunas personas questavan en el alcáçar de la dicha cibdad de Baeça, que le avían de dar entrada en ella, y a ora de comer entraron los arrabales por fuerça e conbatieron la puerta del alcaçava y pusiéronle fuego, y por ella y por escalas entraron la cibdad y pusieron estancias al alcáçar y conbatiéronla dos días.

E como el trato no salió cierto y la gente rrezibía daño y murían algunos y el Maestre venía a socorrer con mucha gente que estava en Almagro, y la gente de Baeza como veýan detenerse al alcáçar no estava de buena voluntad ni se osava mostrar, el Condestable y el Prior de San Juan ovieron de dejar la cibdad, y bolviéronse con toda la gente a Jahén. Otro día el Prior y los capitanes y la gente de Andúxar partieron de allí para bolverse [a] Andújar, con quinientas lanças y seiscientos honbres de pie. Y cerca de Villanueva salieron al camino a ellos Don Alfonso, Señor de la Casa de Aguilar, con ochocientas lanças, y Don Fadrique Manrrique, que tenía en cargo a Arjona, y Porcuna, y las otras villas y lugares del Maestrazgo de Calatrava, con otra batalla de quatrocientas lanças y ochocientos peones. Y como llegaron cerca vnos de otros la batalla del Prior de San Juan y de la gente de Andújar enbistieron luego en la vatalla de Don Fadrique Manrrique y desbaratáronla, y él fue derribado y ferido y preso, y dado y entregado a vn escudero que bibía en Andújar que se llamava Fernando de Pidrola, el qual lo libró y se fue con él [a] Arjona. Y Don Alonso enbistió y firió por el costado, y como entró de rrefresco y con más gente y la otra derramada, y alguna siguiendo el alcance sobre los de gente [sic], y morieron de vn cabo y de otro asaz honbres y cavallos.

Después desto el rrey Don Enrrique partió de la villa de Cuéllar a diez y nueve de agosto de MCCCCLXVII años, y con el Duque del Ynfantazgo, digo Don Diego Furtado de Mendoça, y el Obispo de Cuenca [sic por Sigüenza], su hermano, que fue Cardenal Despaña, y el Duque de Alburquerque, Don Beltrán de la Cueva, y Don Pedro de Velasco con toda la gente del Conde de Aro, su padre, y Don Luis y Don Sancho, sus hermanos, y Don Juan de Mendoça, y Don Furtado de Mendoça, hermanos del Duque del Ynfantazgo, y Juan de Velasco, y Diego de Rrojas, y el Comendador Juan Fernández Galindo, capitán de la gente de la gineta de la guarda del Rrey, y otros cavalleros de su casa, que serían todos dos mill lanças y mill peones, con yntención de yr a Medina del Canpo a socorrer ciertos vasallos suyos que estavan apoderados de algunas yglesias fuertes de la dicha villa de Medina, porque los conbatían algunas gentes del rrey Don Alfonso, su hermano, que avían entrado en ella.

Y fue [a] asentar su rreal en el rrío de Yscar, y allí llegó a él el Custodio de Observancia Fray Alonso de Alcalá, exortándole a la paz. E como aquélla el rrey Don Enrrique sienpre desease, y con él enbió el Arçobispo de Toledo y a los otros cavalleros questavan con el rrey Don Alfonso que hera niño de doze o treze años, que a él plazía fazer luego paz, tanto que fuese verdadera y se concluyese luego como conplía al servicio de Dios y bien de sus rreynos. Los quales le enbiaron por rrespuesta que pues él estava en el canpo, que no querían venir con él en ningún medio de paz. Y por esto, otro día por la mañana, partió de allí, sus batallas hordenadas, y fue por cerca de la villa de Holmedo, y queriendo pasar la vía de La Mejorada, porque aquel era su camino derecho, vido cómo el Arçobispo de Toledo con sus gentes y con las gentes de Don Alvaro de Astúñiga, Conde de Placencia, y el Conde de Miranda, su hermano, y el Conde de Luna, y Don Henrrique, fijo del Almirante, con sus gentes, y el Clavero de Calatrava con la gente del Maestre de Santiago, Don Juan Pacheco, que a la sazón no estava allí, y Fernando de Fonseca con la gente de Don Alfonso de Fonseca, Arçobispo de Sevilla, y otras gentes de a cavallo y de pie estavan fuera de la villa de Holmedo con el rrey Don Alfonso, sus batallas hordenadas, con sus banderas estendidas, con que habría con el pendón del rrey Don Alfonso otras siete vanderas so las que venían mill y ochocientas lanças y mill y quinientos peones. E como quiera que el rrey Don Enrrique quisiera mucho escusar el rronpimiento, al fin no pudo, y sus batallas hordenadas a vanderas deplegadas començaron la batalla. Y sus gentes rronpieron todas las batallas del rrey Don Alfonso, y como la cosa estovo en peso, al fin el rrey Don Enrrique venció la batalla y sus gentes llevaron a los otros fasta los meter por las puertas de Olmedo, y otros muchos fuyeron a la villa de Portillo y a otras partes. Y tanto fueron los del rrey Don Enrrique enbueltos con los del rrey Don Alfonso que algunos dellos fueron presos dentro de las puertas de Olmedo. E los del rrey Don Enrrique que quedaron en el canpo prendieron al Conde de Luna, y a Don Enrrique, fijo del Almirante, y a Pedro de Fuentiueros, y a Diego de Merlo, y a García de Guzmán, alférez del rrey Don Alfonso, y a Rremón, capitán del Conde de Placencia, y las vanderas del Arçobispo de Toledo, y del Conde de Placencia, y del Arçobispo de Sevilla, y del Maestre de Santiago, y del Almirante, y del Conde de Luna, con el pendón de las armas rreales del rrey Don Alfonso, todas se tomaron y vinieron a poder del rrey Don Enrrique, de manera que de quantas vanderas al canpo sacaron sola vna les quedó, que se metió en Olmedo. Fueron otros muchos muertos y presos, e el rrey Don Enrrique, rrecogido el canpo y su fardaje que andava derramado, fuese a la villa de Medina del Campo.

Dende a pocos días el Maestre de Santiago Don Juan Pacheco trató con un cavallero que dezían Pedro Arias, criado y Contador Mayor del rrey Don Enrrique, a quien avía hecho de baxo estado casado doscientas lanças [sic], el qual tenía por él cargo de la guarda de la cibdad de Segovia, que diese entrada en ella al rrey Don Alfonso y a sus gentes. E como este Pedrarias oviese no muchos días auía sido preso en el alcáçar de Madrid por mandado del rrey Don Enrrique, dando a ello lugar y avn ferido, lo que se dixo que tanbién fue a trato del Maestre, porque como quier questava apartado de la casa del rrey Don Enrrique ya ny andava con el rrey Don Alonso sienpre tenía tratos con el rrey Don Enrrique, so color desta quexa óvolo de faser y acogió vna noche en la dicha cibdad de Segouia al rrey Don Alonso y a los cavalleros que con él andavan. E la rreyna Doña Juana, su muger del rrey Don Enrrique, y la Princesa, su fija, que a la sazón allí estava, fuyeron de su palacio y fuéronse al alcáçar questava por el rrey Don Enrrique, y todas sus doncellas. Pero la ynfanta Doña Ysabel, hermana de amos los Rreyes, que andaua siempre con la Rreyna no quiso yr con ella y quedóse, y de allí adelante andovo en poder del rrey Don Alfonso, su hermano. Esta pérdida de la cibdad de Segouia dio muy gran quiebra en los fechos del rrey Don Enrrique.

Porque algunas vezes le avían movido tratos de parte de los cavalleros que estos debates pusiesen amas partes en manos del Arçobispo de Sevilla, y que dél fiasen todos. Quando el rrey Don Enrrique sopo que el rrey Don Alonso, su hermano, y los cavalleros avían entrado y tomado Segovia, y que Pedro Arias les avía dado entrada en ella, do estava la Rreyna, su muger, y su fija, y tenía todos sus tesoros y joyas, pensando que avnque oviesen entrado en la cibdad, como el alcáçar y las puertas de San Martín y de San Juan de la dicha cibdad, que eran asaz fuertes, questavan por él, se defenderían y por allí le darían entrada y los podría socorrer y pelear con sus enemigos, partió a más andar, y con él el Duque del Ynfantazgo, Don Diego Furtado de Mendoça, y el Duque Don Beltrán de la Cueva, y otros cavalleros. Y llegado a cerca de Coca supo cómo las dichas puertas eran dadas, y que no quedava por él salvo el alcáçar, que lo tenía por él vn vizcayno que se llamaba Perucho, su criado, donde la Rreyna, su muger, y fija se avían metido. De lo qual el rrey Don Enrrique ovo muy gran enojo, y luego deliberó de se yr a la villa de Coca, donde el Arçobispo de Sevilla estava. Los Duques y los otros cavalleros que con él estayan fuéronse para sus tierras.

El Arçobispo de Sevilla començó de tratar luego con los cavalleros questavan en Segovia, y acordóse que el rrey Don Enrrique se fuese a la su casa del Bosque, ques a vna legua de Segouia, y allí se capituló que se entregase el alcáçar de Segouia y el alcáçar de Madrid, con todos sus tesoros, en poder de Andrés de Cabrera, su Mayordomo, para que los toviese en tercería fasta que se cunpliese [*sic*] ciertas cosas. Pero en todo le engañavan, y desque el Rrey vido que tardavan, partió de allí y fuese a Madrid, y allí tornaron a los tratos y asentaron que el Rrey se confiase y se fuese a poner en manos de Don Alvaro de Stúñiga, Conde de Placencia, al qual entregase ciertas joyas y tesoro para en seguridad y prendas que cunpliría lo que se determinase en este asiento. Y fuese a Béjar, donde el Conde de Placencia estava, y con él Don Pedro de Velasco, Conde de Haro. De la otra parte fueron asimesmo Don Juan Pacheco, Maestre de Santiago, y Don Gómez de Cáceres, Maestre de Alcántara, y otros cavalleros. Y estovieron allí algunos días, y cada día fablavan y platicavan en la concordia de los Rreyes y en la pazificación del rreyno.

Nunca avía conclusión y todo era dilaciones, en tal manera que el rrey Don Enrrique se ovo de volver a Madrid. Después, el rrey Don Alonso estando en Arévalo con la rreyna Doña Ysabel, su madre, y con el Arçobispo de Toledo, y el Maestre de Santiago, y el Conde de Benavente, y otros cavalleros, començaron de morir de pestilencia, por cavsa de lo qual acordaron que el rrey Don Alonso se fuese a la cibdad de Avila. Y partió de allí, y llegando a Cardeñosa, que es vn lugar questá a dos leguas de Avila, el rrey Don Alonso adolesció de pestilencia, según dixeron, y en tal manera le aquexó que al tercero día murió. Hera el rrey Don Alonso de hedad de catorce años y de muy gentil dispusición.

Después que el rrey Don Alonso falleció, como quier que algunos días estuvo la ynfanta Doña Ysabel, su hermana, que se llamava Princesa, y el Arçobispo de Toledo, y el Maestre de Santiago, y otros cavalleros que avían tomado la parte del rrey Don Alonso, en su propósito afirmando que la dicha Princesa subcedía en la herencia de los rreynos de Castilla y de León por fin y muerte del rrey Don Alonso, su hermano. Al fin tratóse concordia entre ellos, y la dicha ynfanta Doña Ysabel, y los dichos señores, y todos los otros que aquella voz avían tomado se rreducieron a la obidencia y seruicio del rrey Don Enrrique. Para lo qual lunes, que fueron diez y nueve días de setiembre, año de MCCCCLXVIII años, se juntaron en vn campo ques junto de los Toros de Guisando, debaxo del monesterio, el rrey Don Enrique, y la ynfanta Doña Ysabel, su hermana, y Don Alfonso Carrillo, Arçobispo de Toledo, y Don Alonso de Fonseca, Arçobispo de Sevilla, y Don Juan Pacheco, Maestre de Santiago, y Don Alvaro de Stúñiga, Conde de Placencia, y Don Rrodrigo Pimentel, Conde de Benavente, y Don Diego López de Stúñiga, Conde de Miranda, y Don Graviel Manrrique, Conde de Osorno, y Don Luis de Acuña, Obispo de Burgos, y Don Yñigo Manrrique, Obispo de Coria, y Pero López de Padilla, Adelantado Mayor de Castilla, y Gómez Manrrique, y el Doctor Pero Gonçález de Avila, y otros muchos cavalleros, y gran copia de gente de armas, estando presente Don Antonio Jacobo de Veneris, Obispo de León, Nuncio y mensagero apostólico poderío de legado *a latere* por nuestro muy Santo Padre Paulo Secundo en los rreynos de Castilla, diputado para hordenar y poner paz en los dichos rreynos. E allí la dicha ynfanta Doña Ysabel, y los otros perlados, y cavalleros que avían andado apartados del rrey Don Enrrique, después de algunas fablas que pasaron, besaron las manos al Rrey y se rreduzieron al su servicio y obidencia, y le fizieron el juramento y omenage en tal caso devido y acostunbrado como a su Rrey y señor natural. E luego allí el rrey Don Enrrique juró e yntituló a la dicha ynfanta Doña Ysabel, su hermana, por Princesa y legítima subcesora de todos sus rreynos para después de sus días, y así lo mandó jurar a todos los presentes que eran, y lo juraron, y para los avsentes, y las cibdades, y villas y lugares de sus rreynos, mandó dar luego sus cartas patentes en forma. E la dicha princesa Doña Ysabel, su hermana, y los perlados y cavalleros suso dichos, juraron allí de faser entregas al Rrey de todas las cibdades, villas y fortalezas que le estavan tomadas y rrebeladas, en cierto término que para ello fue ymitado [sic], y destar a su obidencia, con otros ciertos capítulos y condiciones según más largamente pasó y se rremiten a su corónica.

Y de allí la Princesa se fue con el Rrey, su hermano, y el dicho Maestre tornó a governar y mandar la casa del Rrey y el rreyno mejor y más absolutamente que nunca lo mandó. Pasadas las vistas de Guisando, el rrey Don Enrrique y la Princesa se fueron a Cadaalso, y de allí fueron a Madrid, do estovieron algunos días, después se fueron a Ocaña. Estando en Ocaña vino allí el Arçobispo de Lisbona por parte del rrey Don Alonso de Portugal, a tratar casamiento dél con la princesa Doña Ysabel, el qual casamiento encaminava y procurava el Maestre de Santiago, pero a la Princesa non plazía dello.

En esta sazón la rreyna Doña Juana y la Princesa, su fija, estavan en poder del Duque del Ynfantazgo, Don Diego Furtado de Mendoça, y después ovo de venir a poder del Maestre de Santiago la princesa Doña Juana, que sienpre trabajava de tener en su poder las mejores prendas del juego.

Estando el rrey Don Enrrique en la villa de Ocaña, según dicho es, acordó de pasar al Andaluzía por rrecobrar a Sevilla y Córdoba, y a las otras de aquel rreyno que no le eran entregadas ni rrestituídas, y dar horden y asiento cómo todo estubiese a su seruicio. El qual quisiera mucho que la princesa Doña Ysabel fuera con él y llevalla consigo, pero ella se escusó de yr con él, dando algunas rrazones por sí. Y desque el Rrey no pudo acaballo con ella, partióse, y fuese al Andaluzía como lo tenía acordado. Como la Princesa vido partido al Rrey, ella se partió y se fue a la villa de

Madrigal, do estava la rreyna Doña Ysabel, su madre, y estovo algunos días con ella, y después el Arçobispo de Toledo y Don Alonso Enrríquez, fijo del Almirante, leváronla a Valladolid, y allí se dio conclusión en el casamiento de la dicha Princesa con el rrey Don Fernando de Secilia, Príncipe de Aragón, fijo del rrey Don Juan de Aragón, que avía días que se trataba, no seyendo el Rey en ello. Y dende a pocos días que llegó a Valladolid el dicho Arçobispo de Toledo, y el Almirante, y Don Pedro de Acuña, Conde de Buendía, metieron al dicho Príncipe, Rrey de Sicilia, ahorrada y secretamente y lo truxeron a Valladolid. E luego a la ora que llegó, el Arçobispo de Toledo les tomó las manos, y otro día se velaron, de lo qual, según pareció, pesó mucho al Rrey, diziendo que sin su licencia y a su desplazer lo fizieron. Pero, al fin, que le pluguiese o le pesase, el casamiento quedó fecho para sienpre. E por aventura, el rrey Don Enrrique, por enojo y sentimiento desto, o de otras cavsas le movieron, trató casamiento de la princesa Doña Juana, que llamava fija, con el Duque de Guiana, hermano del Rrey de Francia, sobre lo qual vino a Castilla el Cardenal de Albi y ciertos enbaxadores del Rrey de Francia. Y en presencia dellos y de Don Pero Gonçález de Mendoça, Cardenal Despaña, y de Don Juan Pacheco, Maestre de Santiago, y de Don Diego Furtado de Mendoça, Duque del Ynfantazgo, y de Don Álvaro de Estúñiga, Duque de Arévalo, y de Don Rrodrigo Pimentel, Conde de Benavente, y de Don Diego López de Astúñiga, Conde de Miranda, y de Don Yñigo de Mendoça, Conde de Tendilla, y de otros muchos cavalleros, Mosén Beltrán, Conde de Bolonia y de Albernia, con poder del dicho Duque de Guiana se desposó y tomó las manos con la princesa Doña Juana. Y el rrey Don Enrrique allí rrevocó la erenzia y subcesión que avía otorgado a la princesa Doña Ysabel, su hermana, en las vistas de los Toros de Guisando, y de nuevo juró y mandó jurar a la princesa Doña Juana por su fija primogénita y eredera de sus rreynos para después de sus días. Sobre lo qual, ansí el rrey Don Enrrique como los príncipes Don Fernando y Doña Ysabel, Rrey y Rreyna de Secilia, enbiaron sus cartas por todas las cibdades destos rreynos, cada vna de las partes alegando y esforçando su derecho. Y sobresto pasaron tantos tratos y alteraziones, tantas convenencias, y tantos asientos, que por no alargarme a la riberra y puerto de mi hobra, dexo descrebir.

En el mes de março de MCCCCLXXIII años, se levantó vn ferrero en la cibdad de Córdova, y en tal manera yndució y levantó toda la gente contra los conversos, diziendo que no vivían bien como católicos christianos, no embargante que el dicho ferrero fue preso por Don Alonso, Señor de la Casa de Aguilar, que a la sazón estava en Córdova y la gobernava, y fue mandado enforcar. Y levándolo a esecutar en él la sentencia, por que el pueblo se movió a quitallo y tomallo a la justicia que lo levaba, el mismo Don Alonso salió a caballo y lo mató por su mano con vna lança, no se pudo escusar que toda la comunidad y gran parte de los cavalleros, y escuderos, y muy mucha gente de bergantes extrangeros, se levantasen y levantaron con muy gran ynpetu y aceleramiento, y todos los conversos de aquella cibdad fueron totalmente rrobados, y muchos dellos muertos y sus casas quemadas y derribadas, buscando tesoros y alcadijos. Y de la cibdad saltó luego como centella de fuego en todos los lugares comarcanos, así como Montoro, Bujalance, y Cañete, y La Rrambla, y Baena, y Alcavdete, Arjona, y Porcuna, Andújar, y Jahén. Y en ella, sobre querellos defender mataron con aquel ynpetu al Condestable Don Miguel Lucas. Y en ese mismo peligro se vido y estubo Don Alonso en Córdova, y el Conde de Cabra en Vaena, y Martín Alonso de Montemayor en Alcavdete, con sus mismos vasallos, y quien governava la cibdad de Andújar, y los clérigos por defender las yglesias donde los que pudieron se habían rrecogido, que las querían quebrantar para los sacar y matar. Tan ensoberbecidos y encarniçados e ynobedientes estavan las gentes contra esta generación, diziendo que eran erejes. Lo qual diviera ser más codizia de rroballos que zelo del servicio de Dios.

En tal manera se yva encendiendo esto de lugar en lugar que estubo la cosa en gran peligro de hundir todo el rreyno. Y muchos lugares rrezibieron gran daño, y lo rrizibieran mayor si no fueran rrezibidos y anparados en algunos alcáçares y fortalezas.

En el año siguiente ovo en el Andaluzía, y generalmente en todo el rreyno, muy gran carestía de pan y de los otros mantenimientos, ca llegó vna fanega de trigo en los obispados de Córdova y de Jahén quinientos maravedís, y amasada en las plaças mill, y en algunos lugares a más, y vna fanega de cevada a trezientos maravedís, y vn açunbre de vino a veynte y quatro y a treynta, y vna arroba de aceite a dozientos y más. Y así las carnes y los otros mantenimientos a muy grandes precios, y muchas personas miserables se mantenían e pasavan con cardos y otras raízes del canpo. Y toda esta fanbre y carestía pasaron y conportaron las gentes sin fazerse rrobos ni fuerças por caminos ni en pueblos, y plugo a Dios por su piedad quel año siguiente abaxó la fanega del trigo a quarenta maravedís, y así las otras cosas.

Fue el rrey Don Enrrique asaz de buen cuerpo, aunque no tan grande como el rrey Don Juan, su padre, blanco y rrubio y de rreal presencia. Muy grande músico, y tañía y cantaba graciosamente. No se vestía rrico, mas bien y medianamente. Fue tan vmano que duramente se consintía besar la mano, ni curava de las cirimonias rreales, ni a persona jamás, ni a los niños, dixo *tú*, sino *vos*, más por vmildad rreputando ser honbre de tierra como los otros, no por mengua de saber, que muy discreto era. Fue muy gran trabaxador en guerras y en montes, en el exercicio de los quales avía tan gran rrecreación y deporte que fizo dos bosques, dos casas fuertes y suntuosas maneras, el vno en Valsavín [sic], cerca de Segovia, y el otro en El Pardo, cerca de Madrid. Otrosí fue muy franco, a los señores y cavalleros de sus rreynos engrandeció, y a muchos dellos de títulos y rrenonbres, duques y condes y marqueses honoró. Fue muy dulze y benino a sus criados, y aquellos que cerca dél participavan. A muchos de pequeños fizo y puso en grandes estados, así en lo seglar como en lo eclesiástico, avnque con algunos no tubo buena dicha, casi todos los que fizo grandes de pequeños estados le salieron gratos y conocidos, avnque todo el rrestante se levantara contra él no lo pudieran enpezer. Nunca [a] ninguno quitó cosa que le diese, ni rrepitió ni çaherió. Franqueó y previllegió muchas cibdades de sus rreynos quitándoles y rrelaxándoles sus pechos y tributos porque le sirvieron bien y lealmente en sus trabajos y necesidades, especialmente a las cibdades de Andújar y Jahén. No era vendicatiuo, antes perdonaba de buena voluntad los yerros y desservicios que le fazían. Muchos cavalleros y escuderos de sus rreynos en sus guardas, de pobres se fizieron rricos con los grandes sueldos y acostamientos que les dava en muy gran manera. Era piadoso y limosnero, y mucho más en oculto que en lo público; fue muy devoto a yglesias y monesterios, y fizo muchos tenplos y casas de oración. Entre los quales fabricó y edeficó de muy maravillosa obra el monesterio de Santa María del Parral, ques en la cibdad de Segovia, de la Horden de los Gerónimos. Y en la misma cibdad al monesterio de Sant Antoño de Padua, de la Oservancia. Y rredificó el monesterio de San Francisco, de la dicha cibdad, y en Madrid a Santa María del Paso, de la Horden de San Gerónimo, y guarneciólos de muy rricos hornamentos, y dotólos de muy rricas posesiones.

Estas y otras virtudes tenía y cabían en él, avnque los que le erraron y dessirvieron le ynfamaron de lo contrario. En fin, al veynteno año de su rreynado, estando en la villa de Madrid, adoleció y murió, a honze días de dizienbre, año del Nascimiento de Nuestro Señor y Salvador Jesuchristo de mill e quatrocientos y setenta y cuatro años. Y fue enterrado en depósito en el dicho monesterio de Santa María del Paso de Madrid, que él mandara faser, y allí estovo fasta que después la rreyna Doña Ysabel, su hermana, lo mandó levar a Santa María de Guadalupe, do se mandó enterrar cerca de la rreyna Doña María, su madre.

E díxose que al tiempo y ora de su finamiento, el Cardenal Despaña y los Condes de Aro, Condestable de Castilla, y de Benavente, y otros que allí se acaecieron, le suplicaron y rrequirieron que en el debate o duda de la subcesión de sus rreynos declarase lo que mandava o quería que se fiziese, y que los respondió que aquello fiziesen que el dicho Cardenal de su parte les dixese, porque él avía fablado con él, y le avía ynformado y certificado de su voluntad. Otros lo dixeron de otra manera. La declaración o determinación de la verdad se rremite a los que desto más saben o pudieron saber.

E aquí fago fin y pausa, y me despido de la presente hobra, suplicando al eterno Dios vno e trino que a Él por su ynmensa e ynfinita vondad y misericordia plega leuar su ánima a aquella santa gloria para que fue criada, y todos deseamos alcançar. Amén. Deo gracias.

E loado y bendito y exalçado sea el nonbre de Dios Nuestro Señor Jesuchristo y de aquella gloriosa Virgen María Nuestra Señora, a quien yo tengo por señora.

ÍNDICE GENERAL

Abdilbar, alguacil mayor de Granada: 210
Abenalmau, rey de Granada: 197, 198, 199, 200
Abenámar: 198
Abencerrajes: 124, 125, 215
Acuña, D. Luis de, Obispo de Burgos: 157, 227
Acuña, D. Pedro de, Conde de Buendía: 229
Adamuz: 91
Adelantado de Andalucía: v. Enríquez, D. Pedro
Adelantado de Castilla: v. López de Padilla, Pero
Adi Yuçaf Abencerraje: 126, 215
Adiça, rey de Granada: 125, 210, 215
Agraz, Juan: 36
Aguilar, D. Alonso de: 48, 50, 67, 68, 70, 72, 73, 88, 91, 92, 95-96, 97, 98, 133, 134, 162, 176-87, 223, 230
Alatar, el, caballero granadino: 116, 117, 124, 125, 215
Alba de Liste, Conde de: v. Enríquez, D. Enrique
Alba de Tormes, Conde de: v. Álvarez de Toledo, D. Fernán
Alba de Tormes, Duque de: v. Álvarez de Toledo, D. García
Albarracín, Alfonso de: 176, 187
Albi, Cardenal de, embajador de Luis XI de Francia: 229
Albulahazén, infante y después rey de Granada: 210-11
Alburquerque: 195
Alburquerque, Duque de: v. Cueva, D. Beltrán de la

Alcalá, Fray Alonso de: 224
Alcalá de Henares: 156, 204
Alcalá la Real: 33, 44, 119, 121, 130, 150, 195, 196, 200, 210, 213, 215, 221
Alcalde Mayor, título de: 72, 85-86, 87
Alcántara, Maestre de: v. Cáceres, D. Gómez de; Núñez de Cáceres, D. Diego; Sotomayor, D. Gutierre de; Sotomayor, D. Juan de
Alcaraz, Bartolomé de, secretario real: 172, 185, 187
Alcaudete: 230
Alcaudete, Señor de: v. Montemayor, Martín Alonso de
Alcázar Genil: 122, 128, 200
Alcochán: 127
Alconcha: 126
Aldehuela, Señorío de La: 30, 31, 33, 150
Aldeira: 115, 116, 118, 214
Alfaquín, Torre del: 190
Alfonso X de Castilla: 17
Alfonso XI de Castilla: 30, 31, 33, 137, 150
Alfonso V de Aragón: 192, 193
Alfonso V de Portugal: 75, 217, 218, 228
Alfonso de Castilla, Príncipe D. (Alfonso XII): 49, 52, 56, 57, 58, 61, 62, 132, 164, 205, 208, 218, 219, 220, 221, 222, 223, 224, 225, 226, 227; v. también Ávila, Farsa de
Alhama: 104, 115, 116, 187-88
Alhambra: 121, 122, 124, 125, 215
Alhendín: 127
Alí Abencerraje: 124, 125, 215
Alicún: 211

Almagro: 48, 223
Almazán: 43, 194
Almodóvar del Campo: 131
Almuñuécar [sic]: 126, 127
Álvarez Osorio, D. Pedro, Marqués de Astorga: 220-21
Álvarez de Toledo, D. Fernán, Señor de Valdecorneja, I Conde de Alba de Tormes: 194, 203, 205, 208, 209
Álvarez de Toledo, D. García, I Duque de Alba de Tormes: 221
Álvarez de Villasandino, Alonso: 38
Amador de los Ríos, José: 16-17, 19, 23, 91, 103
Andalucía: 54, 55, 61, 64, 65, 66, 67, 69, 73, 74, 75, 77, 78, 80, 83, 87, 90, 94, 95, 96, 131, 156, 169, 188, 196, 203, 209, 211, 217, 221, 228, 230
Andújar: 12, 15, 16, 18, 22, 28, 30, 31, 32, 33, 34, 38, 40, 41, 42, 43, 44, 45, 46, 47, 48, 49, 50, 51, 52, 53, 55, 56, 57, 59, 61, 62, 63, 64, 65, 66, 68, 69, 70, 71, 72, 73, 75, 76, 77, 78, 79, 80, 81, 82, 83, 84, 85, 86, 87, 91, 92, 94, 95, 96, 97, 98, 99, 100, 101, 104, 106, 111, 132, 133, 134, 137, 138, 144, 146, 150, 153, 154, 155-88, 196, 202, 210, 221, 222, 223, 230, 231
Andújar, Pedro de, Contador real: 167
Angulo, Juan de: 186
Angulo, Pedro de: 184
Antequera: 190, 195
Antisemitismo: 90-94; v. también Conversos
Antonio, D. Nicolás: 16
Aragón: 74, 87, 104, 188, 190, 192, 194, 195, 205, 208, 212, 214
Aragón, Infante D. Enrique de: v. Enrique de Aragón, Infante D.
Aranda, Juan de: 130
Arcos, Conde de: v. Ponce de León, D. Rodrigo
Archidona: 195
Arellano, Carlos de: 205
Arenas: 73, 114, 200
Arévalo: 208, 227
Arévalo, Duque de: v. Zúñiga, D. Álvaro de

Argote de Molina, Gonzalo: 16, 19, 30, 31, 32, 33, 57, 71, 150
Arias, Diego, Contador mayor: 134
Arias Dávila, Familia: 61, 134
Arias Dávila, D. Juan, Obispo de Segovia: 134
Arias Dávila, Pedro, Contador mayor: 134, 225, 226
Ariza: 194
Arjona: 32, 52, 84, 85, 134, 203, 223, 230
Arjona, Duque de: v. Enríquez, D. Fadrique
Arjonilla: 52
Armas y letras, Disputa de: 137-46
Armedilla, Monasterio de El: 208
Armilla: 119, 120, 121, 215
Arquellada, Juan de: 21, 92, 161
Arroyo, Diego de: 41, 154
Aruriena: 119, 120, 121, 215
Asenjo Barbieri, Francisco: 26
Asensio, Eugenio: 20, 137
Astorga, Marqués de: v. Álvarez Osorio, D. Pedro
Atienza: 219
Atienza, Julio de: 31, 36, 106, 165
Aubrun, Charles, V.: 20, 21, 24, 35, 36, 39, 144
Ávila: 202, 203, 227
Ávila, Farsa de: 26, 49, 52, 131, 220-21
Ávila, Gonzalo de: 125, 167-68, 216
Ayamonte: 190
Ayllón: 34, 214
Ayora, Gonzalo de: 86
Azáceta, José M. de: 24, 25
Aznalloz: 73

Badajoz: 75
Badajoz, Alonso de, Secretario real: 165
Badajoz, Deán de: 167
Badajoz, Fernando de, Secretario real: 158, 166
Baena: 230
Baer, Yitzhak: 90
Baeza: 32, 43, 47, 48, 61, 65, 75, 76, 79, 80, 81, 84, 85, 101, 108, 132, 133, 151, 152, 169, 170, 171, 179, 196, 211, 223
Bailén: 71
Balsain: 231

Balse, Roberto de, Caballero alemán: 35
Balterca: 126
Baltorca: 127
Ballester y Castell, R.: 20
Banderías en el siglo xv: 42, 64, 73, 93, 94, 95, 96, 97, 99, 100, 138, 139, 153, 162, 176-87
Baños, Castillo de: 47, 59
Barajas, Combate de: 202
Barajas, Diego de: 176
Barcelona: 212
Barrantes Maldonado, Alonso: 92
Barrasa, Alonso de: 161-62
Barrasa, Diego de, Aposentador real: 55, 161-62, 164, 165, 169
Barrientos, D. Lope de, Obispo de Cuenca: 34, 214
Batres, Señor de: v. Pérez de Guzmán, Fernán
Baza: 116, 200, 210
Béjar: 135, 226
Béjar, Duque de: v. Zúñiga, D. Álvaro de
Bélmez: 211
Belmonte, Señor de: v. Téllez Girón, D. Alonso
Belmontejo: 51, 52
Benamaurel: 200
Benavente, Conde de: v. Pimentel, D. Rodrigo Alonso; Pimentel, D. Alonso
Benavides, Familia: 108
Benzalema: 200
Bernáldez, Andrés: 188
Biémez: 200
Blanca de Navarra, Reina de Castilla: 216
Blanca de Navarra, Reina de Navarra: 193
Blanco-González, Bernardo: 143
Blecua, José Manuel: 22
Bleiberg, Germán: 22
Bobadilla, Francisco de: 99
Bolonia, Conde Beltrán de: 229
Borgoña: 140, 141-42
Buelna, Conde de: v. Niño, D. Pero
Buendía, Conde de: v. Acuña, D. Pedro de
Bujalance: 52, 91, 230
Burgos: 156-57, 203, 207

Burgos, Obispo de: v. Acuña, D. Luis de
Burgos, Juan de: 179-82, 187
Burguesía: 143-44

Caballeresco, Ideal: 140-46
Caballería, Clase social: 143-44
Cabçaní, el, caballero granadino: 124, 125, 130, 215
Cabra, Conde de: v. Fernández de Córdoba, D. Diego
Cabrera, D. Andrés de, I Marqués de Moya: 145, 159, 226
Cáceres, D. Gómez de, Maestre de Alcántara: 159, 213, 220, 226
Cadalso de los Vidrios: 228
Cadena del Ser: 142-43
Cádiz, Marqués de: v. Ponce de León, D. Rodrigo
Calahorra, La: 115, 116, 118, 214
Calatayud: 205
Calatrava, Maestre de: v. Girón, D. Pedro; Téllez Girón, D. Rodrigo; Guzmán, D. Luis de
Calatrava, Orden de: 61, 68, 75, 89, 134, 223
Cambil: 211
Canción: 28
Cancionero de Baena: 28, 38
Cancionero de Fernán Martínez de Burgos: 36
Cancionero de Gallardo-San Román: 23, 24, 25, 35
Cancionero General de Hernando del Castillo: 28, 103
Cancionero de Herberay des Essarts: 24, 35, 36, 39
Cancionero de Juan Fernández de Costantina: 103
Cancionero de Módena: 35
Cancionero Musical de Palacio: 28
Cancionero de Oñate-Castañeda: 23, 24, 25, 27, 34, 35, 38, 39, 40
Cancionero de Palacio: 35, 36
Cantiga: 28
Cañete: 52, 190, 230
Cañete, Lope de: 172
Caravajal: v. Carvajal
Carbajal: v. Carvajal
Cárdenas, Juan de: 42, 95, 97, 99, 100, 176-82, 183-87
Cardeñosa: 62, 227

Carlos V: 143
Carlos de Viana, Príncipe D.: 212
Carmona: 179, 217
Caro, Fernán: 172
Caro Baroja, Julio: 42, 90
Carriazo, Juan de Mata: 18-19, 20, 21, 22, 26, 34, 44, 51, 56, 57, 87, 90, 94, 104, 107, 108, 109, 110, 112 136, 188
Carrillo, Familia, Señores de Priego: 31, 33, 150
Carrillo, D. Alonso, Arzobispo de Toledo: 158, 212, 220, 224, 225, 227, 229
Carrillo, Juan, Adelantado: 202
Carrillo de Albornoz, Gómez: 201
Carrillo de Huete, Pedro: 36
Cartagena: 217
Carvajal, Doña Beatriz de: 151
Carvajal, D. Cristóbal de: 151
Carvajal, D. Diego de: 151, 152
Carvajal, D. Diego de, Canónigo de Sevilla: 151-152
Carvajal, D. Gonzalo de: 151, 152
Carvajal, Doña Inés de: 151, 152
Carvajal, Doña Isabel de. 151
Carvajal, Doña Jerónima de: 151
Carvajal, Juan de: 108
Carvajal, Doña Leonor de: 151
Carvajal, D. Luis de: 151, 152
Carvajal, D. Rodrigo de: 151, 152
Carvajal y Escavias, D. Alonso de: 151, 152
Carvajal y Escavias, D. Juan de: 106, 151, 152
Carvajal y Mendoza, Doña Isabel de: 150, 152
Casanueva: 52, 157
Casos Notables de la Ciudad de Córdoba: 106
Castañeda, Conde de: v. *Cancionero de Oñate-Castañeda*; Fernández Manrique, D. García; Manrique, D. Juan
Castellar: 200
Castilla: 62, 67, 73, 74, 83, 87, 90, 91, 97, 104, 123, 124, 125, 126, 144, 185, 188, 193, 200, 201, 203, 216, 217, 227
Castilla, Mariscal de: v. Fernández de Córdoba, D. Diego
Castillo, Hernando del: v. *Cancionero General de Hernando del Castillo*
Castillo, Luis del: 21, 22
Castril: 200
Castro, Américo: 139, 141
Castro, Conde de: v. Sandoval, D. Diego de
Castro y Castro, P. Manuel de: 17
Castro del Río: 68, 108, 151, 170
Castrogeriz, Conde de: v. Sandoval, D. Diego de
Catalina de Alencastre, Reina de Castilla: 189-90
Catalina de Castilla, Infanta: 191, 192, 195
Cataluña: 43, 49, 111, 212
Cazlona: 132, 223
Cazorla, Adelantamiento de: 43, 196, 214
Cenete, El: 43, 115, 116, 118, 214
Cercedón: 202
Cerda, D. Luis de la, Conde de Medinaceli: 204
Cerezo, Diego del, Comendador de Montizón: 41
Cerezuela, D. Juan de, Arzobispo de Toledo: 198, 202
Cervantes, Miguel de: 67, 103, 139, 143
Cibdad, Juan de: 206
Cidi-Çaha, Rey de Granada: v. Cidiza
Cidi Yuçaf Abencerraje: 124
Cidiza, Rey de Granada: 121, 123
Cifuentes, Conde de: v. Silva, D. Juan de
Cirot, Georges: 17
Ciudad Real: 155, 169, 206
Ciudad Rodrigo: 221
Clarke, Dorothy Clotelle: 28
Clavería, Carlos: 141
Coca: 226
Comendador Griego: v. Núñez de Guzmán, Fernán
Consuegra: 160
Contreras, Doña Teresa de, mujer de Pedro de Escavias: 88, 105, 150
Conversos: 90-94, 111, 141, 143, 154-55, 174-76, 206, 230
Coplas al Condestable D. Miguel Lucas de Iranzo, de Pedro de

ÍNDICE GENERAL 237

Escavias: 21, 22, 24, 27, 28, 40, 107-36, 142, 144
Coplas a la muerte del Conde de Mayorga, de Pedro de Escavias: v. Pimentel, D. Juan, Conde de Mayorga
Córdoba: 48, 61, 67, 68, 69, 70, 73, 74, 75, 83, 84, 85, 90, 91, 92, 95, 96, 103, 104, 131, 139, 151, 159, 162, 170, 171, 177, 187, 195, 196, 200, 204, 209, 217, 228, 230
Córdoba, Alfonso de, Contador: 179, 182
Coria, Obispo de: v. Manrique, D. Íñigo
Corpa: 204
Corte, Centro cultural: 137-38
Corte y aldea: 140
Cortesano, Tipo humano renacentista: 143, 144
Corvera, Remón, Regidor de Baeza: 47
Cosaute: 20
Cosbija: 126, 127
Cristianos nuevos: 90-94; v. también Conversos
Crónica Castellana: 78
Crónica de D. Álvaro de Luna: 142
Crónica de D. Juan II: 34, 35, 36
Crónica del Halconero de D. Juan II: v. Carrillo de Huete, Pedro
Crónica del Halconero, Refundición de la: v. Barrientos, Fr. Lope de
Crónica Incompleta de los Reyes Católicos: 82
Crosby, James O.: 24
Cuéllar: 134, 208, 219, 223
Cuéllar, Pedro de: 155
Cuenca: 31, 33
Cuenca, Obispo de: v. Barrientos, Fr. Lope de
Cueva, D. Beltrán de la. Conde de Ledesma, I Duque de Alburquerque: 43-44, 45, 102, 159, 169, 213, 216-17, 218, 219, 220, 221, 224, 226
Cuevas, Las: 190
Curtius, Ernst Robert: 143

Chacón, Gonzalo: 142
Chiquera: 200

Danvila y Collado, Manuel: 86, 87
Daymora, Treguas de: 49
Declaratorias de Toledo: 102-03
Deza, Fernando de, Bachiller: 176
Díaz, Juan: 168
Díaz de Carvajal, Ruy: 151
Díaz y Córdoba, Ruy: 151
Díaz de Mendoza, Ruy, Mayordomo Mayor del Rey: 198
Díaz de Molina y Córdoba, Ruy: 152
Díaz de Toledo, Fernán, Relator: 154-55, 196
Díez de Games, Gutierre: 140, 142
Durango: 155

Ecija: 92, 211
Elvas: 75
Elliott, J. H.: 86
Enrique II de Castilla: 30, 31, 33
Enrique III de Castilla: 189
Enrique IV de Castilla: 12, 13, 15, 17, 18, 19, 20, 21, 26, 27, 28, 31, 34, 41, 42-98, 100, 102, 103, 110, 111, 122, 126, 131, 132, 134, 135, 144, 145, 153-95, 190-232; Semblanza física y moral: 231-32
Enrique de Aragón. Infante D.: 24, 39, 190, 191, 192, 193, 194, 195, 201, 202, 203, 205
Enríquez, D. Alonso. Hijo del Almirante: 229
Enríquez, D. Enrique, I Conde Alba de Liste: 206 [texto dice "Conde de Alba de Tormes", por confusión], 208, 221
Enríquez, D. Fadrique, Duque de Arjona: 192, 193-94
Enríquez, D. Fadrique, Almirante de Castilla: 201, 203, 204, 208, 209, 221, 224, 225, 229
Enríquez, D. Pedro, Adelantado de Andalucía: 69
Enríquez del Castillo, Diego: 57, 80, 81, 82, 85, 93, 158, 160
Erasmismo: 139
Escabas, Río: 31
Escabias: v. Escavias
Escabias, S. J., P. Sebastián de: 106
Escalona: 202, 207
Escavias, Francisco de: 72, 101, 102, 105, 150, 187

Escavias, Leonor de: 51, 65, 69, 71, 88, 92, 105, 150
Escavias, Pedro de: *passim*
Escavias Carvajal, Juan de: 108, 151, 152
Escavias Carvajal, Luis de: 150, 152
Escorial, Biblioteca del: 15, 189
Escudero de la Peña, J. M.: 86
Estepa: 211
Estúñiga: v. Zúñiga
Extremadura: 60

Fajardo, Alonso: 204
Fama, Idea de la: 141-42, 144
Felipe II: 17
Fernán-Núñez, Conde de: v. Ríos y Córdoba, D. Alonso Estacio de los
Fernán-Núñez, Duques de: 106
Fernández Bocanegra, Martín, Señor de Palma: 68
Fernández de Córdoba, Familia: 95-96
Fernández de Córdoba, D. Diego, Conde de Cabra, Mariscal de Castilla: 45, 52, 55, 68, 69, 70, 73, 95-96, 162, 211, 221, 230
Fernández de Córdoba, D. Francisco, Abad de Rute: 95
Fernández de Córdoba, D. Gonzalo, El Gran Capitán: 91
Fernández de Córdoba, Ruy: 101
Fernández de Costantina, Juan: 103
Fernández Galindo, Juan, Comendador: 224
Fernández Manrique, D. Gabriel, I Conde de Osorno: 209, 210, 227
Fernández Manrique, D. García, I Conde de Castañeda: 191, 198, 200
Fernández de Oviedo, Gonzalo: 86, 98, 103, 161-62
Fernando III de Castilla: 190
Fernando V de Castilla: 74, 87, 97, 104, 153, 187-88, 229
Fernando de Antequera, Infante D.: 189-90
Ferrara, Orestes: 18
Ferrera, García de: 203-04
Floranes, D. Rafael: 92
Flores, Doña Beatriz: 150, 152

Flores Carvajal, D. Gonzalo: 108, 151
Fonseca el Mozo D. Alonso de, Arzobispo de Sevilla: 165, 206, 224, 225, 226. 227
Fonseca, Fernando de, Capitán: 224
Fortitudo et Sapientia: v. Armas y Letras
Fortuna, Caída de: 48, 159-60
Foulché-Delbosc, Raymond: 36, 103
Francia: 103
Franciscanos: 231-32
Franco, Bartolomé: 179-82
Franco, Bernabé: 172
Fregenal de la Sierra: 196
Fuenterrabía: 212
Fuentidueña: 201

Galera: 200
Galíndez de Carvajal, Dr. Lorenzo: 35-36, 61, 63, 79-80, 85, 103, 165
Gallardo, Bartolomé J.: v. *Cancionero de Gallardo-San Román*
Gamboa, Bandería de: 42
Gámez, Diego de: 21, 176
García, Alvar: 155, 157
García Carraffa, A. y A.: 29, 31
García de Ciudad Real, Alvar: v. García, Alvar
García de Hoyos, Lope: 191-92
García de Santa María, Gonzalo: 137
García de las Verdejas, Pedro: 172
García de Villarrael, Alvar: v. García, Alvar
Garcilaso de la Vega: 143
Garcilaso de la Vega, Inca: 32, 143, 144
Garibay y Zamalloa, Esteban de: 50, 102
Garray: 194
Gayangos, Pascual de: 20, 21, 103, 175-76
Genil: 119
Gerundense, El: v. Margarit i Pau, Joan
Gibraltar: 124, 125, 126, 167, 169, 211, 215-16, 217, 221
Gil de Olid, Torre: 132, 223
Girón, D. Pedro, Maestre de Calatrava: 45, 47, 49, 77, 78, 80, 83, 89, 96, 99-100, 127, 128, 157, 159,

160, 162, 174, 205, 208, 209, 213, 217, 218, 219, 222
Girón, D. Rodrigo: 76
Girón, D. Rodrigo, Maestre de Calatrava: v. Téllez Girón, D. Rodrigo
Gómez-Moreno, Manuel: 188
González, Luis, Secretario real: 188
González, María: 159
González de Ávila, Dr. Pedro: 227
González de Escavias, Juan: 176
González de Mendoza, D. Pedro, Obispo de Sigüenza, Cardenal de España: 93, 220, 221, 224, 229, 232
González Palencia, Ángel: 154
González de Priego de Escavias, Alonso: 31, 150
González de Priego de Escavias el Viejo, Juan: 30, 31, 33, 138, 150
González de Priego de Escavias el Mozo, Juan: 31, 32, 33, 150
González de Priego de Escavias, Pero: 32
González y Sánchez, Juan: 84, 85
Goya, Francisco de: 13
Granada: 18, 72, 73, 96, 99, 104, 112, 113, 115, 116, 117, 118, 119, 120, 121, 122, 123, 124, 125, 126, 127, 128, 190, 194-95, 196, 197, 198, 199, 200, 209, 210, 211, 214, 215
Green, Otis, H.: 140
Guadajoz, Río: 68, 170
Guadalcanal: 196
Guadalcázar: 69
Guadalhimar: 132
Guadalupe: 217, 232
Guadix: 43, 72, 103, 115, 116, 117, 118, 200, 210, 214, 215
Guarda Mayor, Oficio de: 86
Guevara, Fr. Antonio de: 140
Guiana [Guyena], Duque de: 229
Gutiérrez de la Vega, José: 57
Guzmán, Bandería de: 42
Guzmán, D. Enrique de, Conde de Niebla, II Duque de Medinasidonia; 169, 198, 199, 200
Guzmán, García de: 225
Guzmán, D. Juan de, Conde de Niebla, I Duque de Medinasidonia: 69, 75, 80, 94, 124, 125, 126, 169, 216
Guzmán, Juan de: 203
Guzmán, D. Luis de, Maestre de Calatrava: 194, 198, 199, 202, 203
Guzmán, Manuel de: 24
Guzmán, Pero de: 23, 24, 34, 35
Guzmán y Quesada, Doña Isabel de: 108, 151, 152

Hambre en Castilla (1474): 230-31
Haro, Conde de: v. Velasco, D. Pedro de
Hechos del Condestable D. Miguel Lucas de Iranzo, de Pedro de Escavias: 13, 18, 19, 20, 22, 25-26, 40, 43, 45, 46, 47, 48, 49, 51, 52, 53, 54, 55, 59, 61, 64, 65, 66, 67, 68, 69, 70, 71, 72, 73, 83, 87, 88, 92, 93, 94, 103, 105, 107-36, 138, 142, 143, 144, 157, 160, 168, 175-76, 179
Herberay des Essarts, Nicolás de: v. *Cancionero de Herberay des Essarts*
Higuera, Condado de la: 88-90, 144, 174
Higuera de Arjona: 48, 50, 84, 88, 89, 90, 96, 133, 160
Higuera de Calatrava: 48, 52, 88, 89, 90
Higuera de Martos: 48, 88, 89, 90, 211
Higueruela, Batalla de la: 197-200
Huizinga, Johan: 140-41
Humanismo, siglo XV: 137-46
Hurtado de Mendoza, D. Diego, I Duque del Infantado, II Marqués de Santillana: 217, 220, 223-24, 226, 228, 229
Hurtado de Mendoza, Juan: 190

Illora: 112, 113, 196, 210, 214
Infantado, Duque del: v. Hurtado de Mendoza, D. Diego
Inquisición: 90
Iranzo, Condestable D. Miguel Lucas de: v. Lucas de Iranzo, Condestable D. Miguel
Isabel I de Castilla: 18, 62, 71, 74, 87, 89, 97, 99, 103, 205, 208, 218,

225, 227, 228, 229, 232; v. también Reyes Católicos
Isabel de Portugal, Reina de Castilla: 205, 207, 208, 227, 229
Islam: 140-41
Ismael, Rey de Granada: 128
Italia: 140, 141, 143

Jaén: 21, 22, 32, 46, 47, 48, 49, 51, 52, 53, 54, 55, 61, 64, 67, 68, 70, 71, 72, 73, 75, 77, 78, 79, 80, 83, 86, 87, 88, 92, 93, 96, 99, 103, 105, 108, 112, 113, 114, 116, 118, 120, 121, 122, 126, 131, 132, 133, 139, 143, 154, 155, 158, 160, 161, 170, 175, 176, 179, 196, 210, 211, 213, 214, 215, 217, 221, 222, 223, 230, 231
Jaén, Obispo de: v. Peleas, D. Alonso de; Vázquez Peláez, D. Alonso; Vázquez de Acuña, D. Alonso; Zúñiga, D. Gonzalo de
Jaén, Pedro de: 158
Jeque, Torre de: 116, 118
Jerez de la Frontera: 92, 125, 126, 169, 216
Jerónimos: 231-32
Jimena: 72, 169, 200
Jiménez de Córdoba, Pedro: 172
Juan I de Castilla: 30
Juan II de Castilla: 12, 17, 18, 23, 32, 34, 36, 37, 38, 39, 40, 41, 87, 103, 110, 122, 137, 138, 139, 153, 189-207
Juan II de Navarra y de Aragón: 43, 188, 190, 191, 192, 193, 194, 201; 202, 203, 204, 205, 208, 212, 216, 229
Juan, Príncipe D.: 86
Juana de Portugal, Reina de Castilla: 216, 217, 218, 219, 225, 226, 228
Juana la Beltraneja: 15, 18, 21, 27, 42, 49, 74, 75, 97, 189, 216, 218, 219, 225, 226, 228, 229
Judíos: 90-94; v. también Conversos

Kilgour, R. L.: 141

Lafuente y Alcántara, E.: 96
Larraga: 212
Laurencín, Marqués de: v. Uhagón, D. Francisco R. de

Lealtad, ¡oh lealtad!, romance: 25-26, 40
Ledesma: 43
Ledesma, Conde de: v. Cueva, D. Beltrán de la; Zúñiga, D. Pedro de
Legueles: 126, 127
Lenguaje cancilleresco: 85
León: 67; v. también Castilla
Lerín: 212
Lewis, A. R.: 139
Lewis, C. S.: 143
Lida de Malkiel, María Rosa: 23, 39, 142
Limpieza de sangre: 90
Literatura dirigida: 27
Loja: 195
Lopera: 52
López de Angulo, Diego: 186
López de Avalos, Ruy, Condestable de Castilla: 191, 192
López de Ayala, Pero, Canciller: 30
López de Ayala, Pero: 204
López González, Victoriano: 23
López de Mendoza, D. Íñigo, I Marqués de Santillana: 144, 202, 203, 205, 209
López de Mendoza, D. Íñigo, I Conde de Tendilla: 229
López Pacheco, D. Diego, II Marqués de Villena: 50
López de Padilla, Pero, Adelantado Mayor de Castilla: 227
López de Saldaña, Fernán: 196, 197, 198, 203, 204
López de Zúñiga, Diego: 207
Lorca: 200, 204
Los Arcos: 212
Losa, Puerto de: 25
Lovejoy, Arthur O.: 142
Lucas, Fernán: 51, 65, 68, 69, 70, 71, 88, 92, 105, 108, 150, 160
Lucas, Juana: 54, 55
Lucas, Nicolás, Comendador de Montizón: 46, 52, 71
Lucas de Escavias, Pedro: 150, 152
Lucas de Iranzo, D. Miguel, Condestable de Castilla: 12, 16, 20, 21, 22, 24, 26, 27, 40, 43, 44, 45, 46, 51, 52, 53, 54, 55, 59, 61, 64, 65, 66, 67, 69, 70, 71, 72, 73, 75, 76, 77, 78, 79, 83, 89, 91, 92, 93, 94,

96, 98, 103, 105, 107-36, 139, 143-44, 150, 158, 159, 160, 161, 162, 168, 174-76, 213-30; v. también *Hechos del Condestable D. Miguel Lucas de Iranzo*
Lucas de Nieva, Fernán: v. Lucas, Fernán
Lucas de Torres, D. Luis: v. Torres, D. Luis de
Lucena, Francisco de: 176
Lucena, Pedro de: 172, 173, 179, 187
Luis XI de Francia: 212, 229
Luna, Conde de: v. Quiñones, D. Diego de
Luna, D. Álvaro de, Condestable de Castilla, Maestre de Santiago, I Conde de Santisteban: 23, 34, 38, 39, 40, 139, 142, 190-207
Luna, D. Juan de, II Conde de Santisteban: 207, 209, 214
Luna, Doña María de: 190
Luna, D. Rodrigo de, Prior de San Juan: 199
Luque, Señor de: v. Vanegas, Pero

Macías: 35, 103
Madrid: 87, 98, 135, 156, 161, 162, 164, 165, 185, 191, 217, 225, 226, 227, 228, 231, 232
Madrigal: 229
Madroño, Combate del: 211
Mahomad Abencerraje: 124, 125, 215
Málaga: 99, 124, 125, 200, 209, 215, 216
Malahá, La: 126, 127
Maldonado, Doña Ana: 151
Manrique, Familia: 47-48, 51-52, 59, 71
Manrique, D. Fadrique: 48, 50, 52, 65, 88, 92, 133, 134, 223
Manrique, Gómez: 138, 139, 144, 227
Manrique, D. Íñigo, Obispo de Coria: 220, 227
Manrique, D. Jorge: 23, 47, 51, 59, 71, 105, 139, 144
Manrique, D. Juan, II Conde de Castañeda: 211
Manrique, D. Pedro, Adelantado: 193, 194, 201
Manrique, D. Pedro: 47, 51, 69

Manrique, D. Rodrigo, I Conde de Paredes de Nava, Maestre de Santiago: 71, 203, 204, 209, 218, 220
Manrique Manuel, Doña Mariana: 151
Marañón, Gregorio: 11, 57
Maravall, José Antonio: 143
Marche, Olivier de la: 141
Margarit i Pau, D. Joan, Obispo de Gerona: 138
María de Aragón, Reina de Castilla: 190, 201, 202, 205, 211, 232
María de Castilla, Reina de Aragón: 193, 194
Marías, Julián: 22
Márquez Villanueva, Francisco: 139
Martínez de Angulo, Alfonso, Veinticuatro de Córdoba: 177-81
Martínez de Burgos, Fernán: v. *Cancionero de Fernán Martínez de Burgos*
Martínez de Medina, Gonzalo: 38
Martínez de Valdepeñas, Alonso: 172
Martos: 84
Matilla Tascón, A.: 102
Mayorga: 154, 158
Mayorga, Conde de: v. Pimentel, D. Juan
Maza, D. Jerónimo: 151
Medellín, Conde de: Ponce de León, D. Pero; Portocarrero, D. Rodrigo
Medina del Campo: 51, 201, 221, 224, 225
Medinaceli, Conde de: v. Cerda, D. Luis de la
Medinasidonia, Duque de: v. Guzmán, D. Enrique de; Guzmán, D. Juan de
Mena, Juan de: 36, 37, 38, 39
Méndez de Badajoz, Garci, Capitán y Secretario: 43, 156-57
Méndez de Sotomayor, Pero, Veinticuatro de Córdoba: 177-81
Mendoza, Familia: 87, 217
Mendoza, D. Hurtado de: 224
Mendoza, D. Juan de: 224
Mendoza Carvajal, Juan de: 152
Mendoza y Carvajal, Doña Mencía de: 151

Menéndez Pelayo, Marcelino: 96
Menéndez Pidal, Gonzalo: 26
Menéndez Pidal, Ramón: 26, 27, 42, 96, 136
Mengíbar: 32, 72
Mercado, Juan de: 172
Meregalli, Franco: 22, 109, 110
Mérida: 75
Merlo, Diego de: 104, 225
Merlo, Juan de: 203
Mesa, Juan de: 172
Mexía, Gonzalo: 22, 64, 73
Millares Carlo, Agustín: 22
Miller, Townsend: 136
Miraflores, Monasterio de: 207
Miranda, Conde de: v. Zúñiga, D. Diego de
Moclín: 44-45, 130, 196, 197
Mofarrás, Alcalde de Granada: 124, 125, 210, 215
Molina, Doña Isabel de: 151, 152
Monarquía, Concepto bajo-medieval: 62
Monfarrás: v. Mofarrás
Montalbán: 191
Montefrío: 44, 128, 129, 210
Montejícar: 73
Montemayor, Martín Alonso de, Señor de Alcaudete, hijo del Conde de Cabra: 45, 52, 68, 70, 221, 230
Monteros de Espinosa, Guardia real: 56-57
Montiel, Campos de: 31
Montizón, Encomienda y castillo: 51-52, 59; v. también Cerezo, Diego del; Lucas, Nicolás; Manrique, D. Jorge
Montoro: 91, 182
Montoya, Rodrigo de: 133
Mora: 191, 192
Morales, Juan de: 179-82
Moriana: 98, 185, 187
Morley, S. G.: 21-22, 26
Moya, Marqués de: v. Cabrera, D. Andrés de
Muncharaz, Perucho de: 226
Muñoz, Doña Isabel: 151
Murcia: 68, 69
Música: 26, 27, 28, 231

Nájera: 31

Navarra, Reino de: 193, 194, 195, 212
Navarra, Doña Ana de: 152
Navarrete, Doña Mencía de: 151
Navarrete de la Cueva, D. Baltasar: 151
Navarro, Juan: 172, 173
Navarro, Luis: 179-82, 187
Navarro, Tomás: 28
Niches, Señor de: v. Quesada, Juan de
Niebla, Conde de: v. Guzmán, D. Enrique de; Guzmán, D. Juan de
Nieto, García: 157
Niño, D. Pero, I Conde de Buelna: 140, 142, 196, 198
Núñez, Blanca: 31, 32, 150
Núñez de Cáceres, D. Diego, Maestre de Alcántara: 218
Núñez de Guzmán, Fernán, el Comendador Griego: 36

Ocaña: 63, 74, 168, 191, 192, 195, 204, 206, 228
Olid, Juan de: 20, 175-76
Olmedo: 23, 38, 39, 40, 53, 55, 58, 59, 158, 161, 205, 224-25
Oñate, Conde de: v. *Cancionero de Oñate-Castañeda*
Oñaz, Bandería de: 42
Ortejícar: 190
Ortiz de Zúñiga, D. Diego: 154-55
Osorno, Conde de: v. Fernández Manrique, D. Gabriel
Otium-Negotium: 140
Oviedo, Juan de, Secretario real: 98, 102, 156, 158, 159, 160, 161, 164, 165, 167, 168, 169, 170, 171, 174, 176, 182, 185

Pablo II, Papa: 227
Pacheco, D. Juan, I Marqués de Villena, Maestre de Santiago: 45, 48, 49, 52, 62, 63, 66, 68, 74, 75, 76-78, 79, 80, 81, 82, 83, 84, 89, 132, 134, 157, 165, 167, 205, 208, 209, 212, 213, 217, 218, 219, 220, 221, 222, 223, 224, 225, 226, 227, 228, 229
Padilla, D. Fr. Fernando de, Clavero de Calatrava: 202, 224

Padul, El: 126, 127
Painter, Sidney: 140
Palau y Dulcet, Antonio: 21
Palencia, Alonso de: 42, 46, 57, 75, 76-78, 79, 80, 81, 82, 83, 84, 85, 89, 91, 93, 94, 98, 103, 155, 156-57, 159, 161, 165, 166, 169, 188
Palma, Señor de: v. Fernández Bocanegra, Martín
Palomino, Familia: 42, 64, 65, 94, 96, 98-99, 101, 176-87
Palomino, Alfonso: 179-82
Palomino, Diego: 179-82
Palomino, Francisco: 98-99, 101
Palomino, Gonzalo: 179-82, 187
Palomino, Juan: 179-82
Palomino, Pedro: 42, 95, 97, 99-100, 179-82, 183-87
Palomino, Rodrigo: 98-99, 101, 179-82
Pampliega: 203, 204
Pamplona: 212
Pardo, El: 231
Pardo y Manuel de Villena, D. Alfonso, Marqués de Rafal: 154
Paredes de Nava, Conde de: v. Manrique, D. Rodrigo
Pareja, Juan de, Comendador: 66, 169
Parraga, Diego de: 179-82, 187
Parraga, Fernando de: 172, 173, 179-82, 187
Parraga, Pedro de: 176, 179-82
Paso Honroso de la Puente de Orbigo: 35
Pastor, Garci: 85, 100, 171-72
Pastor, Juan: 100, 179-82
Patrimonio Real: 62
Paz y Melia, Antonio: 42, 78, 138
Pedro I de Castilla: 30, 31
Pedro de Aragón, Infante D.: 195
Pedro de Portugal, Condestable D.: 209
Pegalajar: 64, 65, 158
Peleas, D. Alonso de, Obispo de Jaén: 90
Peña, Sancho de la: 176, 179
Peñafiel: 204
Pepe, Inoria: 19, 22, 26, 27, 107, 109-10, 112
Peralosa, Puerto de: 25
Pérez Bayer, Francisco: 16, 17, 19

Pérez Galdós, Benito: 12
Pérez de Guzmán, Fernán, Señor de Batres: 35, 139, 144
Pérez de Tudela Bueso, Juan: 98
Pérez de Vargas, Garci: 32
Pérez de Vivero, Alonso: 196
Pernia, Luis de: 211
Perucho: v. Muncharaz, Perucho de
Picos de Guadiana: 118
Pidal, Pedro José: 28, 92, 103
Pidrola, Fernando de: 134, 223
Pimentel, D. Alonso, III Conde de Benavente: 37, 201, 203, 204, 206, 208, 209, 218, 220, 227, 229 [El cronista le confunde, a menudo, con su padre D. Rodrigo Alonso]
Pimentel, D. Juan, Conde de Mayorga: 23, 24, 34-38, 40, 103, 141, 165-66
Pimentel, Doña Juana: 192
Pimentel, Doña Leonor, Condesa de Plasencia: 35, 165
Pimentel, D. Rodrigo Alonso, II Conde de Benavente: 34, 37, 192, 193, 195, 199
Pimentel, D. Rodrigo Alonso, IV Conde de Benavente: 232
Pineda, Fr. Juan de: 35
Pinel y Monroy, D. Francisco: 145
Plasencia: 165, 166
Plasencia, Conde de: v. Zúñiga, D. Álvaro de
Plasencia, Condesa de: v. Pimentel, Doña Leonor
Ponce de León, Bandería de: 42
Ponce de León, D. Pero, Conde de Medellín: 194, 196
Ponce de León, D. Rodrigo, I Marqués de Cádiz, Conde de Arcos: 69, 71, 75, 92, 104, 211
Pope, Alexander: 142
Porcuna: 52, 134, 223, 230
Portillo: 203, 204, 207, 225
Portocarrero, D. Rodrigo, Conde de Medellín: 213
Portugal: 74, 75, 87, 97, 195
Precios (Castilla, 1474): 230-31
Priego (Cuenca): 31, 33, 150
Propaganda: v. Literatura dirigida
Puelles, Mosén Juan de: 204
Puerto Lope: 196-97

Pulgar, Fernando del: 44, 45, 56, 57, 99, 104, 162, 163, 164, 167, 188
Puyol y Alonso, Julio: 20, 82

Quero, Juan de, Comendador: 162
Quero Escavias, D. Alonso de, Comendador de Almazán: 154
Quero Escavias, D. Pedro de: 154
Quero de la Vega, Juan de: 154
Quesada, Familia: 108
Quesada, D. Hernando de: 151
Quesada el Viejo, Fernando de, Comendador: 44, 52, 53, 54, 55, 161
Quesada el Mozo, Fernando de: 54, 55, 161
Quesada, Juan de, Señor de Niches: 151, 152
Quesada y Guzmán, D. Jerónimo de: 152
Quiñones, D. Diego de, Conde de Luna: 221, 224, 225
Quiñones, Pedro de: 204, 206, 208
Quiñones, Suero de: 35, 140, 206

Rafal, Marqués de: v. Pardo y Manuel de Villena, D. Alfonso
Rambla, La: 91, 230
Ramírez de Arellano, Rafael: 95
Ramírez de Guzmán, D. Juan, Comendador Mayor de Calatrava: 196, 197, 199, 202
Registro General del Sello: 98, 105, 168, 176, 179, 182
Reportorio de Príncipes, de Pedro de Escavias: 15, 16, 17, 19, 39, 40, 48, 66, 78, 85, 91, 107-36, 138, 142, 167, 189-232
Reyes Católicos: 98, 99, 100, 101, 103, 145, 159, 167-68
Ribera, Diego de, Adelantado Mayor: 196, 197, 198
Río Verde, Río Verde, romance: 96
Ríos, Doña Ana de los, Condesa de Fernán-Núñez: 151-52
Ríos y Córdoba, D. Alonso Estacio de los, I Conde de Fernán-Núñez: 106, 151, 152
Rivas, Duque de: v. Saavedra, D. Ángel de
Roa: 219
Rodríguez de Escavias, Alonso: 32
Rodríguez de Escavias, Gonzalo: 32

Rodríguez de Escavias, Guiomar: 33, 130, 150
Rodríguez de Escavias, Leonor: 33, 150
Rodríguez-Moñino, Antonio: 28, 155
Rodríguez de Santa Marina, Bartolomé: 172
Rodríguez de Santander, Alfonso: 99
Rojas, D. Diego de: 151, 224
Rojas, D. Fernando de: 203
Rojas, D. Sancho de, Arzobispo de Toledo: 191
Roma: 87
Romances: 26-27, 95, 104; v. también *Lealtad, ¡oh lealtad!*, *Río Verde, río Verde*
Romeu Figueras, José: 28
Ruiz, Pedro: 172
Ruiz de Valdivia, Pedro: 171
Russell, Peter: 139, 140
Rute, Abad de: v. Fernández de Córdoba, D. Francisco

Saavedra, D. Ángel de, Duque de Rivas: 145
Saavedra, D. Hernando de, Comendador Mayor de Montalván: 220
Sala Balust, Luis: 106
Salamanca: 221
Salazar y Castro, D. Luis de: 29, 30, 31, 33, 48, 51, 75, 105, 108, 149, 150, 151, 152, 153, 158, 171
Salazar de Mendoza, Pedro: 57
Salvago, Doña Beatriz: 151, 152
San Juan, Prior de: 84; v. Luna, D. Rodrigo de; Valenzuela, D. Juan de
San Román, Eduardo Fernández: v. *Cancionero de Gallardo-San Román*
Sánchez Alonso, Benito: 19
Sánchez de Alvarado, García: 199
Sánchez de Andújar, Alonso: 172
Sánchez de Aranda, Juan: 33, 130, 150
Sánchez de Badajoz, Garci: 103
Sánchez de Benavides, D. Dia, Conde de Santisteban del Puerto: 203
Sánchez de Santa Marina, Pedro: 95, 97, 176, 183-87
Sánchez de Santiago, Alonso: 172
Sancho IV de Castilla: 17

Sancho García, Conde de Castilla: 56-57
Sandoval, D. Diego de, Conde de Castro [= Castrogeriz]: 203, 204
Santa Hermandad: 156-57
Santaella: 91
Santiago, Maestre de: v. Enrique de Aragón; Luna, D. Álvaro de; Manrique, D. Rodrigo; Pacheco, D. Juan
Santillana, Marqués de: v. Hurtado de Mendoza, D. Diego; López de Mendoza, D. Íñigo
Santisteban, Conde de: v. Luna, D. Álvaro de; Luna, D. Juan de
Santisteban del Puerto, Conde de: v. Sánchez de Benavides, D. Dia
Santorcaz: 204
Sarmiento, Pero: 206
Sayavedra, Antonio de: 176
Sayavedra, Juan de: 96
Scholberg, Kenneth R.: 53
Seco de Lucena Paredes, Luis: 96
Segovia: 35, 43, 49, 56, 57, 61, 62, 90, 91, 135, 156, 158, 161, 162, 164, 167, 174, 176, 182, 203, 208, 212, 214, 218, 221, 225, 226, 231
Segovia, Obispo de: v. Arias Dávila, D. Juan
Segura: 192, 195
Sepúlveda: 165
Serna, Alonso de la, Bachiller: 164, 165
Serrano, Alfonso: 176
Serrano, Bernabé: 172, 179-82
Serrano, Pedro: 176
Serrano de Haro, Antonio: 47
Setenil: 190
Sevilla: 42, 75, 80, 99, 131, 151, 152, 170, 190, 203, 217, 228
Sevilla, Arzobispo de: v. Fonseca el Mozo, D. Alonso de
Sigüenza, Obispo de: v. González de Mendoza, D. Pedro
Sierra Bermeja: 96
Silva, D. Juan de, I Conde de Cifuentes: 198
Simón Díaz, José: 24
Simancas: 221
Simancas, Archivo de: 98
Sitges, J. B.: 15, 18, 19, 21, 112, 189
Sopetrán, Santa María de: 193

Soria: 194
Sotheby, Casa: 24
Sotogordo: 118
Sotomayor, D. Gutierre de, Comendador de Lares, Maestre de Alcántara: 195, 202, 205
Sotomayor, D. Juan de, Maestre de Alcántara: 195
Suárez, Gómez: 176
Suárez, Juan: 172
Suárez Fernández, Luis: 42, 53, 54, 56, 59, 63, 69, 169
Suárez de Tangil y de Angulo, Fernando: 154

Tajara: 195
Talavera: 191
Talavera, Fr. Hernando de: 102
Tarifa: 200
Téllez Girón, D. Alonso, Señor de Belmonte: 198, 205
Téllez Girón, D. Rodrigo, Maestre de Calatrava: 89
Tendilla, Conde de: v. López de Mendoza, D. Íñigo
Tercerías, Tratado de las: 97
Ticieza: 200
Tillyard, E. M. W.: 143
Toledo: 51, 56, 61, 62, 68, 69, 90, 91, 138, 160, 167, 176, 201, 204, 206
Toledo, Arzobispo de: v. Carrillo, D. Alonso; Cerezuela, D. Juan de; Rojas, D. Sancho de; Toledo, D. García de
Toledo, D. García de, Arzobispo de Toledo, Obispo de Palencia: 194
Tordesillas: 190, 206
Toro, Batalla de: 74, 97, 100
Toros de Guisando, Pacto de los: 62, 227-28, 229
Torote, Combate de: 202
Torre, Juan de la: 37
Torre, Lope de la: 37
Torre, Pedro de la: 37
Torredonjimeno: 52
Torres, D. Luis de: 71, 103
Torres, Doña Teresa de: 71, 214
Torres Fontes, Juan: 42, 43, 49, 51, 56, 61, 68, 69, 80, 81, 85, 87, 98, 156, 161, 162, 165, 166, 169, 170
Trinidad, Pedro de la: 171

Ubeda: 32, 43, 61, 151, 152, 196, 211
Uhagón, D. Francisco R. de, Marqués de Laurencín: 23, 24, 25, 27, 112
Ulloa, Rodrigo de: 93

Valdecorneja, Señor de: v. Álvarez de Toledo, D. Fernán
Valderrama, Doña Baltasara de: 151
Valdés, Juan de: 138
Valencí, el, Caballero granadino: 124, 125, 215
Valencia, Fr. Diego de: 38
Valencia, Doña Francisca de: 151, 152
Valenzuela, Juan de, Sobrino de Pedro de Escavias: 52, 53, 68, 156, 157, 170
Valenzuela, D. Juan de, Prior de San Juan: 48, 50, 53, 88, 89, 132, 133, 134, 157, 158-60, 213, 221, 223
Valera, Diego de: 16, 57, 78, 81, 85, 90, 93, 139, 140-41, 142, 155, 160, 162, 167, 169
Valladolid: 51, 74, 98, 159, 190, 201, 207, 208, 221, 222, 229
Vanegas, Pero, Señor de Luque, hijo del Conde de Cabra: 221
Vargas, Alfonso de: 176
Vascos: 42
Vázquez de Acuña, D. Alonso, Obispo de Jaén: 90
Vázquez Peláez, D. Alonso, Obispo de Jaén: 90
Velasco, Juan de: 224
Velasco, D. Luis de: 224
Velasco, D. Pedro de, I Conde de Haro, Condestable de Castilla: 194, 197, 199, 203, 204, 220, 224, 226, 232
Velasco, D. Sancho de: 224

Vélez Blanco: 200
Vélez de Guevara, D. Pero: 28
Vélez Rubio: 200
Velillos: 196, 197
Vendrell de Millás, Francisca: 35, 36
Veneris, D. Antonio Jacobo de, Nuncio Apostólico: 227
Versificación: 27-28
Very, F.: 53
Viana: 212
Villacreces, Esteban de, Capitán: 169
Villafañe, Fernando de: 211
Villalta, Gonzalo de: 179, 182
Villanueva de la Reina: 64, 84, 133, 134, 223
Villar, Pedro del, Comendador: 160
Villarrubia de los Ojos: 49
Villavaquerín: 156
Villena, Marqués de: v. López Pacheco, D. Diego; Pacheco, D. Juan

Zahara: 104, 190
Zamora: 221
Zamora, Juan de, Secretario real: 167
Zamora, Juan Gil de: 17
Zapata, D. Luis: 139
Zarco Cuevas, Julián: 15, 19
Zúñiga, Familia: 60
Zúñiga, D. Álvaro de, I Duque de Plasencia, I Duque de Arévalo, I Duque de Béjar, Conde de Plasencia: 35, 60, 135, 165-66, 209, 220, 224, 225, 226, 227, 229
Zúñiga, D. Diego de, Conde de Miranda: 221, 224, 227, 229
Zúñiga, Doña Elvira de: 35
Zúñiga, D. Gonzalo de, Obispo de Jaén: 154, 199
Zúñiga, D. Pedro de, Conde de Plasencia, Conde de Ledesma: 194, 198, 199, 200, 201, 203, 204

NOTA BENE: La Princesa Doña Juana, hija del Rey Enrique IV aparece en este Índice General bajo el nombre de Juana la Beltraneja. Esto no implica, por parte mía, un juicio previo acerca de su paternidad. Se trata solamente de un expediente para abreviar, ya que, con razón o sin ella, tal es el nombre con que ha pasado a la Historia.

The Department of Romance Studies Digital Arts and Collaboration Lab at the University of North Carolina at Chapel Hill is proud to support the digitization of the North Carolina Studies in the Romance Languages and Literatures series.

www.ingramcontent.com/pod-product-compliance
Lightning Source LLC
Chambersburg PA
CBHW022008220426
43663CB00007B/1003